現代の立地論

松原　宏 編著

古今書院

はしがき

　『立地論入門』の刊行から10年が経過した。幸い多くの読者を得て，版を重ねてきた。この間，立地を取り巻く現実世界はめまぐるしく変転してきた。デジタル家電ブーム，国内回帰，工場誘致合戦といった華々しい話題に満ちていた状況は，リーマンショック，東日本大震災・原発事故によって一変し，工場閉鎖，海外移転，雇用削減といった文字が新聞紙面にあふれている。立地政策も転換期を迎えたが，日本のクラスター政策は迷走状態にある。立地理論は不変と思われがちだが，空間経済学や進化経済学の影響によって，そのとらえ直しが進んでいる。

　『現代の立地論』という新しい書名にした意図は，古典的立地論の解説や応用という枠を越えて，現代的立地論の確立を目標とし，そこに向かって一歩先に議論を進めることにある。私はこれまで『立地論入門』をテキストに，東京大学教養学部の1，2年生向けの授業を行ってきたが，テキストからはみ出す部分が講義ノートで多くなり，そうしたはみ出しが本書のベースとなっている。ただし，①立地論を経済地理学の基礎理論として重視し，その発展を図ること，②数式展開やモデル構築に終始するのではなく，論理思考と現実への適用を重視すること，③ミクロ的・静態的理論ではなく，マクロ的・歴史的視点を重視すること，といった立地論への基本姿勢は前書と変わらない。

　本書は，2つの部と，序章と終章を含めて15の章から成っている。序章では立地因子や立地競争など立地論の基礎概念を解説するとともに，立地論の系譜を整理している。
　第Ⅰ部「立地論の基礎」では，古典的立地論の理論内容を解説するとともに，

現代的事象への適用可能性を検討している。第1章ではチューネンの農業立地論，第2章ではウェーバーの工業立地論，第3章ではクリスタラーとレッシュの中心地理論をそれぞれ取り上げ，基礎的な理論内容をおさえるとともに，現代的応用部分を多くすることを心がけた。第4章ではオフィス立地と都市システム論を取り上げ，現代都市への理論的アプローチの成果と課題を論じている。続く第5章では集積の理論を，第6章では空間経済学を取り上げ，マーシャルやウェーバーの古典的な集積論と，ポーターやクルーグマンの現代的な理論との関係を検討している。

後半の第Ⅱ部「立地論の応用」では，現代社会において注目されている諸課題として，現代工業の立地調整（第7章），グローバリゼーション（第8章），地域イノベーション（第9章），商業立地と中心市街地問題（第10章），文化産業の創造性（第11章），少子高齢化と福祉サービス（第12章），環境問題（第13章）を取り上げ，そうした課題を立地論でどのように考えたらよいか，立地論の適用可能性と新たな理論の展開を解説している。そして最後の終章では，立地論の課題を理論と政策の両面から提示している。

なお，本書では，各章の末尾に演習課題を2題，入門文献を5点あげている。レポートの作成や，より進んだ学習などに活用していただければ幸いである。また，キーワードは本文中に太字で示し，本文中で引用した文献については巻末に文献一覧の形でまとめてある。

本書は，私がこれまで執筆してきた立地論の解説と，月刊『地理』の特集「2010年代の立地論」（57巻8号，2012年）をもとにしている。あらためて一書にするにあたっては，統一性と内容の充実を図るために大幅な加筆・修正を行った。基本的には平易な入門書をめざしたが，注を充実させ，高度な理論内容をも織り込む努力をした。とはいえ，未だ不十分な点や取り上げるべき点は多い。読者各位のご意見，ご批判を得て，さらに充実した内容にしていきたいと考えている。

冒頭でもふれたように，現実の経済社会の複雑な事態を理解する上で，立地の基礎理論の応用力が試される機会が非常に増えてきていることを実感してい

る。本書を読まれる方々が，立地論について興味・関心を抱かれ，多様な分野に立地論の考えを活かしていただければ幸いである。

　最後に，本書の出版を快くお引き受けいただいた古今書院の橋本寿資社長と，適切な助言と手際の良い編集作業をしていただいた編集部の原光一氏，特集の企画をお世話いただいた『地理』編集部の太田昌勝氏に心よりお礼を申し上げたい。

　　　2012年12月　古木の枝先の輝く駒場キャンパスにて

松原　宏

目次

はしがき　i

序章　立地論の基礎概念と系譜 …… 1

1　再び，なぜ立地論か　1
2　立地論の基礎概念　2
3　立地論の系譜　5

第 I 部　立地論の基礎

1　農業立地論の基礎と応用 …… 12

1　チューネンの農業立地論　12
　1.1　チューネン圏の形成メカニズム
　1.2　チューネン以降の農業立地論
2　チューネン理論の現代的意義　17
　2.1　現代農業への適用可能性
　2.2　都市内部構造モデルへの応用

2　工業立地論の基礎と応用 …… 23

1　ウェーバーの工業立地論　23
　1.1　輸送費指向

1.2　労働費指向
　　　1.3　集積
　2　現代工業の立地論　29
　　　2.1　立地原理の転換
　　　2.2　複数企業・複数工場の立地論
　　　2.3　空間価格理論

3　中心地理論の基礎と応用 …………………………………… 38

　1　クリスタラーとレッシュの立地論　38
　　　1.1　クリスタラーの中心地理論
　　　1.2　レッシュの経済地域論
　　　1.3　クリスタラーとレッシュの比較
　2　中心地理論と現代商業・サービス業の立地　49

4　オフィス立地と都市システム論 ……………………………… 54

　1　オフィス立地と本社立地研究　54
　　　1.1　本社立地論
　　　1.2　本社立地研究の課題
　2　中枢管理機能の立地と都市システム論　59
　　　2.1　都市システム論の登場
　　　2.2　都市システムの類型化

5　集積の理論 …………………………………………………… 67

　1　古典的集積論　67
　　　1.1　マーシャルの集積論
　　　1.2　ウェーバーの集積論
　2　マーシャル・ウェーバー以降の集積論　69

3 集積論の系譜と新産業集積論　71
　　3.1 「柔軟な専門化」と「新産業地域」論
　　3.2 スコットの新産業空間論
　　3.3 ポーターの産業クラスター論

6 空間経済学 ……………………………………………… 83

　1 クルーグマンの新経済地理学　83
　2 空間経済学の概要　85
　3 空間経済学への評価　88
　4 経済学と地理学の新たな関係　91

第Ⅱ部　立地論の応用

7 現代工業の立地調整と進化経済地理学 …………………… 96

　1 立地調整　96
　2 進化経済地理学の特徴　98
　3 経路依存性アプローチ　99
　4 一般ダーウィニズムアプローチ　101
　5 立地調整と進化　101

8 グローバリゼーションと多国籍企業の立地 ………………… 106

　1 グローバリゼーションの深化　106
　2 ヴァーノンのプロダクトサイクル論を超えて　107
　3 事例1：アップルのサプライヤーリスト　109
　4 事例2：日産自動車「マーチ」のタイへの全面移管　111
　5 制度の収斂による立地環境間の優劣競争へ　114

9 知識フローと地域イノベーションの新展開 ……………… 118

1 イノベーションの空間性への注目　118
2 知識ベースの類型化　120
3 産学公連携と地域イノベーション　122

10 商業立地の刷新と中心市街地の衰退問題 ……………… 128

1 刻々と変化する商業立地　128
2 商業立地の階層性　128
3 小売企業の出店地域の時代変化　130
4 商業立地の変化と中心市街地衰退　132
5 重層的な店舗展開　132
6 都市構造と商業立地　136

11 創造性と文化産業の立地 ─アニメ産業を例に─ ……………… 139

1 社会的存在感を増す文化産業　139
2 文化産業が注目される理由　140
3 都市の創造性　140
4 立地論的視点からの貢献─アニメ産業を例に─　141
5 立地論と都市論の新たな融合　148

12 少子高齢化社会と福祉サービスの立地 ……………… 151

1 超高齢社会と介護サービス　151
2 特別養護老人ホームの概要　151
3 特別養護老人ホームの立地格差　153
4 施設整備をめぐる制度と立地　155
5 特別養護老人ホームの整備をめぐる今後の展望　158

6　保育サービスの立地　　159

13　環境問題と立地論 ……………………………………………… 165

　　1　立地論の2つの切り口　　165
　　2　立地論と環境問題　　166
　　　2.1　立地論における自然の位置づけ
　　　2.2　自然・生態系の下での産業立地
　　3　環境問題の歴史的変遷と立地論　　170
　　4　環境政策と立地論　　171

終章　現代立地論の課題 ……………………………………………… 179

　　1　立地論の対象とアプローチの拡張　　179
　　2　立地論の体系化　　183
　　3　立地政策への関与　　185

文献一覧　195
索　　引　215

序章 立地論の基礎概念と系譜

1 再び,なぜ立地論か

『立地論入門』の刊行から10年が経過した。この間,日本の産業立地を取り巻く環境変化には,実に大きなものがあった。2002年以降,円安の下で輸出が好調,「国内回帰」がうたわれ,デジタル家電ブームの下で大阪湾岸に薄型テレビの工場が新設され,東海地域での自動車関連の投資が活発化した。しかしながら,2008年秋のリーマンショック・世界同時不況により,日本の製造業の世界は一変することになった。今や,薄型テレビの新鋭工場は「負の遺産」になり,日本経済は立地調整局面に本格的に突入している。こうした立地調整をどのようにとらえ,理論の進展と政策的対応をいかに図っていくかが問われている。

2011年3月11日に東日本大震災・原発事故が発生し,日本企業が1990年代以降推し進めてきた「選択と集中」の危うさが露呈されることになった。世界シェアの高い生産拠点の被災とサプライチェーンの寸断は,自動車や電気機械などの国内外での生産ラインに大きな被害をもたらした。こうしたリスクを回避するために,サプライヤーシステムを見直し,調達先を変更する「日本外し」の動きや,日本企業自体が事業拠点を海外に移転させる動きが加速してきている。さらに,最先端に近い製品の足早な海外移管,韓国メーカーへの近接性を求めた韓国への進出の増大,海外現地市場向けの開発機能の海外移転など新たな傾向が海外立地局面で進行している。こうした多国籍企業の新立地に光を当てていくことが重要である。

また,欧米での研究動向に視線を移すと,制度や関係性に着目した経済地理

学，クラスターの創発や進化，知識フローと地域イノベーション，創造都市とクリエイティブ産業に関する新たな研究成果が次々と出されている。産業集積地域の経路転換にあたっては，従来のものづくり型産業にとどまらず，大学や試験研究機関との産学連携により，サイエンス型産業の新たな育成を含め，地域イノベーションを進めていくことが課題になっている。

ところで，21世紀に入り，日本では少子・高齢化が進み，人口減少社会に突入した。これまでの立地論では，増大する人口を背景に都市の成長や都市間関係，小売・サービス業の新規立地，郊外立地の進展が話題の中心をなしてきた。これに対し，人口減少社会では，小売・サービス業の店舗の整理統合，都市の縮小化，都心回帰に対応した新しい業態の店舗の増加など，新たな立地論の構築が必要になる。

また，東日本大震災・原発事故は，わが国の国土政策，産業立地政策の根本的な見直しを迫るとともに，原子力発電所の立地，放射能汚染，自然エネルギーの活用など，環境問題と立地に関わる新たな検討課題を提起している。低炭素社会に向けた立地政策の新しい動きに注目していくことが重要である。

以上のように，多様な問題が山積するなかで，ますます立地論の重要性は大きくなっているが，各論に先立ち，本章では立地論の基礎用語を解説するとともに，立地論の系譜を整理しておきたい。

2　立地論の基礎概念

立地論の世界とはどういうものか，「Y」の基礎モデルを使って説明を加えることにしたい（図序-1）。この図で，横軸は空間的広がり，縦軸は費用および価格を示している。経済学では一般に横軸に産出量をとることが多いが，立地論の世界では横軸に空間的広がりをとる，この点にまず大きな特徴がある[1]。

さて，図序-1では3つの工場の立地を「Y」字で示している。これらの工場の所有と経営がどうなっているかは，**立地単位**の把握という点で重要な検討課題となるが，ここではA，B，Cという3企業（**立地主体**）によって所有され，経営されていると考えることにする。これらA，B，Cの3企業が，それぞれ3つの地点に工場を立地させていくプロセスや要因を解明していくことが，立

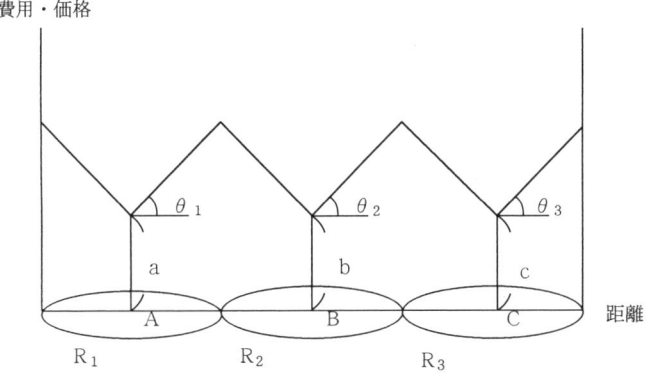

図序-1 産業立地と経済地域の基礎モデル
出典:Greenhut, M. L. (1956),訳書 p.168 の図をもとに松原加筆作成.

地論の中心的な課題となる。

　その際,どのような価値基準や目的で立地決定を行うのか,これは**立地原理**の問題となるが,利潤の最大化と満足の最大化とに大きく分けることができる。「経済人」仮説に則り,情報の不完全性がないとすると,利潤最大化をめざして立地が決定されると考えられるが,その場合も費用の最小化と収入の最大化とに分けることができる。

　図序-1 の a, b, c は,各工場における製品一単位当たりの生産費を示している。生産費の内訳は,原材料費,労働費,燃料・動力費,工場敷地に関わる地代,機械設備や工場設備の減価償却費などからなっている。また,図中の θ_1,θ_2,θ_3 は,それぞれ製品輸送費の傾きを示している。経済学の原論では,生産と消費が一点で行われる「ワンポイントエコノミー」の世界となっているが,立地論の世界では,生産と消費の空間的分離が一般的であり,空間を克服するために必要な諸費用(輸送費,交通費,通信費など)の存在は,きわめて重要なのである。こうした費用が存在するために,各企業の市場圏は仕切られることになり,仕切りによって導き出された空間的範囲(R_1, R_2, R_3)は,**経済地域**の原型をなすものと考えられる[2]。

　ところで,ここでは横軸に消費者の同質性と均等分布を前提として,地域や場所により違いのない均質空間を想定している。しかしながら,資源の分布や

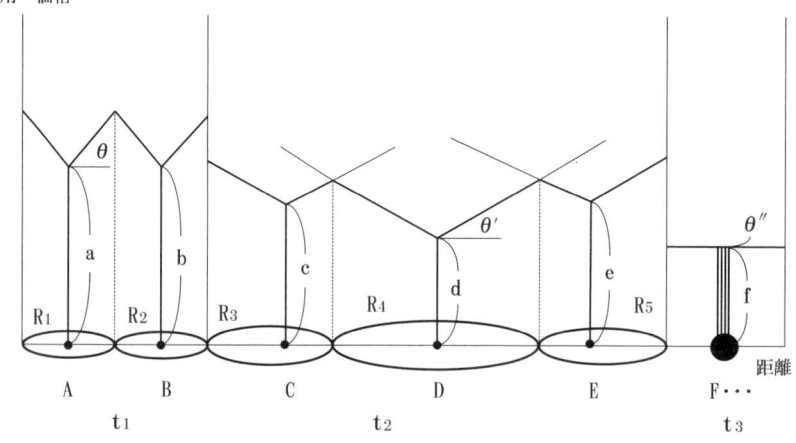

図序-2 時間的変化に伴う産業立地モデルの変形 (松原作成)

人口密度の違いを考慮した不均質な空間を想定したり，自然，歴史や社会，文化などによって特色づけられる地域性や場所の差異を考慮すると，理論の展開は随分と変わってくる。横軸をどのように考えるか，これは地域経済論の中心的テーマである。

また，現実には，地域的差異だけではなく，立地主体間の格差も存在すると考えられる。立地主体間の格差は，「Y」字の形に表れてくる（図序-2）。ここで輸送費に関しては，時間的変化に伴い（t_1からt_2，t_3），交通・通信の発達や製品の小型化，輸送業者間の競争などを通して小さくなる傾向にあるが（θからθ'，θ''），どの立地主体にも共通に作用するのが一般的である。

したがって，生産費をいかに下げることができるかが重要となる。それには①立地場所の地理的条件の優位性（落流を動力源として利用できる，原料産地に近いなど），②生産過程での優位性（革新的な機械の導入，低賃金労働力の利用など），③市場拡大に伴う規模の経済の達成など，多様な競争が展開することになる。図では，Dが相対的に低い生産費を達成し，他の工場より広い市場圏R_4を獲得することを示している。また，Fのような1点への集積を想定することも可能である。このように「Y」のモデルは，立地論の基礎を示すとともに，現代立地論の発展にとっても多くの示唆を与えているのである。

3　立地論の系譜

　立地論はどのように生まれ，どのように発展してきたのか，立地論の学説史を簡単にまとめておこう[3]。

　立地論の古典として現在でも著名な研究成果は，すべてドイツの研究者によって，19世紀半ばから20世紀前半の間に著されている。すなわち，農業立地論についてはチューネン（Thünen, J. H. v.）の『農業と国民経済に関する孤立国』（1826年），工業立地論についてはウェーバー（Weber, A.）の『諸工業の立地について』（1909年），中心地理論についてはクリスタラー（Christaller, W.）の『南ドイツにおける中心地』（1933年），レッシュ（Lösch, A.）の『経済の空間的秩序』（1940年）が，それぞれの古典となっている。

　詳細は各論で展開されるので，ここでは全体的観点からそれぞれの理論を位置づけておこう。市場と立地をそれぞれ「点」でとらえているか「面」でとらえているかによって，古典的立地論を3つに分けることができる（図序-3）。

　第1は，市場を「点」，立地を「面」でとらえているもので，チューネンの農業立地論が該当する。これは，農業が他の産業に比べ相対的に広い土地を必要とすることによっている。チューネンは，一点市場＝大都市を中心として，そこからの距離に応じて同心円状に作物・農業経営様式が展開していく様を描き出している。

　第2は，市場，立地ともに「点」でとらえているもので，ウェーバーの工業立地論がこれにあたる。ウェーバーは，原料産地と市場を**立地三角形**の頂点として，原料産地から工場，工場から市場への原材料と製品の輸送費の最小地点に工場の立地が決まるとしている。その上で労働費を考慮した場合の偏倚，集積を考慮した場合の偏倚というように，段階的に理論構築を進めている。

　第3は，市場を「面」，立地を「点」でとらえるもので，クリスタラーとレッシュの中心地理論が該当する。クリスタラーは，高次・低次の財・サービスの到達範囲をもとに，最少の中心地数で財・サービスを全域に供給する重層的な空間的システムを構築し，ついでこれを偏倚させる交通原理と行政原理にもとづくシステムを考察している。これに対しレッシュは，利潤の最大化をめざす

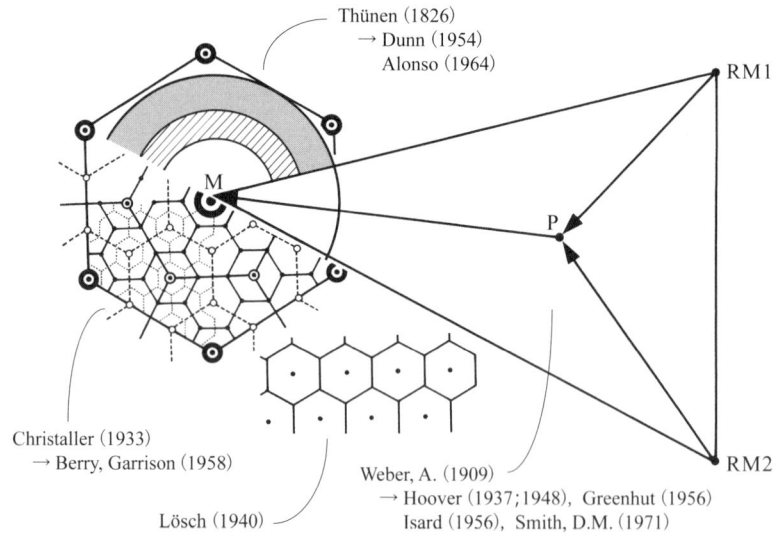

図序-3 立地論の系譜と位置づけ（松原作成）
注：RM1, RM2 は原料産地，M は市場（＝大都市），P は工場立地点を示す．左上の同心円はチューネン圏もしくは都市の土地利用をクリスタラーの六角構造の中に埋め込み，一部を示したものである．

企業が自由に新規参入し，市場圏を削りあう結果，均質な市場空間が均等に分割されるモデルを原型として示している。

　これらの古典的な立地論は，ドイツから世界各地に伝播していくが，とくに1950年代にアメリカでは**新古典派経済学**による精緻化，**計量革命**のなかでのモデル化が積極的になされていく．

　チューネンの農業立地論は，ダン（Dunn, E.）によって一般均衡モデルの形で整理され，またアロンゾ（Alonso, W.）やミュース（Muth, R. F., 1969）などによって**住宅立地，都市内部土地利用理論**へと発展していった．

　ウェーバーの工業立地論も，フーヴァー（Hoover, E. M.）によって，**マージン・ライン（市場端点送達価格連結線）**の導入や集積の内容についての整理がなされ，またグリーンハット（Greenhut, M. L.）によって，企業間の相互依存関係，寡占理論の工場立地問題への適用，収入増大因子や個人的因子も組み込んだ新しい立地因子論など，新たな観点が付与された．さらには，アイザード（Isard,

W.）によって，輸送費と労働費との代替関係が経済学の一般モデルに融合されるとともに，立地論を統合する試みもなされた。

クリスタラーの中心地理論は，ベリー（Berry, B. J. L.）やギャリソン（Garrison, W. L.）によって計量的手法による精緻化がなされるとともに，**成立閾人口**や**階層規定財**などの新たな概念が導入された。なお，アメリカでは，こうした立地論とは別に，ホテリング（Hotelling, H., 1929）やチェンバリン（Chamberlin, E. H., 1933）などが，1920年代から30年代にかけて「**空間独占**の理論」を展開している点も注目される。

その後も立地論は，地域経済学や都市経済学などの経済学の一分野のなかで，基礎理論として位置づけられてきたが，1990年代になると，クルーグマン（Krugman, P.）が，収穫逓増と不完全競争を取り入れて立地モデルを刷新し，藤田昌久やベナブルズ（Venables, A. J.）らと共著を著すなど，主流派経済学のなかで経済地理学の再評価を行い，これにより**空間経済学**が確立されてきている（Fujita, M., Krugman, P. and Venables, A. J., 1999）。

これに対しイギリスでは，工場や企業の経営に関するより現実的な観点を重視した立地論が展開されている。たとえば，エストール・ブキャナン（Estall, R. C. and Buchanan, R. O., 1973）は，輸送費や市場とともに，エネルギー源，労働，資本，生産規模と技術，政府の役割など，立地に関わる多様な側面の検討を行っている。スミス（Smith, D. M.）も，空間費用曲線と空間収入曲線を導入したモデルを提示するとともに，費用と需要の地域的変動についての具体的な検討を行っている。ディッケン・ロイド（Dicken, P. and Lloyd, P. E., 1972）は，上巻で立地論学者を中心とした古典的立地論について解説した後に，下巻で1970年代以降の行動論的・組織論的アプローチとマルクス主義にもとづく構造論的アプローチを紹介している。このほか，スウェーデンでは，オリーン（Ohlin, B., 1933）が立地論の成果を取り入れて**貿易論**を構築したり，パランダー（Palander, T., 1935）がウェーバー立地論の批判的検討や**不完全競争**の理論の立地論への適用を行うなど，独特の展開がみられた。

ところで，日本においても，ドイツの古典的立地論の紹介が第2次大戦前から行われ，理論的な検討がなされた。こうした日本における立地論研究の「第

1世代」としては，菊田太郎，川西正鑑，伊藤久秋，江澤譲爾などの研究者をあげることができる[4]。

第2次大戦後になると，立地論の代表的著作が次々に翻訳され，立地理論の内容の豊富化が図られるとともに，工業立地政策に積極的に関わる研究者も多数みられた。こうした立地論「第2世代」には，青木外志夫，春日茂男，米花稔，宮坂正治，西岡久雄，村田喜代治，金田昌司などがいる。一方，少数ではあったが，マルクス経済学の観点から立地論を再構成しようとした研究者の存在も特筆される。なかでも山名伸作は，立地論の内容を詳細に検討し，資本の空間的運動の理論化を図っている（山名伸作，1972）。

1980年代以降になると，「第2世代」を継承する立地論の専門家（中島清や石川利治など）に加えて，経済地理学の理論構築をめざす動きの中で，立地論がさまざまな研究者によって再検討されるようになる。とりわけ，**地域構造論**の理論的発展において，立地論が積極的に位置づけられ，内在的な検討が進められ，「第3世代」が形成されてきている[5]。

以上，立地論の基礎概念や系譜について述べてきたが，以下，第1部では古典的立地論の内容とその応用について解説し，第2部では現代的な立地に関わる問題への新たなアプローチについて考えていくことにしたい。

（松原　宏）

注
1) ここでは位置や距離で把握される**相対空間**を取り上げているが，これとは別に，企業や人々が活動する「容器」としての**絶対空間**に着目することも重要である。
2) 一般には，「地域経済」という言葉の方がよく使われる。ただし，多くの論者は，○○県の経済や○○市の経済のように，地域経済の存在を既定のものとしてとらえる傾向が強い。これに対し川島哲郎は，地域内部に機能的統一性を有する「国民経済内部の地域的構成部分」を地域経済とし，「生産・流通にかんする核をもち，ある範囲の経済の地域的循環が独立して行われる場合に，はじめて地域経済が成立しうる」と述べている（大阪市立大学経済研究所編（1992）『経済学辞典（第3版）』岩波書店，p.866）。そして，経済の地域的循環が形成される基礎的な条件に，経済の空間的制約の問題があるとして，「1) 空間輸送距離の問題，2) 生産の空間的集約にかんする限界の問題」の2点を指摘している。こうした川島の見解を踏まえて，ここでは，輸送費の存在や集積の限界といった経済の論理の下で，形成されてくる圏域を「経済地域」と呼ぶことにする。なお,空間的な「仕切り」は，消費者の民族的・文化的特性や政治的・制度的差異化によって，あるいはまた中心に立地

する主体による領域化によっても形成される。
3) 立地論そのものに限った学説史ではないが，経済地理学の学説史に関しては，国松久弥 (1979)『経済地理学説史』古今書院や春日茂男 (1986)『経済地理学の生成』地人書房を参照。また，人文地理学の学説史に関しては，ジョンストン, R. J.（立岡裕士訳）(1997・1999)『現代地理学の潮流（上）（下）』地人書房を参照。
4) わが国における立地論研究の成果については，西岡久雄 (1976)『経済地理分析』大明堂の文献表を参照。
5) 山口不二雄 (1982)「立地論ノート」『法政大学文学部紀要』28，矢田俊文 (1986)「産業構造の展開と経済の地域構造」（川島哲郎編『経済地理学』朝倉書店），矢田俊文編 (1990)『地域構造の理論』ミネルヴァ書房，柳井雅人 (1997)『経済発展と地域構造』大明堂，山﨑 朗 (1999)『産業集積と立地分析』大明堂, 松原 宏 (2006)『経済地理学－立地・地域・都市の理論』東京大学出版会，鈴木洋太郎 (2009)『産業立地論』原書房など。

 演習課題

① 日常生活の身近なところで，立地に関係する話題を探してみよう。どうしてそのような立地になっているのか，考察を加えてみよう。
② 宅配便の料金表や時刻表などをもとに，距離によって，輸送費もしくは交通費がどのように変化するか，調べてみよう。

 入門文献

1　富田和暁 (1991)『経済立地の理論と実際』大明堂．［要約版として，(2006)『地域と産業－経済地理学の基礎（新版）』原書房もある］．
2　山本健兒 (2005)『経済地理学入門－地域の経済発展（新版）』原書房．
3　川端基夫 (2008)『立地ウォーズ』新評論．
4　ディッケン・ロイド著, 伊藤喜栄監訳 (2001)『改訂版 立地と空間（上・下）』古今書院．
5　春日茂男 (1982)『立地の理論（上・下）』大明堂．

1と2は，古典的立地論の基礎と実際の立地についての解説がバランスよく配されている。3は，現代的立地論と具体的な立地の話題を多く紹介している。4は，英語圏での本格的なテキストの訳書で，立地論の理解はかなり深まる。5は，立地論の内容について詳しい検討がなされており，より進んだ勉強に適している。

第Ⅰ部
立地論の基礎

1 農業立地論の基礎と応用

1 チューネンの農業立地論

　チューネン（Johann Heinrich von Thünen, 1783-1850）は，東部ドイツのロストック近傍のテロー農場の農場主であり，そこでの綿密な収支計算の記録をもとに，1826年に農業立地論の古典とされる『農業と国民経済に関する孤立国』を出版している[1]。

　当時のドイツは，プロシアによる農制改革の下，農業労働者を雇う地主兼農業資本家にとって，新しい合理的な農法と経営目標が求められていた時代で，農学者テーアは，休閑地を必要としない集約的な輪栽式農法をドイツ全土に普及させ，収量を増大させることを提唱していた。これに対し，チューネンは地域によっては必ずしも輪栽式が有利ではないことを論証しようとし，経営目標を収益増に求めた。こうしてチューネンは，最大収益をもたらす農業生産様式の空間的配置に関する一般原理を明らかにしようとしたのである。

1.1 チューネン圏の形成メカニズム

　チューネンは『孤立国』の冒頭で，前提条件について次のように述べている。「一つの大都市が豊沃な平野の中央にあると考える。平野には舟運をやるべき河流も運河もない。平野は全く同一の土壌よりなり，至るところ耕作に適している。都市から最も遠く離れた所で平野は未耕の荒地に終わり，もってこの国は他の世界と全く分離する。…都市はそれを取り巻く平野からのみ食料品を供せられうる」(Thünen, 1826, 訳書p.39)。その上で，次のような問題を発している。「農業が最も合理的に経営される時には，都市からの距離の大小は農業に対し

ていかなる影響を与えるか」。このように，チューネンは，土地の豊度など自然条件の差異を考慮しない均質空間を前提に，都市からの距離のみを問題として農業様式の配置の問題を考えたのである。

そうした問題にチューネンが与えた解答が，**チューネン圏**である（図1-1）。すなわち，中心に位置する大都市から，自由式農業，林業，輪栽式農業，穀草式農業，三圃式農業，牧畜といった異なる作物・農業組織が，内側から外側に同心円状に拡がるとしたのである[2]。

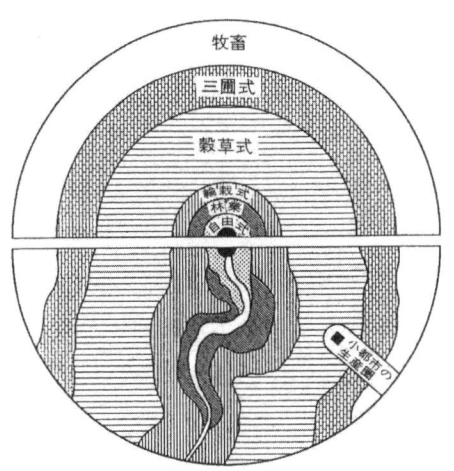

図1-1　チューネンの「孤立国」
出典：Thünen（1826），訳書 p.296.

では，どのようにしてこうした**同心円構造**が形成されるのか，チューネンは市場からの距離と生産組織のあり方の2要因に注目しているが[3]，ここでは前者を中心に**地代曲線の交差**によって説明を加えよう。図1-2は，横軸に大都市からの距離，縦軸に費用もしくは価格をとったものである。

作物 w の生産物単位当たり市場価格を Pw（大都市のみで消費されるとしているので価格の地域差はない），農業生産にかかる種子代，肥料代，機械の費用，労賃などの単位当たり生産費を Cw（チューネンは場所による違いを詳しく記述しているが，ここでは話を簡単にするために地域差がないものと考える）とする[4]。これらに加えて，農産物を市場に運ぶために，単位当たり輸送費（Tw）がかかることに留意することが大切である。したがって，j 地点での w 作物経営者の単位面積当たり収益（Rwj）は次の式で表される。

$$Rwj = Qw(Pw - Cw) - Qw \cdot Tw \cdot dj$$

ただし，Qw は農産物 w の生産量，dj は市場から j 地点までの距離。

Rwj の値は距離とともに変化していく（図中の網かけの部分）。チューネン

14　第Ⅰ部　立地論の基礎

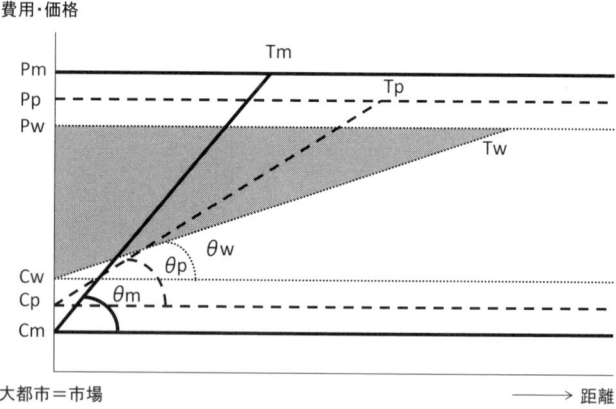

図1-2　市場価格・生産費と地代（松原作成）
注：Pm，Pp，Pwは，それぞれ牛乳，じゃがいも，小麦の市場価格，Cm，Cp，Cwは，それぞれ牛乳，じゃがいも，小麦の生産費，Tm，Tp，Twは，それぞれ牛乳，じゃがいも，小麦の輸送費を示す。

はこの収益を**地代**と呼んでいた（この点についても議論があるが，ここでは省略する）が，地代の大きさは，市場価格から生産費を差し引いた値（Pw－Cw）をy切片にとった右下がりの線として描くことができる（図1-3）。

この地代の線は，作物により市場価格，生産費，輸送費がそれぞれ異なるので，y切片（Pw－Cwなど），傾き（θwなど）の異なるさまざまな線として描かれることになる。地代の線の組み合わせは多様であるが，チューネンの圏構造においては，地代曲線が交差し，交差する地点を境に作物・農業組織が交代していく，そうした状況が想定されている[5]。

次に，こうしたチューネンのモデルの特徴や問題点について，検討を加えてみよう。チューネン圏が形成されるためには，地代の交差が必要になり，輸送費の大きな作物ほど，市場価格－生産費，すなわち市場での純収益が大きくなることが求められる。だが，このようなことがどの作物にもあてはまるのかどうかは疑問がある。

また，ここで生産費は農産物の栽培技術によって，また輸送費の傾き（θ）は農産物のかさや**重量**，腐敗しやすさなどの特性によってほぼ決まってくるのに対し，市場価格は農産物の需給関係によって変動する。需要は市場である都

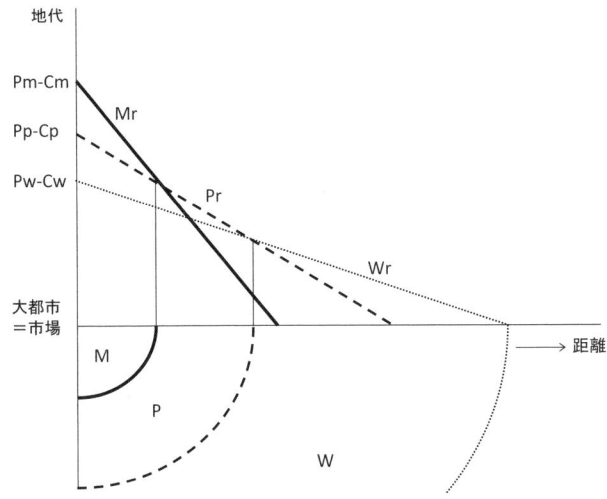

図 1-3　地代線の交差と地帯形成 （松原作成）
注：Mr, Pr, Wr は，それぞれ牛乳，じゃがいも，小麦の地代を示す．

市の人口によって左右されるが，これを所与とすると，農産物の供給が基本的な変動要因ということになる．各作物の供給量は，それぞれの栽培面積によって左右される．したがって，チューネンのモデルは，土地利用の分化（図 1-3 の x 軸の下）と地代の線の交差（図 1-3 の x 軸の上）とが同時に決定されるというユニークなモデルだといえる．

ただし，実際には土地利用の分化は，時間がかかって変化していくもので，両者の間には作用・反作用の関係やさまざまな調整過程が介在するものと考えられる．とくに，後述するように，都市の土地利用変化を取り扱う際には，こうした点に留意することが重要となろう．

1.2　チューネン以降の農業立地論

チューネン以降の農業立地論としては，ブリンクマン（Brinkmann, Th., 1922）とダン（Dunn, E., 1954）の見解が代表的なものといえる．

ドイツの農業経営学者ブリンクマンは，1922 年に著した著書『農業経営経済学』において，個別経営の利潤最大化に適合する**集約度**と経営方式を求める

観点から農業立地を論じている[6]。ここで集約度とは,「農地単位面積あたりに費消[7]される労働および資本の量」を指し,次の式で表される。

$$経営集約度（I）=（A＋K＋Z）/F$$

ただし,Aは労働費,Kは資本財費消費,Zは経営資本に対する利子所要額,Fは経営面積。

　彼は,集約度を左右する4つの要因として,①農企業の交通地位,②農場の自然的事情,③国民経済の発展段階,④企業者の個人的事情をあげ,それぞれについて詳しい考察を加えている。とりわけ,農業立地と集約度との関係に関しては,市場に近くなるほど集約度が高まること,集約度の増加は,経営費の増加（同一作物の場合）,粗放作目から集約作目への転換,土地休養期間の短縮・収穫回数という形態をとること,遠隔地では農業が単調になるのに対し,市場近接地帯では多様な集約的農業が展開することなどの諸点を指摘している。

　これに対し経営方式については,チューネンの議論に加えて,農場面積の差異に注目し,「**地代指数**」という概念を提示している。これは,「立地が市場に近づいた場合に発生する生産物の生産費および運搬費の単位面積あたりに計算した節約余剰」とされている。考察の結果,ブリンクマンは,「販売生産物の単位面積あたり収量が大きければ大きいほど,または土地所要量が小さければ小さいほど,さらに節約指数が大きければ大きいほど,市場がその立地の上におよぼす牽引力は大である」,「立地獲得競争の勝敗を左右するものは一般に土地所要量である」,「相似た土地所要量をもつ生産物間の場合においてだけ,節約指数が,実際上の重要性をもち得る」という命題を導き出した。

　このように,ブリンクマンはチューネンの理論を個別農業経営の観点からより詳しく検討したのに対し,農業立地論を一般均衡論へと発展させたのが,アメリカの立地論者ダンである。ダンは,1954年に刊行した著書『農業生産立地理論』において,チューネンの理論を数式で表し,チューネンが明らかにした位置に基づく農業立地の圏構造を経済学的に解釈し直した。

　ダンは,需要および価格についての考察を加え,農業の空間経済についての一般均衡理論を,価格,需要,境界線,供給の4つの変数をもとに展開してい

る。そして，チューネンのモデルを数式化するとともに，制限仮定を明白にし，均衡過程を定式化し，分析を相互依存的価格体系と結びつけることの重要さを明らかにしている。

ダンはまた，産業的分析を拡張し，農業生産の空間的分布に及ぼす企業均衡の影響を包含する試みを展開している。そこでは，ブリンクマンの見解を受けて，技術的相互関係や結合生産費，結合生産行程といった複合的農業経営組織を想定した場合の修正が検討されている。さらには，距離によって変化する運賃率，多数市場，輸送方式の多様化，資源の空間的多様性など，これまでの仮定を緩和した場合の影響が考察されるとともに，人口移動，消費者の選好の変化，所得の変化，技術革新の影響，需要・供給両者の相互関係など，動態的要因に関する考察をも行っている。

2 チューネン理論の現代的意義

2.1 現代農業への適用可能性

チューネンの農業立地論の要点は，市場に生産物を輸送する際の**距離の摩擦**にあった。したがって，距離の摩擦（図1-2のθ）が小さくなればなるほど，チューネン理論の適用範囲は狭くなってくる[8]。チューネン圏の実例として，昭和初期の東京の農業やウルグアイの農業的土地利用など，過去の事例や途上国の事例がとりあげられたり，ヨーロッパや合衆国といったより大きなスケールでの収益の地帯別格差がとりあげられるのは，こうした距離の摩擦の効き方が関係しているからである。

では，現代日本の農業立地を考える場合，チューネンの理論はもはや無用な議論なのであろうか。交通手段・輸送技術の発達によって，確かに輸送費のもつ意味は低下してきている。**産地間競争**においては，むしろ市場価格の面でいかに高値で販売できるか，あるいはまた他の産地に比べいかに生産費を下げることができるか，こうした点が重要になってきている（図1-4）。

また，農産物の価格形成はより複雑になっている。コンピュータネットワークの発達によって，市場価格や産地別の入荷量などの情報が各産地や個々の農家に刻々と伝わるようになっており，複数の市場を相手に，複数の点的な産地

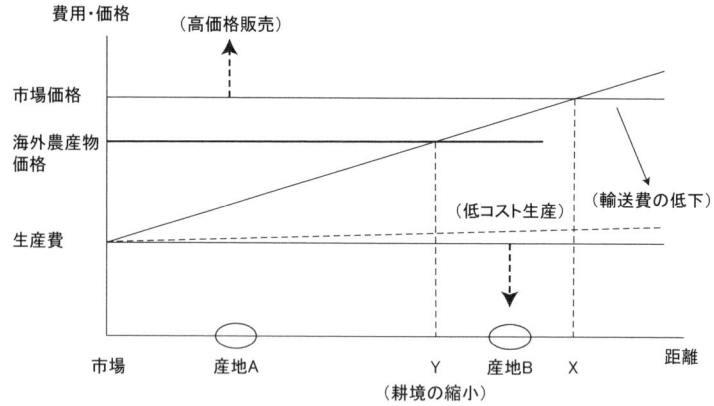

図1-4 チューネンモデルの現代農業への適用可能性 (松原作成)

が競合したり、さらには、産地内部でも個々の経営体同士の競合や、飲食・小売チェーンと直接取引する市場外流通が拡がるなど、競争の局面は複雑化している。しかも、輸入農産物が大量に流入してきている状況では、産地間の競争は国際的なスケールに拡がっている。また、市場価格の内外価格差によって、周辺部の農業地域は打撃を受け、耕境が縮小する可能性が高くなっている（XからYへの移動）。

こうした生産地の遠隔化が進む一方で、食品の安全性やトレーサビリティ、味に関する消費者の姿勢が厳しくなるにつれて、産直などの市場を通さない流通ルートが拡がってきたり、「朝採り野菜」や「顔のみえる野菜」が店頭に出回るなど、生産者と消費者との「距離」が変化をみせている。

このように、市場の数が増えるだけではなく、市場自体の階層化が進み、遠近さまざまな点としての産地間競争が中心となっている現代農業にあっては、チューネン圏のような圏構造で農業立地をおさえることは難しくなってきているのである。

2.2 都市内部構造モデルへの応用

現代農業では見い出しにくくなっているチューネン圏は、**都市内部土地利用理論**の形で発展し、現在にいたっている。たとえば、ナース (Nourse, H. O.,

1 農業立地論の基礎と応用　19

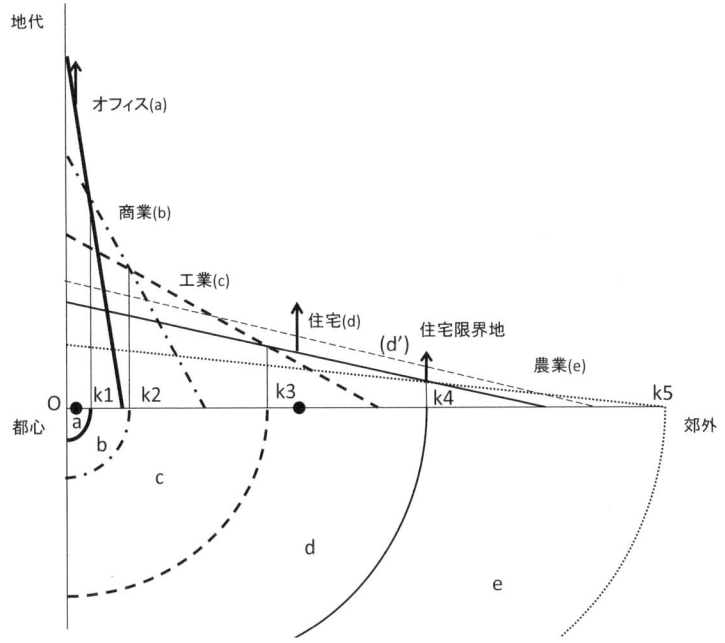

図 1-5　地代付け値曲線と都市土地利用の分化（松原作成）
注：d'は，住宅限界地での地価上昇を想定した場合を，●と↑は，需給不均衡の発生スポットを想定した場合の地価上昇を示している．

1968）は，農業，商業，工業，住宅について，立地特性を考慮して，それぞれ勾配の異なる**地代付け値曲線**を図示し，付け値競争の結果，各地点で最高の地代を支払うことのできる部門の利用が卓越するとして，同心円状の土地利用パターンを描いている。以下では，日本の大都市圏を想定して書き改めた図 1-5 をもとに，都市における地代論・地価理論の課題を検討することにしたい。

　ここで商業や工業や農業のような産業の場合は，土地面積当たりの収益を把握することができ，地代・地価負担力の大小と都心からの位置に応じて，傾きの異なる右下がりの線として，地代付け値曲線を描くことが可能である。しかしながら，オフィスや住宅の場合は当該の土地で明確な収益を発生させることはないので，これらの付け値の線をいかに描くかが問題となる[9]。

　住宅の場合は，家計の支払い能力のベースになるのは所得であり，多くの人

はローンを組んで住宅を取得するので，所得の大きさとともに金利の高低も効いてくる。住宅の付け値曲線が右下がりに描けるのは，都心との距離，通勤距離が重要な要素となるからである。仮に，自然が豊かな郊外に対する選好が強い場合には，むしろ右上がりの曲線となることも考えられる。

オフィスの場合は必ずしも当該の都市での企業収益にこだわる必要はなく，むしろ全社で稼ぎ出した収益のどの程度を本社・支社経費に割けるかによって決まってくる。たとえば，東京駅に至近な場所にどうしてもオフィスを持ちたいと思う企業が現れた場合には，世界中で稼ぎ出した利潤の一部を回してくればよいのである。

このように，当該の都市土地市場の需給関係や土地利用主体だけの関係で地代が決まるのではなく，場合によってはグローバルなマネーフローによって高い地代が現れることもある。しかも，土地利用主体によってではなく，投機家による都市や都市内部の特定の場所の値付けによって地代が左右されるケースもありうるのである。

現代の大都市においては，最劣等地と比べて有利な位置を占めることによって発生する差額地代よりも，稀少性をもつ土地における需給不均衡によって発生する「独占価格」にもとづく独占地代に注目することが重要であろう[10]。

さらには，位置の有利化が資本回転を促進し，それが超過利潤・地代を発生させる商業・サービス業などの産業では，位置の差額地代，しかも同一の投下資本量を前提とした第1形態ではなく，垂直的土地利用・追加投資を前提とした第2形態が重要となってくる。こうした垂直的土地利用の増大は，もっぱら平面的土地利用分化を説明してきた従来の見解の修正を求めるものといえる。当然ながら，人通りの多い駅前などの一等地においては，超高層のオフィスビルや高層の商業ビルを建設することによって，建設費用を十分に上回る収益を得ることが可能となる。そうした場所ではまた，都市計画によって定められた容積率の大小が，収益ひいては都市地代を左右することになる。

以上，現代都市の地代・地価理論の解明にあたっては，多くの検討すべき課題が残されているが，そうした課題究明の基礎にチューネンの理論があることを改めて認識することが重要であろう。豊度の違いに基づき，しかも小麦1作

物を中心とした古典派経済学の地代論とは異なり，チューネンは，位置の差額地代，しかも複数作物を考慮した地代論を提示した。空間的距離に関わる摩擦が存在する限り，基本モデルとしてのチューネンの理論は不滅なのである。

(松原　宏)

注
1) 近藤康男 (1974)『近藤康男著作集第1巻　チウネン孤立国の研究』農山漁村文化協会では，『農業と国民経済に関する孤立国』の翻訳の前に，「チューネンの時代とその学説＝解説」と「チウネン伝」が収録されている。相川哲夫 (2009) では，「チューネン協会」の歴史とテロー農場と居宅後の史跡保存のあり方をとりあげ，ナチス政権下および旧東独時代におけるチューネン評価の変転，最近の環境適合的土地利用の観点からの再評価やテロー農場の見学施設化の動きを紹介している。
2) 自由式農業では，肥料を都市から供給されるために，休閑地を必要とせず，作付け順序の拘束がない。主に，野菜や花卉，牛乳を生産する。第2圏に林業が登場するのは，当時のドイツでは薪や建築材として木材需要が多く，木材の輸送費が高いためである。輪栽式農業は，農地を4つに分け，4年サイクルで，夏穀，冬穀，豆科の牧草，根菜を交互に栽培するもので，穀草式農業との違いは，休閑地を必要としない点にある。穀草式農業では，耕地が夏穀，冬穀，休閑地，牧草地とに分けられ，穀作と放牧とが交互に行われる。三圃式農業では，耕地を夏穀，冬穀，休閑地とに3区分し，3年周期で輪作がなされ，耕地以外に広大な永久放牧地が必要となる。
3) 加藤和暢 (1990)「農業地帯と過疎問題」(矢田俊文編『地域構造の理論』ミネルヴァ書房) pp.169-179 では，市場からの距離が農業生産の集約度を規定するという「集約度理論」と，市場との距離に対応した作物地帯の分化が生じるという「作物理論」による説明がなされている。
4) 中島　清 (1980)「チューネン農業立地論の地代論的考察」『経済地理学年報』26-1 では，農業組織間の生産方法の差や複合生産の場合などに着目して，地代の形態に関する詳しい検討がなされている。
5) チューネン圏構造の形成条件については，レッシュやダンによる考察がある。また西岡久雄は，必要・十分な条件式を示している (西岡久雄 (1976)『経済地理分析』大明堂，pp.150-151)。
6) ブリンクマンの農業立地論については，Brinkmann, Th. (1922) *Die Oekonomik der landwirtschaftlichen Betriebes, Grundriss der Sozialökonomik 7. Abt.* Tübingen : J. C. B. Mohr. [ブリンクマン著，大槻正男訳 (1969)『農業経営経済学＜改訳版＞』地球社] および春日茂男 (1982)『立地の理論 (下)』大明堂を参照。
7) 消費財の生活的消費から区別するために，ここでは生産財の生産的消費を費消と訳している。後述の「資本財費消費」も，物財費など，資本財の費消にかかる費用を意味する。
8) 富田和暁 (1991)『経済立地の理論と実際』大明堂では，理論の解説，適用と応用，現代日本の農業への適用可能性が検討されている。

9) この点については,松原　宏 (1990)「大都市圏と地帯構成」(矢田俊文編『地域構造の理論』ミネルヴァ書房)を参照。また,都市土地利用に関する基礎理論については,国松久弥(1971)が参考になる。
10) 日本で地価高騰がとくに問題になった時期としては,1970年代前半と1980年代後半の2つの時期があげられる。1970年代前半では,大都市圏外縁の住宅と農地との境にあたる「住宅限界地」での地価上昇が問題にされ,「差額地代的論理」によって内側に地価高騰が波及したとされた。これに対し1980年代後半では,最初に東京都心周辺の商業地で地価高騰が発生し,その後,郊外の高級住宅地,地方中枢都市の商業地などで地価上昇がみられた。「独占地代的論理」による説明が求められるゆえんがここにもあるように思われる。

 演習課題

① 現代農業の立地を考える場合,チューネンの農業立地論で説明できるだろうか。修正すべき点,新たに付加すべき点はどのような点だろうか,考えてみよう。
② 中心となる駅から周辺に,徒歩もしくは交通手段を使って移動し,中心からの距離とともに,土地利用や施設の立地がどのように変化しているか,略図を描いてみよう。そうした略図とチューネンを応用した都市内部構造モデルとを比べ,考察を書き加えてみよう。

 入門文献

1　グリッグ著,山本正三ほか訳 (1986)『農業地理学入門』原書房.
2　坂本英夫 (1990)『農業経済地理』古今書院.
3　国松久弥 (1971)『都市地域構造の理論』古今書院.
4　Thünen, J. H. von (1826) *Der isolierte Staat in Beziehung auf Landwirtschaft und Nationalökonomie.* [チューネン著,近藤康男訳 (1974)『農業と国民経済に関する孤立国』(近藤康男著作集第1巻に所収) 農山漁村文化協会].
5　Dunn, E. S. (1954) *The Location of Agricultural Production.* Univ. of Florida Press. [ダン著,阪本平一郎・原納一雅訳 (1960)『農業生産立地理論』地球出版].

1と2は,農業立地論を含め,農業地理学について,平易に解説がなされている。3は,都市土地利用理論について,豊富な研究成果が紹介され,基本的な考え方が解説されている。4は,農業立地論の古典,詳しい解説が付されている。5は,農業立地論を現代的立地論に高めた代表的な研究である。

2 工業立地論の基礎と応用

1 ウェーバーの工業立地論

　アルフレッド・ウェーバー（Alfred Weber, 1868-1958）は，1909 年に工業立地論の古典とされる『諸工業の立地について』を著した（Weber, 1909）。当時のドイツでは，大規模な都市集積の問題と，大都市への人口移動にともなう地方の衰退が，社会政策的な問題となっていた。こうした問題の原因を明らかにするためには，工業立地の一般理論の確立が必要である，とウェーバーは考えたが，その際に特徴的な方法を採用した。それは，どの時代にも通用するような普遍的な理論，彼の表現によれば「立ち入った現実構成から遊離した理論のみを含むもの」，すなわち**純粋理論**の構築をめざそうとしたのである。

　その結果，ウェーバーの理論では，資本主義経済に特徴的な価格に関する要素は排除され，重量や距離といった物理的・技術的尺度が中心的に採用されることになった。結局は未完に終わったが，そのうえで資本主義経済の下での立地理論を組み立てようと意図したのである[1]。

　工業立地に関する一般理論を構築する上で，ウェーバーは**立地条件**と**立地因子**とを区別するとともに，立地因子の選別を行い，地域的因子を除いた一般立地因子として，輸送費，労働費，集積因子を取り出している[2]。これらの3つの因子に着目して，最小費用立地の立場から3つの原則を論じている。それが以下で述べる3つの指向論である。その際，ウェーバーが採用した方法が**孤立化法**である。これは，他の要因を同じにしておいて，1つの要因のみに注目し，その効果を検討する方法である。

　また，ウェーバーが均質平面を前提とせず，資源の不均等分布を前提として

24　第Ⅰ部　立地論の基礎

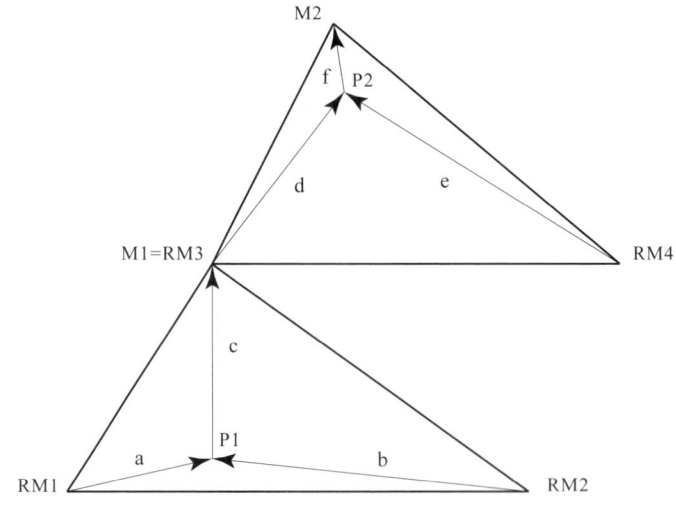

図 2-1　ウェーバーの立地三角形と輸送費指向（松原作成）
注：RM1, RM2, RM3, RM4 は原料もしくは部品の供給地, M1, M2 は市場, P1, P2 は生産地点をそれぞれ示す。なお，この図では，P1 で原料を1次加工し部品を生産, P2 で部品を2次加工し最終製品を生産し，最終消費者に出荷するという工程の流れを想定している。その場合, a, b は原料輸送費, c, d, e は部品輸送費, f は最終製品輸送費を示す。

いた点にも留意する必要がある。すなわち，原料産地，市場点はすでに与えられたものとされ，低賃金労働地は固定され，そこでの労働力供給は無限であるとされていたのである。

1.1　輸送費指向

　輸送費指向は，ウェーバーの工業立地論の基軸になる考え方である。これは，工業生産にあたって必要となる原料の工場までの輸送費と，その原料を加工して製造された製品の市場までの輸送費，両者をあわせた総輸送費が最小になる地点に工業の立地がなされるというものである。
　図 2-1 は，**立地三角形**を示している。RM1 から工場 P1 までの輸送費（トン・キロ）を a, RM2 から工場 P1 までの輸送費を b, 工場 P から市場 M までの製品輸送費を c とすると，最適立地点は，a ＋ b ＋ c を最小にする地点ということになる。

またウェーバーは，輸送費指向をよりわかりやすく表現するために，**原料指数**（MI）という指標を提示しており，これは以下の式で表される。

$$原料指数 = \frac{局地原料重量}{製品重量}$$

ここでウェーバーは，原料を**普遍原料**と**局地原料**とに分けている。普遍原料とはどこでも入手可能な原料で，水や空気のようなものである。これに対し，局地原料は，その所在地が局地的に限定されるもので，石炭や鉄鉱石など鉱物原料の多くがこれにあたる。ウェーバーはまた，原料が製造工程において利用される際に，原料の重量が変化せず，製品重量に組み込まれるものを**純粋原料**，重量が減少するものを**重量減損原料**と呼んでいる。前者の例としては，機械工業における部品，後者の例としては石油や石炭のような燃料があげられる。

さて，原料指数を用いた工業立地の判定は，MI＞1の場合には原料地指向，MI＜1の場合には消費地指向，MI＝1の場合には立地自由ということになる[3]。原料指数は，各種工業部門における原料と製品との重量関係をもとに，それぞれの部門の立地指向を明らかにできる点で便利な指標といえる[4]。

1.2 労働費指向

　ウェーバーは，輸送費指向に続いて，労働費の地域差に着目し，生産を輸送費最小地点で行うか，低賃金労働地に移転させるかという問題を提示し，いかなる場合に移転が起こるかを考察している。そして，「輸送費極小点から一層有利な労働地への立地の移転は，この有利な労働地が提供する労働費の節約が，その労働地が惹き起こす輸送費の増加よりも大きい場合にのみ，行なわれうる」と述べている（Weber, 1909, 訳書 p.118）。

　これを，以下では，立地三角形と等費用線を用いて説明しよう（図2-2）。等費用線とは，「輸送費極小点から問題の労働地へ生産を移転させた場合に，偏倚の費用がいかなる高さになるか」を示したものである。また，「製品1トンについての労働費の節約高にちょうど等しくなる」輸送費の増分を示す等費用線を「**臨界等費用線**」と呼んでいる（訳書 p.119）。この図で，低賃金労働地

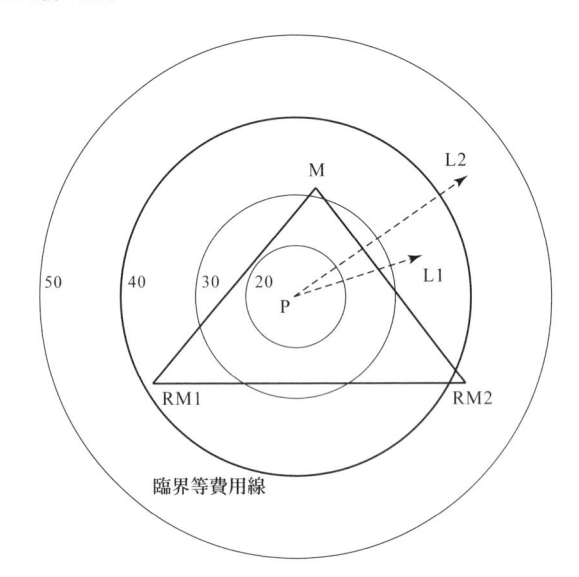

図 2-2 ウェーバー工業立地論における労働費指向（松原作成）
注：RM1，RM2 は原料供給地，M は市場，P は生産地点を示す。P は輸送費指向からみた最小費用地点であり，P から立地点が離れると，輸送費が上昇するが，その上昇額の等しい地点を結んだ線が等費用線である。L1，L2 は低賃金労働地を示している。仮に P に比べ，L1，L2 の賃金が 40 ユーロ安いとすると，この額に相当する等費用線を臨界等費用線という。臨界等費用線より内側に位置する L1 には工場は移転可能であるが，外側に位置する L2 に移転すると総費用が増えてしまう。

が臨界等費用線よりも内側にある場合には，生産の移動が起き，外側にある場合には移動が起きないとされている。

　ウェーバーはまた，労働費指向をはかる指標として，労働費指数と**労働係数**を示している。労働費指数とは，製品一単位重量の生産に必要な平均的労働費を意味しており，労働地の潜在的牽引力を示すものだといえる。ウェーバーの指摘でより重要と思われる点は，労働係数である。これは，

$$労働係数 = \frac{労働費指数}{立地重量} \quad 立地重量 = \frac{局地原料重量＋製品重量}{製品重量} = 原料指数 + 1$$

で表される。ここでウェーバーは，分母に**立地重量**をもってきており，製品重量だけではなく，局地原料重量をも考慮して労働費の影響をみようとしたので

ある。

　こうしたウェーバーの労働費指向の考え方は，近年盛んに議論されている工場の海外移転や空洞化の問題を考える上で，重要な意義をもっている。工場移転や空洞化の議論では，概して，当該の工業部門が労働集約的であるか，資本集約的であるかのみが問題とされがちである。しかしながら，これは労働費指数のみを問題にしているだけであり，製品や原料の輸送費についてもあわせて考えてみなければ，正確な空洞化の議論はできない。現代工業においては，輸送費の重要性が低下している部門が多くなっているが，労働係数の分母を「立地固着性」という，より広義の移動可能性を示す指標に置き換えることによって，工場の海外移転の有効な議論につなげていけるように思われる[5]。

1.3　集積

　第3の立地指向論として，ウェーバーは集積の問題を取り上げている。ウェーバーは，**集積因子**を「一定量のまとまった生産が1つの場所に集中して行われることから生ずる利益，すなわち生産あるいは販売の低廉化」と述べている。また，「集中を解除することに伴う生産の低廉化」を**分散因子**としている。

　ウェーバーはまた，集積を「低次の段階」と「高次の段階」とに分けている。前者は，単なる経営の拡大による生産の集積，すなわち規模の内部経済を，後者は多数の経営が場所的に近接して存在することによる利益を意味している。その上で，こうした高次の集積をもたらす要因として，ウェーバーは，「技術的要具の改善」，「労働組織の改善」，大量取引に伴うさまざまな利点，一般費の低下といった諸点を指摘している。さらにウェーバーは，集積独自の作用によって必然的，技術的に生じる集積を「**純粋集積**」，輸送費指向や労働費指向に付随して生じる集積を「**偶然集積**」と呼んで区別している。

　集積に関してウェーバーは，労働費指向と同様に，集積による費用節約額が最小輸送費地点からの輸送費増分を上回る場合に集積が生じると述べている。図2-3では，A，B，Cの3つの小工場があり，それぞれの工場の輸送費最小地点から臨界等費用線が描かれている。この場合の臨界等費用線は，3つの工場が集積した場合の費用節約額に相当する輸送費の増分を示している。集積が

(a)

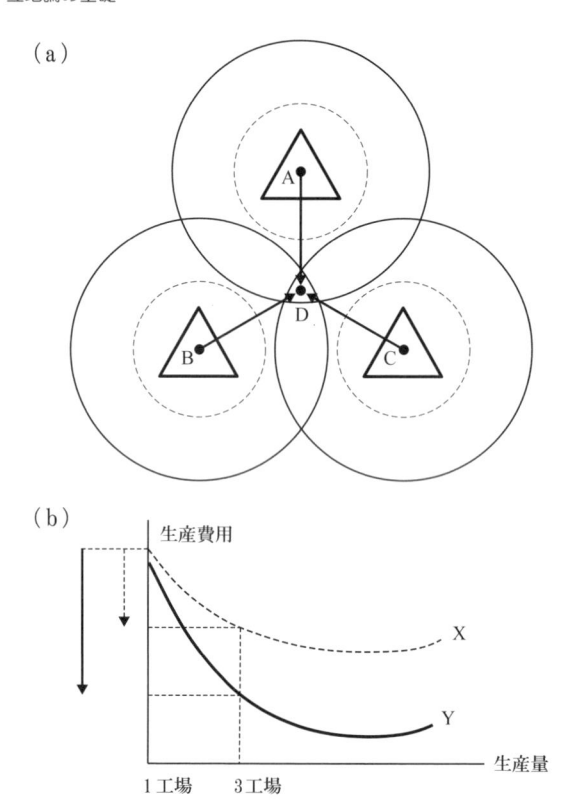

(b)

図 2-3 ウェーバー工業立地論における集積（松原作成）

注：図（a）の A，B，C はそれぞれ立地三角形における輸送費最小地点に立地している小規模工場を示し，D は 3 工場の集積可能地点を示している。
図（b）は，生産規模の増大に対応した費用の低下度合い（規模の経済）を製品 X と製品 Y に分けて示している。仮に，A, B, C の 3 つの工場が集まった場合に X では 20 ユーロ，Y では 40 ユーロ費用低下が見込めるとし，それぞれの額に対応した輸送費の増加分を示す臨界等費用線を図（a）の破線と実線の円で示す。破線の円では集積の可能性はみられず，実線の 3 つの円が交差する地域にのみ集積が発生する可能性がある。

起こるのは，3 つの臨界等費用線の交差面が存在する場合であり，交差面の中で輸送費が最小となる地点で集積が進むとされている。

ここでは**規模の経済**による生産費用の低下を考えると，そうした規模の経済すなわち費用低下度合いは産業によって異なっている。産業によって輸送費の増え方も異なってくるので一概にはいえないが，仮に輸送費の差がないとする

と規模の経済が大きくなる産業の場合は,臨界等費用線も大きく描ける。臨界等費用線が大きくなると,それだけ臨界等費用線が重なる領域が増え,集積可能性が高くなる(図2-3)。逆に,規模の経済を一定とすると,輸送費の増え方が小さな産業ほど臨界等費用線を大きく描くことができ,集積の可能性も大きくなる。

ウェーバーはまた,集積の傾向を表す指標として,**加工係数**を示している[6]。これは,製品一単位重量当りの加工価値(労働費と広義の機械費)を立地重量で割った値として表される。工業化の進展は,資本の有機的構成の上昇をもたらすと考えられているが,機械費は増大するものの労働費は減少し,加工価値の変化は一方向的ではない。集積は,機械化の進展により必ず生じるわけではなく,より複雑な過程ととらえることができよう。

2 現代工業の立地論

2.1 立地原理の転換

ウェーバー工業立地論の大きな特色は,原料や製品の重量関係といった技術的要素に着目し,輸送費や労働費,規模の経済の効き方といった工業の業種別の特性によって,当該業種の立地傾向を知ることができる点にある[7]。また,原料指数,労働係数,加工係数といった計測可能な指標や,立地三角形や臨界等費用線といった扱いやすい図形によって,最小費用立地点を求めようとしている。

しかしながら,現代工業の立地を理論的に論じようとする場合には,こうした古典的理論に依拠した検討のみでは限界があり,新たな理論的探求が必要となる[8]。まず第1に,**立地原理**の転換があげられよう。グリーンハット(Greenhut, M. L., 1956)は,チューネン・ウェーバー型立地論の基本的欠点として,最小費用立地,所与の需要,企業間の立地の相互依存関係の無視をあげている。そして,費用のみならず需要,純粋個人的考慮の3側面から立地因子の再整理を行い,**利潤最大化**と**満足最大化**を立地原理として提示している。

図2-4は,工業立地に関するデーヴィッド・スミス(Smith, 1971)の図である。(a)では,収入の地域差はみられず,費用の地域差のみが問題とされている。

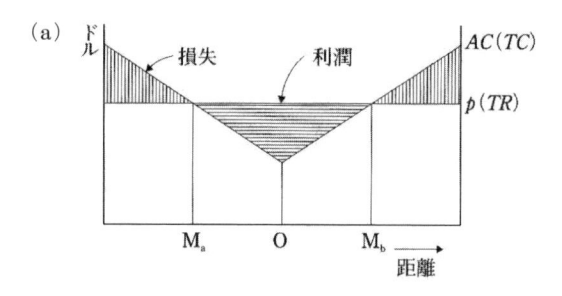

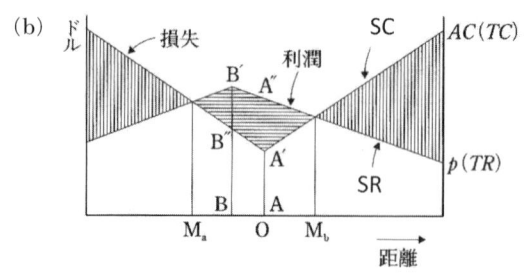

図2-4 空間的な費用・収入状況と立地
出典：Smith（1971），訳書 p. 200.

このケースが，ウェーバーの工業立地論に該当し，費用の最小地点（O）への立地が利潤最大化をも意味していた。これに対し（b）では，各種費用や収入の地域的差異を反映して空間費用線(SC)と空間収入線(SR)とが描かれている。利潤の大きさはSRとSCとの関係で決まり，必ずしも費用最小地点が最大利潤地点とは限らない。もし企業が売上高の最大化を立地原理とするならば，最大収入地点（B）への立地となる。

また，経営者の個人的な満足を最大化しようとする企業にとっては，最小費用地点，収入最大地点，利潤最大地点にとらわれないが，経営を成り立たせるためには，立地は**利潤可能性の空間的限界**（MaとMbの間）の範囲内とする必要がある。

これとは別に，不完全情報の下では，企業が最適立地点を求めることは困難である，とする考えも成り立ちうる。こうした不完全情報下での企業行動に関しては，サイモン（Simon, H., 1955）の「満足化行動原理」が知られているが，こうした議論の影響を受けて，プレッド（Pred, A. R., 1967/69）などによる**行**

動論的立地論が登場してきた。彼は，立地主体の情報入手量と情報利用能力を行動行列上にプロットするとともに，立地決定の成否との対応関係を考慮する試みを行っている。

2.2 複数企業・複数工場の立地論

第2にあげられるのは，**立地単位**に関わる点である。古典的立地論の時代，資本主義の自由競争の時代では，新規参入の自由を前提とし，専ら単独の工場の立地が問題とされてきた。しかしながら，鉄鋼や石油化学，自動車，電気機械，ビールなどの業界構造をみればわかるように，少数の巨大寡占企業が市場を支配する現代資本主義の時代においては，寡占企業間の立地の相互依存・競合関係を考慮し，しかも複数企業・複数工場を対象とした新たな立地論が必要となる。

さらには，工場のみならず，＜企業本社－R&D（研究開発部門）－中核工場－分工場＞といった寡占企業の組織全体の空間配置を研究対象とすることも重要な課題となっている。

こうした複数企業・複数工場の立地論に関しては，立地単位のとらえ方によって，さまざまなアプローチがある。ホテリングは，1920年代・30年代にアメリカで繰り広げられた独占的競争，空間独占の論者として知られているが，彼の**相互依存立地**のモデルでは，直線市場における差異のない2つの企業の立地競争が取り上げられている（Hotelling, H., 1929）[9]。

その後，1960年代から70年代にかけては，事業部制の成立を論じたチャンドラー（Chandler, A. D., 1962）の会社組織研究の影響を受けた「**組織論的立地論**」や「**企業の地理学**」と呼ばれる研究が英米圏で盛んに行われた。そこでは，ボーイングなどの大企業の組織構造が，どのような空間的な現れ方をするかという点に焦点が当てられていた。しかしながら，「企業の地理学」は，不況や失業といった先進資本主義諸国で深刻化してきた構造的問題に対して，必ずしも十分な説明や解決策を提示できずにいた。

1980年代になると，企業が作り出す空間構造の資本・労働関係や工場の質的差異に注目し，外部支配や分工場経済問題の解明に力点を置いた「**構造的ア**

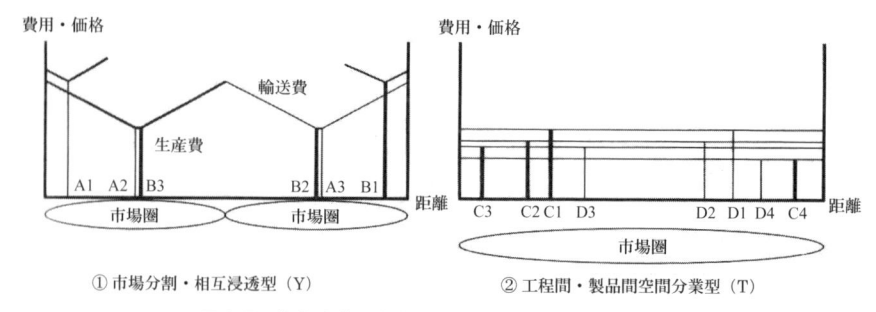

図 2-5　複数企業・複数工場の立地類型（松原作成）

①市場分割・相互浸透型（Y）　　②工程間・製品間空間分業型（T）

注：A1〜D4 は各企業の工場を示す。数字が大きいほど新しい工場を示す。A 企業と B 企業の製品は同一，C 企業と D 企業では製品間分業がなされているとする。

プローチ」が登場してくる。

　その代表的な論者であるマッシィ（Massey, D., 1984）は，管理の階層性と生産の階層性という2つの側面に着目し，空間構造を3つの類型に区分している。第1の類型は，管理部門と生産部門とが1地域に併存している「局地集中型」で，イギリスの伝統的な繊維工場などにあたる。第2の類型は，管理面での階層化・分化は進んだものの，生産機能の階層化が未発達で，各工場とも工程の完結性を保持している「クローン分工場型」で，市場分割型のビール工場などが該当する。第3の類型は，管理・生産両機能とも階層化が進み，各工場とも一部工程に特化した「部分工程型」で，現代イギリスのエレクトロニクス工業などに典型的にみられる。マッシィは，明瞭な階層関係をともなった本社の分離と工程間の**空間的分業**の進展といった空間構造の変化の中に，当時のイギリスにおける工場の閉鎖などのリストラクチャリングを位置づけ，さらに歴史性や地域性を考慮しながら研究を深めていくことになる。

　こうした欧米での研究成果と日本の工業地理学の研究成果を整理するなかで，松原は，寡占企業による複数工場立地の2類型として，①市場分割・相互浸透型（Y型）と②企業内空間分業（工程間・製品間）型（T型）をあげている（図2-5）。前者は，寡占企業各社が全国市場をいくつかの市場圏に分割し，それぞれの市場圏に各社の工場を配置したものであり，鉄鋼，石油精製，石油化学，ビールなどの業種があげられる。後者は，寡占企業各社が製品別に全国

2 工業立地論の基礎と応用 33

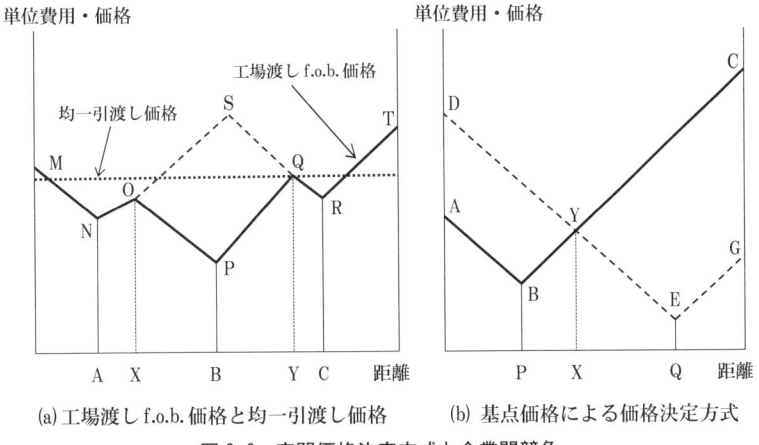

図2-6 空間価格決定方式と企業間競争
出典：Chisholm（1966），訳書 p. 183, 185, 211.

市場をカバーする1つの拠点工場を配置し，さらに工程別の分担関係を明確にして複数工場を配置したものであり，この例としては，電機，自動車などがあげられる。両者は，成立・発展過程に違いがあるとともに，リストラクチャリングなどの**立地調整**の過程においても差異が認められる[10]。

2.3 空間価格理論

ウェーバーの工業立地論になく，現代工業の立地をみていく上で重要な観点として，最後に空間価格の議論を取り上げたい。この分野の数少ない研究者の一人イギリスの立地論者チサム（Chisholm, M., 1966）は，空間的価格決定方式を，価格を輸送費に応じて変化させるものと，引渡し価格を均一にするものとに分け，さらに前者を工場渡しf.o.b.と**基点価格方式**に，後者を電力やガスなどのような特定地域均一のものと，全国均一のものとにそれぞれ分け，立地に及ぼす影響を検討している（図2-6（a））。

ここでチサムは，工場渡しf.o.b.価格に関して，A，B，Cそれぞれの独占的市場地域を説明しているが，こうした「非差別的f.o.b.価格決定のもとでは，供給者と消費者が近くにいる場合は相互に利益があ」るとしている（訳書p.183）。ただし，f.o.b.価格は，必ず非差別的というわけではない。この図に

おいて，たとえばBが寡占企業であり，AやCとの間に空間的参入障壁が設けられているとするならば，OSQを上限とする寡占価格を設定することが可能となる。

また寡占企業による空間的差別価格の代表的事例としては，基点価格方式（ベーシング・ポイント・システム）がある（図2-6（b））。この図では，横軸に空間的拡がりを距離として示し，縦軸に費用や価格をとっている。アメリカ合衆国の代表的な製鉄都市として，ピッツバーグをP点，アメリカ南部の製鉄都市バーミングハムをQ点とし，それぞれの鉄鋼生産費に正常利潤を加えた工場渡し価格をPB，QEとする。工場渡し価格に輸送費を加えただけの価格を非差別的な工場渡しf.o.b.価格とすれば，この図ではABYEGの各点を結んだ線がそれに該当する。

ところが実際の全米の鉄鋼価格は違っており，寡占企業が集中する最大の鉄鋼都市ピッツバーグを基点，PBを基点価格として，これに輸送費を加えた価格，すなわちABCの線が，全米の鉄鋼価格とされていた。この場合Xの右側ではQはABCとDEGの差の分だけ「余剰利潤」をえることが想定されるものの，消費者が支払わなければならない価格は，本来の非差別のf.o.b.価格よりも高くなることを示している。こうした基点価格方式の立地への影響については，最小費用で鉄鋼が入手可能となる基点周辺に，機械工業などの関連工業が集積するものの，基点以外への関連工業の立地は不利になる点などが指摘されている。なお，この制度は1924年にアメリカ連邦取引委員会によって放棄を命じられ，多数基準点制に移行している。

鉄鋼などの生産財と異なり，消費財の場合は均一価格が採用されることが多くなると思われる。しかし，その場合でも，各工場での生産費と輸送費，寡占価格との関係など，空間価格競争と立地については，未解明の点が多く残されている[11]。

（松原　宏）

注
1）アルフレッド・ウェーバーは，マックス・ウェーバーの4歳年下の弟で，1908年にはハイデルベルク大学の教授となり，1933年にナチスの圧迫を受け一時教職を離れるまで立地

論および社会学の講義を行っていた。『諸工業の立地について』の第2部で現実に接近した理論を展開する予定であったが，未完のままとなっている。ただし，1914年に刊行された『工業分布論』では，第1部に前掲書の要約が，第2部で資本主義的理論が著されている（Weber, 1914）。その後1926年まで，立地論と貿易論との関連を示唆する論文をいくつか発表した後，ウェーバーは立地論に関する論文をいっさい執筆していない。第2次大戦後，ハイデルベルク大学に復帰し，文化社会学に関する著作を多く著している。

2) 立地条件とは，「立地主体に対して他の場所とは違った影響を及ぼすある場所のもつ性質あるいは状態」のことで，市場，用地，用水，原材料，労働力などの直接生産に関わる項目とともに，交通・通信施設などのインフラの整備状況，自然環境，地域社会の特質など，多種多様な項目からなっている（西岡久雄，1968）。「半導体工場は，豊富できれいな水を好み，雷を嫌う」といわれるように，立地条件は，立地主体がどのような業種・企業であるかによって異なる。数量的な単位も，何トン，何度，何キロというようにばらばらであり，立地決定にあたっては，これらの各種データを何らかの統合的な見地から比較考量し，評価することが必要になる。各種の物理的単位を金銭的単位に換算して得られた統合的な評価基準が立地因子であり，立地主体が立地決定を下す際に，「評価を構成する要素でかつ場所的差異がある要素」とされている。立地因子は，経済的因子と非経済的因子（政治的・国防的な観点からの立地や，経営者の個人的な好みなど）に大きく分けられ，経済的因子は費用因子と収入因子とに，さらに費用因子は輸送費因子と非輸送費因子とに分けられる。
「一般立地因子」はすべての工業に，「特殊立地因子」は特定の工業のみに関係するもので，「地域的因子」は工業を特定の地点に立地指向させる因子を指し，「集積因子・分散因子」は工業立地に偏倚を与えるものとしてとらえられている。

3) たとえば，セメント工業の場合，セメント1トンを製造する上で石灰石1.33トン，石炭0.43トン，粘土0.35トンが必要であるといわれている。どの原料も局地原料と考えられるので，この場合の原料指数MIは2.11である。よって，セメント工業は原料地指向を示すと考えられる。日本のセメント工業の立地をみると，北海道の上磯町や大分県の津久見市など，石灰石産地の近くに立地している。

またビール工業の場合には，ビール1トンを製造する上で，水約10トン，オオムギ・ホップなど0.035トンが必要であるといわれている。水の質はビール製造の場合には大きな問題とならないので普遍原料，オオムギやホップなどは局地原料と考えられるので，この場合の原料指数MIは0.035である。よって，ビール工業の場合は消費地指向を示すと考えられる。日本のビール工場は，東京や大阪，名古屋，札幌，福岡など，大都市圏内もしくはそれに近接した地点に立地している。

一方，石油精製工業や石油化学工業は，原料となる原油を精製・分解して各種の製品を製造していくのであるが，現在の技術水準ではほぼ100%原料を無駄なく使用して製品を作っている。その結果，原料指数MIはほぼ1に近く，よって石油精製工業・石油化学工業の立地は自由であると考えられる。実際の石油化学工業の立地をみると，原料産地であるサウジアラビアにも，消費地に近い東京湾岸の川崎や千葉にも，さらには中間地点であるシンガポールにも石油化学プラントが立地している。

4) 現代工業において重要な位置を占める機械工業は，原料指数がほぼ1に近く，立地自由と判定される。このことは，原料指数で説明可能な工業部門の割合が低下していることを示している。機械工業の立地系譜をみると，原料の鉄鋼生産地点に牽引される場合，官需や高所得層が存在する首都に牽引される場合，農機具にみられるように農業地帯を起源とする場合，鉱山機械にみられるように鉱山を起源とする場合，織物機械にみられるように繊維工業地域を起源とする場合など，さまざまな系譜がみられる。

5) たとえば，同じ電気機械でも，テレビやラジカセなどのAV家電と冷蔵庫や洗濯機などの白モノ家電とでは，両者とも労働集約的であるが，重量があり運びにくい白モノ家電に比べ，輸送費抵抗力のより小さなAV家電では，国内生産から海外生産への移転が目立ち，産業空洞化の影響は相対的に大きかったといえる。

　工業部門をフットタイト型とフットルース型とに分けると，立地固着性の大きいフットタイト型業種では，労働係数の値が小さくなり，空洞化が起こりにくいということができる。また，現在の工場立地点と他の地域や国との賃金格差およびそれらの地域や国へ工場を移転させた場合の輸送費がわかっているとすると，それをもとにさまざまなケースの「臨界等費用線」を描き，工場の移転可能地域を探すことも可能となろう。

6) ウェーバーの加工係数では，分子に加工価値をもってくることによって，集積による規模の経済すなわち費用節約の大きさを，分母に立地重量をもってくることによって，輸送費の増加という集積を抑えようとする力を示している。

7) ウェーバーがいかに重量にこだわったかは，「観念重量」という概念の導入によく表れている。これによりウェーバーは，原料価格の差異を距離に置き換え，輸送費に反映させている。

8) ウェーバーの工業立地論については，パランダー（Palander, 1935）やスミス（Smith, 1971）をはじめ，多くの批判が提示されている。山名伸作（1972）は，マルクス経済学の立場から，労働費の取り上げ方や労働供給地の固定化，原材料価格差を立地点からの距離の差に還元している点，立地相互間の影響や立地移動の可能性の無視など，ウェーバー立地論の問題点を整理している。

　筆者は，ウェーバーの立地三角形を原料地指向，市場指向といった輸送費指向論に用いるだけではなく，産業連関の視点を導入し，より動態的な議論を展開すべきだと考えている。すなわち，鉄鉱石と石炭を原料として鉄鋼生産地が石炭産地に形成される段階がまずあり，次いで鉄鋼生産地と市場との関係で機械工業立地がいずれかに牽引され，機械工業立地点と市場との関係で各種消費財工業の立地が決まってくる。この場合，立地三角形が接点をもちつつ，連なる図を描くことができる（図2-1）。

　工業部門間の連関を産業全般の連関に発展させ，それらの配置の全体像を構築するという点に関しては，ウェーバーが立地層として，全体の産業の配置を論じている点が注目される。そこでは，農業層，農業指向的な工業層，工業指向的な工業層，中央の組織層，中央の（工業的）従属層が取り上げられ，相互の関係が論じられている。

9) ホテリングの議論は，二人のアイスクリーム売りの話として知られている。細長く続く砂浜のような直線市場において，二人のアイスクリーム売りが現われ，お互いに相手の売

れ行きを横目で見ながら，自由に場所を代えて売り歩くとすると，最終的には二人のアイスクリーム売りは砂浜の中央でお互い背中合わせで売るようになるというものである。
10) ここにあげた2つの類型の詳しい内容については，松原　宏編（2009）を参照されたい。
11) 均一引き渡し価格が採用される理由として，チサムは管理上の節約の方が輸送費の増加よりも重要となってきていること，販売促進の効果などを指摘している。このほか，空間的価格方式の決定要因としては，市場における企業間の競争状況，輸送費の大小などの製品特性，独占禁止法などの法的規制，国土の広さなどの諸点があげられよう。

演習課題

① 現代工業の立地を考える場合，ウェーバーの工業立地論で説明できるだろうか。修正すべき点，新たに付加すべき点はどのような点だろうか，考えてみよう。
② 最近の新聞記事から，工場の新設や移転，閉鎖などの事例を探し出し，そうした立地変化がなぜ起きたか，これまでに習った用語を使って，説明してみよう。

入門文献

1　Weber, A. (1909) *Über den Standort der Industrien, 1. Teil*. Tübingen: Verlag von J. C. B. Mohr.［ウェーバー著，篠原泰三訳（1986）『工業立地論』大明堂］．
2　伊藤久秋（1970）『ウェーバー工業立地論入門』大明堂．
3　Smith, D. M. (1971) *Industrial Location : An Economic Geographical Analysis*. London : John Wiley.［スミス著，上巻：西岡久雄・山口守人・黒田彰三共訳，下巻：宮坂正治・黒田彰三共訳（1982/84）『工業立地論（上・下）』大明堂］．
4　春日茂男・藤森　勉編（1991）『人文地理ゼミナール　新訂　経済地理Ⅱ　工業』大明堂．
5　柳井雅人（1997）『経済発展と地域構造』大明堂．

1と2をあわせて読むと，ウェーバー工業立地論の理解はかなり深まる。3によって，現代的な工業立地論も含めた工業立地論の全容を把握することができる。4では，工業地理学研究の整理とともに，日本の工業立地の実態が解説されている。5は，歴史的経済発展過程に各種の立地論を位置づけ，解説を加え，さらに現代企業の立地についての検討も行っている。

3 中心地理論の基礎と応用

1 クリスタラーとレッシュの立地論

　1930年代のドイツは，ナチスの台頭によるファシズムの時期にあたる。クリスタラーとレッシュは，この時期に対照的な生涯を送った[1]。

　クリスタラー（Walter Christaller, 1893-1969）は，1893年にドイツのシュワルツワルトの牧師の家に生まれた。1913年にハイデルベルク大学で経済学を専攻し，ウェーバーの教えを受けたとされる。第1次世界大戦に従軍して負傷し，その後エアランゲン大学を1930年に卒業し，引き続き同大学の地理学者グラートマンの指導を受け，1933年に『南ドイツの中心地』と題した学位論文を提出した。これが，国土計画調査機関に認められ，第2次大戦中クリスタラーはドイツ軍の東方占領地区の集落計画に従事することになった。

　戦時中にナチスドイツに協力した経歴のために，第2次大戦後クリスタラーは大学の職に就くことができなかった。ユーゲンハイムの自宅に帰り，在野の学者として経済的には苦しい生活を送ったとされるが，英語圏の地理学界で「理論・計量革命」が起きる中で，彼の中心地モデルは高く評価された。

　これに対し，レッシュ（August Lösch, 1906-1945）は1906年にドイツのシュワーベン地方のハイデンハイムで生まれ，1945年5月30日に短い生涯を終えている。彼はクリスタラーとは対照的に，ナチスに協力することを拒み，キールの世界経済研究所を辞し，窮乏生活を送ったとされている。ボン大学とフライブルク大学で学び，ハーバード大学のシュンペーターの援助を受け，ロックフェラー財団からの資金により，2回にわたり北アメリカ全土の調査旅行を行っている。

レッシュの最初の刊行物はトランスファー問題に関するもので,その後も『人口変動と経済循環』など，人口研究で成果をあげ，1940年には主著『経済の空間的秩序』を刊行している。そこでは立地の一般理論を論じるとともに，アメリカでの調査旅行の成果を多数の事例としてあげている。

1.1 クリスタラーの中心地理論

クリスタラーは,著書『南ドイツの中心地』の序文で,もともとのねらいは,「国家の合理的な行政組織のために，また，国家生活を簡素化するようにドイツの国土を再編成するために，経済学的な基礎を求める点にあった」が，地理学に出会って以来,実際的な課題を解決することの代わりに,「南ドイツを例にとって，都市の聚落の数・分布および規模の法則性について，経済地理学的な研究が行われた」と述べている（Christaller, 1933,訳書p.v）。

クリスタラーの著書は，第1篇理論篇，第2篇応用篇，第3篇地域分析篇の3篇からなり，一般的な純粋に演繹的な理論から着手され，理論の現実への接近,理論の検証へと進んでいっている。彼の理論は,その後の研究者たちによって，よりわかりやすい形で説明されている（Berry and Garrison, 1958；森川　洋,1974；西村睦男，1977；林　上，1991；石﨑研二，1995など）。以下では，そうした説明を参考にして，基礎概念の紹介をすることにしたい（図3-1）。

図の横軸は空間的拡がり,縦軸は費用もしくは価格を示している。図中のX，Y，Zは，財やサービスを供給する個別の商業・サービス業の立地点を示し，それぞれの地点での販売価格をCx，Cy，Czとする（販売価格は，財・サービスの生産や供給に関わる費用をベースに利潤を加味したものといえる）。X，Y，Zは,個々の商店やサービス業の集合体として考えることもでき，クリスタラーはこれらを**中心地**と呼んでいる。

また，この場合は工場と異なり，財やサービスを得るために，周辺地域から消費者がこれらの産業の店舗に出向くことになるが，その際に交通費もしくは移動時間など空間を克服する上での抵抗がかかる。これを，傾きθx，θy，θzとする。

図では2重の円が描かれているが，外側の円を「**財の到達範囲の上限**」，円

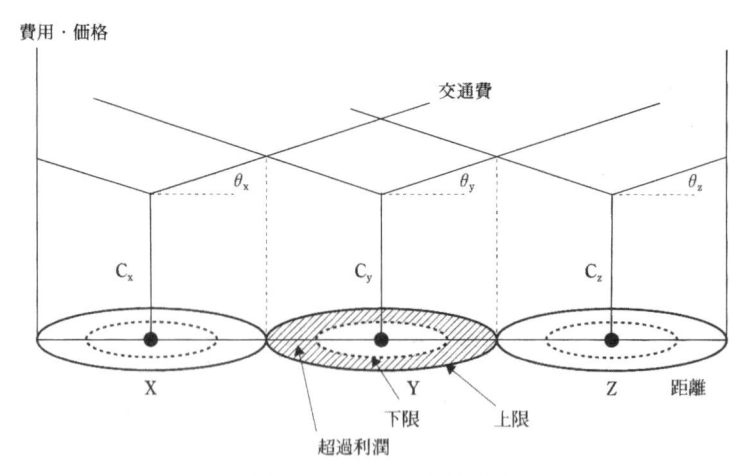

図 3-1　中心地と財・サービスの到達範囲（松原作成）

で囲まれた領域を「補完区域」と呼んでいる。これには「物理的上限」と「経済的上限」の2種類があり，前者は物理的距離や自然的障害などのために，それ以上は当該中心地に向かうよりも他の中心地に向かうほうが交通費の負担が少なくてすむと消費者が判断する境界で，後者は市場価格が均一に与えられた場合に，その水準と交通費の線とが交わる点をさす。内側の円は，「**財の到達範囲の下限**」と呼ばれるもので，X，Y，Zがそれぞれ成り立ちうる最低限の売り上げをあげうる消費者の範囲を空間的に示したものである。**成立閾**や成立人口などと呼ばれることもある。そしてこれら2つの円の間が超過利潤の大きさを空間的に示したものである。商業・サービス業にとっては，この超過利潤をいかに多く得るかが課題となる。

　図3-1では，X，Y，Zともに同じ超過利潤を得るように描かれているが，実際には横軸に関係する地域的条件や縦軸に関係する各店舗もしくは商業集積のコスト競争力，集客力などに差異があると考えられる。たとえば，仮に大型店Yがコストダウンを実現したとすると，C_yが低下し，XやZの補完区域を削っていき，さらにはXやZを市場から退出させることもないわけではない。

　コンビニエンスストアの立地競争[2]を想定すると，X店とY店，Y店とZ店の中間地点に新たな店舗が立地し，既存店X，Y，Zの超過利潤を削っていき，

3 中心地理論の基礎と応用 41

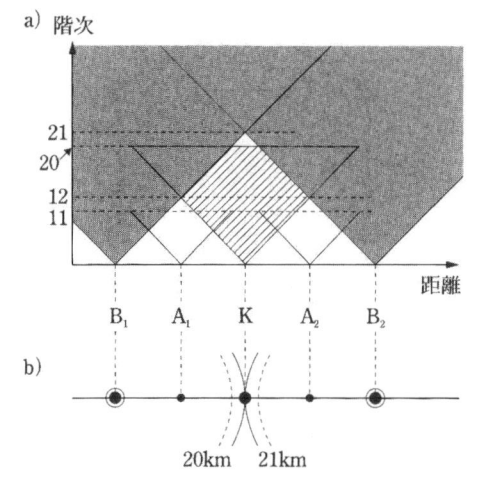

図 3-2 財・サービスの階次と階層規定財
注：アミ掛けの部分は中心地 B からの財の供給地域の集合を表す．
出典：石崎研二（1995），p. 585 の第 4 図をもとに松原加筆修正．

それぞれ下限で均衡するか，さらに新規立地が進むと，下限を確保できない店舗の淘汰が生じることになる．

ところで，中心地から供給される中心的財やサービス，あるいは**中心地機能**には階層性がある．図 3-2 は，横軸に空間的拡がり，縦軸に財やサービスの階層性，階次をとったものである．一般的に，高次な財・サービスほど財の到達範囲が広く，低次な財・サービスほど財の到達範囲は狭くなると考えられている．図では，半径 21km の到達範囲をもつ財の階次 21 番を供給する中心地 B_1 と B_2 を頂点にもつ逆三角形が描かれている[3]．これに対し，半径 20km の到達範囲をもつ階次 20 番の財・サービスの場合には，B_1，B_2 の中心地いずれからも供給されない間隙が生じる．

クリスタラーは，こうした間隙を生まないようにするために，その間隙の地点に，B よりも小さな中心地 K を配列することを考えた．K 中心地は，半径 12km の到達範囲をもつ財の階次の線で逆三角形を作るが，半径 11km の到達範囲をもつ財・サービスになると，再び間隙が生じることになる．間隙を埋めるために，再度クリスタラーは，K よりも小さな A 中心地を配するようにする．

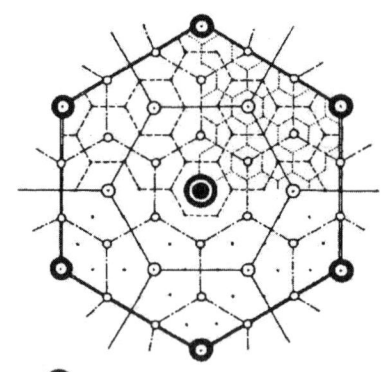

◎ G-地点 ─── 境界：G-区域
◉ B-地点 ─── 境界：B-区域
○ K-地点 ─·─·─ 境界：K-区域
○ A-地点 ----- 境界：A-区域
· M-地点 ……… 境界：M-区域

図 3-3　中心地システムと補完区域
出典：Christaller（1933），訳書 p. 87.

表 3-1　補給原理に基づく中心地の階層

中心地階層	中心地の数	財の到達範囲の上限	同階層中心地間の距離	補完地域の数	供給される財の種類
L	1	108km	187km	1	2000
P	2	62	108	3	1000
G	6	36	62	9	600
B	18	21	36	27	330
K	54	12	21	81	180
A	162	7	12	243	90
M	486	4	7	729	40

注：Christaller（1933）などから富田和暁作成．
出典：富田和暁（1991），p.136.

　こうしたプロセスを繰り返していくことで，六角形状の中心地網を導き出したのである（図3-3）。これが，クリスタラーの**補給（市場）原理**と呼ばれるものである。

　なお，階次 21 や階次 12 に該当する財やサービスは，**階層規定財**と呼ばれている。この場合，中心地の数は，下位になるに従い，3倍ずつ増えていき，中

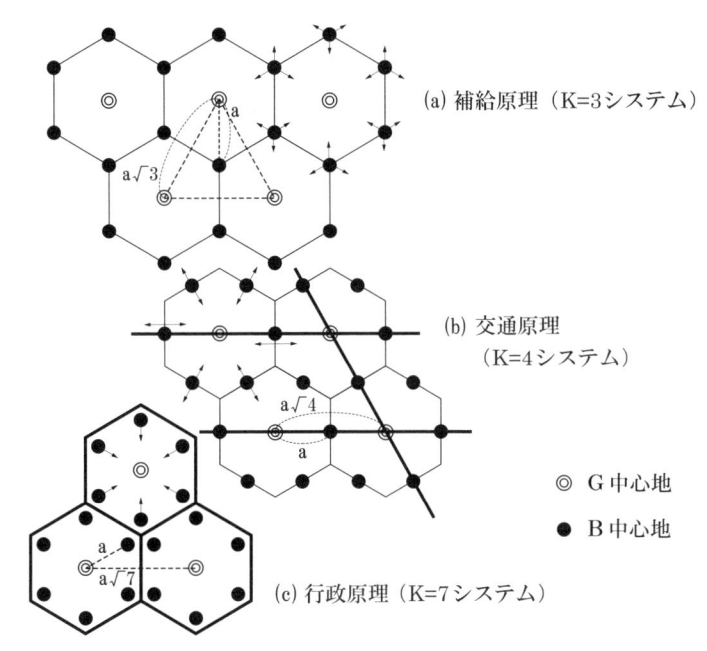

図3-4 クリスタラーの中心地論における3つのシステム
出典：森川　洋（1980），pp.29-97を参考に松原作成．

心地間の距離は高次になるに従い$\sqrt{3}$ずつ増えていく。これをK＝3のシステムと呼んでいる（Kは定数をさす。図3-4（a））。なお，クリスタラーは実際に，それぞれの中心地について，人口規模，中心地間の数や距離などを示している（表3-1）。

　クリスタラーの補給原理は，均質な平面を前提に，徒歩や荷馬車といった初歩的な移動手段を想定した中心地体系といえる。クリスタラーは，補給原理を基本にしつつ，現実的な要素を加えて，交通原理と行政原理とを提示した。その際，チューネンやウェーバーが採った「孤立化の方法」を同様に採用している。

　交通原理とは，鉄道の敷設に代表される直線的な交通路線による中心地体系の変更を示したものである。たとえば，鉄道路線は通常G中心地のような大きな中心地間を結ぶように敷設され，その中間地点にG中心地より下位のB中心地が形成されると考えられる。しかしながら，補給原理では中間地点に都

市は形成されないので，図3-4（b）に示すように，B中心地が六角形の頂点ではなく，6つの辺の中点に位置するように，中心地網を変更させている。

また**行政（隔離）原理**とは，行政界や急峻な山や河川が中心地上に位置するような場合を想定したものである。図3-4（C）に示すように，六角形の頂点に位置するB中心地上に行政界があるとすると，B中心地の機能を3分割した形で，それぞれの六角形の中に中心地が入ってくることになる。

このように，補給原理では，最少の中心地で最大の面積をカバーするように，効率よく大小の中心地を配列するという原理が働いたが，交通原理，行政原理になると，中心地の数はそれよりもかなり多くなることがわかる。

中心地体系がどのような時代背景，いかなる自然環境や政治システムの下で形成されたかによって，中心地の数や分布が異なってくることをクリスタラーの3つの原理は教えている。たとえば，補給原理は，広い平野の中世の市場の成立や資本主義自由市場経済の場合に，交通原理は，交通網の革命的発展期や交通路をもとに植民地形成が行われる場合や谷筋などの場合に，行政原理は，封建諸侯の領域や藩などの領域が入り組んでいる場合や孤立的な山間盆地の場合に，それぞれ該当するといわれている。

1.2　レッシュの経済地域論

レッシュは，1940年に『経済の空間的秩序』を著している。序文で彼は，「この書物では経済学的考察に空間を導入する」，「この研究では，体系的な立地理論，外国貿易の新理論，また多分経済地域の一般的性格に関する最初の一般的分析が展開される」と述べている（Lösch, 1940, 訳書 p. I ）。

この本は，第1編 立地，第2編 経済地域，第3編 交易，第4編 事例的研究から成っている。第1編でレッシュは，「立地の均衡は2つの基本的傾向によってきまる。すなわち，個別経済の立場からみた利益の最大化の傾向と経済全体の立場からみた独立経済単位の数の最大化の傾向である。後者は，外部からの競争によって作用され，前者は内部における経営努力の作用を受ける」（訳書 pp.111-112）と述べた後，第2編 経済地域に進んで行く。以下では，その内容をみることにしよう。

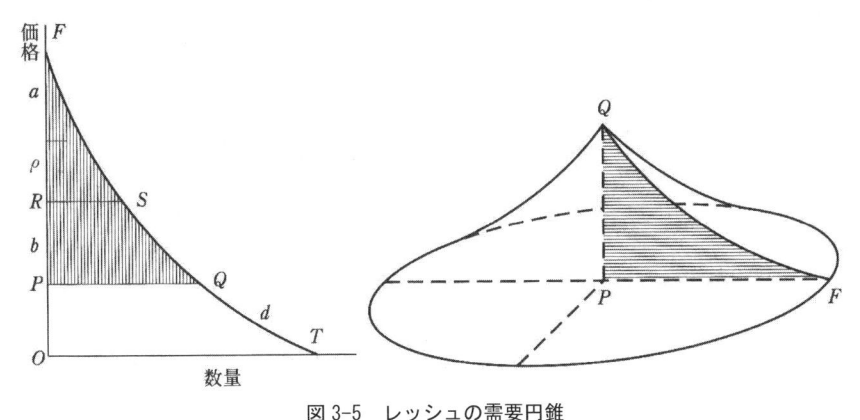

図 3-5 レッシュの需要円錐
出典：Lösch（1940），訳書 p.127.

　レッシュは,「原料が広い平野に一様に分布し，しかも十分にあるものと仮定する。この平野は他の点についても等質であり，規則的に分布した自給農場以外のものは存在しない」。こうした出発点から，ある農場所有者が，自己の必要以上に工産物を生産し，販売しようとした場合,「彼の市場の大きさは結局，どのように定まるであろうか」，こうした問題をレッシュは提起したのである（訳書 pp.126-127）。

　図 3-5 は，ビールの生産と消費に関するもので，横軸に数量，縦軸に価格をとっている。d は，ビールの需要曲線を示したものであるが，通常の経済学と異なり，空間的な観点を導入している。OP を P における工場渡し価格とし，その際の需要は PQ,「ここから遠ざかるに従って，価格は当然運送費だけ上昇し，需要はそれだけ小さくなる。…PF はビールの最長の販売半径で」,「この地域の全販売量は PQ を軸として三角形 PQF を回転することによって生ずる円錐の体積に等しくなる」としている（訳書 p.127）。このように，レッシュは生産者の市場空間を需要円錐として立体的にとらえている。

　次にレッシュは，利潤が得られるとなると生産者が自由に参入し，しかも完全自由競争がなされるとすると，最大の販売圏が重なり合い，相互に削られていき，不当な利潤が消滅した最小の販売圏，しかも正六角形で空間を埋め尽くす形で均衡するとしている（図 3-6）。こうした考え方を基本にレッシュは,「販

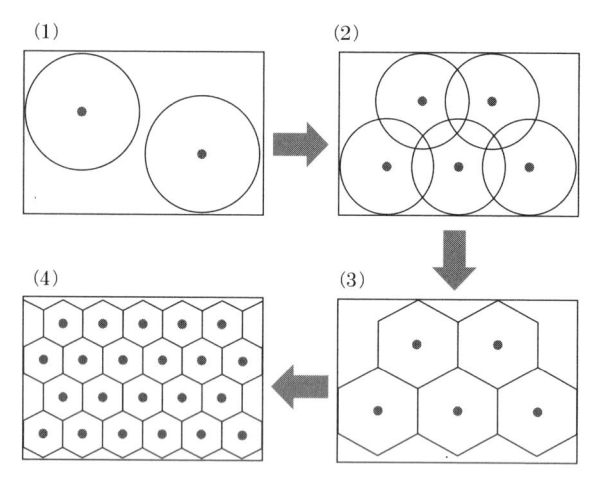

図 3-6　新規参入企業の増大による市場圏の削り合いと立地均衡
出典：Lösch（1940），訳書 pp.131-134 をもとに松原作成．

売圏はもはやそれぞれの財に合わせて作られるのではなく，それぞれの財は定まった組合せのなかから最適の大きさをとる」と述べ，大きさの異なる六角形の網を重ね合わせ，さまざまなタイプの**網状組織**を描いていくのである（訳書 p.141）。

　これを筆者なりの表現で示すと，以下のようになる。透明のシートを数枚用意して，それぞれのシートに大きさの異なる円，正確には大きさの異なる六角形を描き，埋め尽くしていく。そして，それぞれのシートを重ね合わせて，大きさの異なる円の中心にある生産拠点の配列がどのように変化するかをみていくことにする。大中小の中心地を1箇所に固めてみることも可能であり，それぞれの中心地を離してみることもできる。重ね合わせ方次第で，いろいろな中心地のパターンが形成されることが想像できよう（図 3-7 の a，b）。その場合，クリスタラーが明らかにした補給原理，交通原理，行政原理といった中心地体系は，レッシュのあげた多様なパターンのうちの特殊なケースと位置づけることができる。

　確かに，国によりまた地域により，都市の配列と都市の機能との関係は多様である。日本では東京一極集中傾向が強く，東京には高次・低次さまざまな都

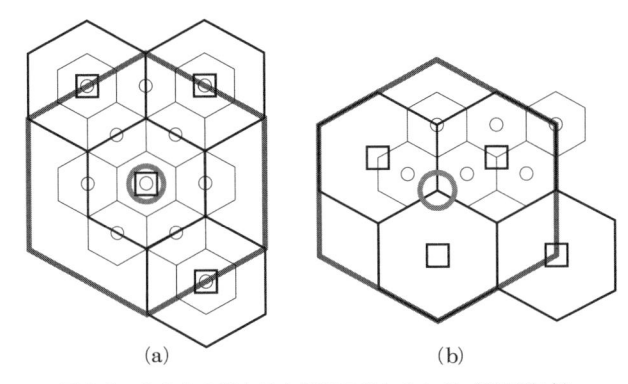

図 3-7　大きさの異なる市場圏の重ね合わせ（松原作成）

市機能が集中している．これに対し，オランダでは経済的中心はアムステルダム，物流の中心はロッテルダム，司法の中心はハーグというように，都市機能の分化がみられる．このような差異が生じた理由を考えていく上では，クリスタラーの中心地理論よりもレッシュの議論の方が参考になる．

　レッシュは，前掲著書の第2編第2部「複雑な条件の下における経済地域」で，経済的な差異，自然的な相違，人的要因の相違，政治上の相違に着目するとともに，経済地域の主要な3つの類型として，単一の市場圏，地域的網状組織，地域体系（**経済景域**）をあげている[4]．その上で，網状組織に関して，「網を重ねるに際して，すべての網が少なくとも1つの中心を共通するようにすることができる」（訳書 p.148）といった記述はあるものの，大きさの異なる六角形網の重ね合わせの論理については，レッシュは必ずしも明らかにしていない．歴史的な経緯，自然条件，政治システムの差異など，重ね合わせの論理に関わる要素はいろいろ考えられるが，理論化は今後の課題として残されているといえよう．

1.3　クリスタラーとレッシュの比較

　クリスタラーとレッシュは，結果的に同じような六角形のパターンを導き出している点は共通しているが，理論化のプロセスは大きく異なっている．

　クリスタラーは，財の到達範囲の上限に着目し，最少の中心地で最大の面積

を効率よくカバーしようと考え，しかも財やサービスの到達範囲の空白域を作らないように，すなわち財・サービスを等しく人々に供給することをめざして，図形的処理を通じて，規模の異なる中心地の配列を導き出した。そこには福祉的な観点とともに，財政負担を少なく効率的な施設配置をめざそうとする政策的観点をみてとることができる。

これに対しレッシュは，均質空間における完全自由競争を前提に，新規参入自由で利潤獲得競争を行う資本の空間的運動を重視し，市場圏の削り合いと重ね合わせを通じて，経済学的に中心地システムを説明しようとした点が大きく異なっている。クリスタラーとは対照的にレッシュの場合は，最多の立地主体ひいては中心地で空間を分割し，その結果財の到達範囲に関しては下限で均衡するとしている。

中心地の階層構造に関しては，クリスタラーが規則的で，階層と規模と機能が一致し，上から下への階層性のはっきりしたパターンを示しているのに対し，レッシュは必ずしもそれにこだわらず，都市の機能分化や専門化をも説明可能とする多様なパターンを提示している。

対象となる産業・事象・地域や応用範囲も，クリスタラーとレッシュでは違っている。クリスタラーの中心地理論は財・サービスの供給に焦点を当てており，小売・サービス業や公共施設の立地に関する基礎理論となっている。南ドイツが中心的な対象地域で，近代以前からの内生的な中心地システムの発展が取り上げられてきた。また第2次大戦後の旧西ドイツでは，国土政策にあたる「空間整備計画」において，上位中心地や中位中心地といった中心地の整備が重視されてきた。日本においても，集落や都市の規模に応じた各種施設の配備計画や，高齢者施設や保育所の立地配分モデルの基本的考え方にされるなど，政策面で活用される機会が多くなっている。

これに対しレッシュの理論は，生産と供給の両面を考察しており，農業地域における農村工業の立地や基礎的地域構造の形成を説明する上で，重要な示唆を与えるものと考えられる。レッシュの著作には非常に多くの注と具体的な事例が盛り込まれているが，そこでは母国ドイツとともに，アイオワ州などアメリカ合衆国が多く取り上げられている。

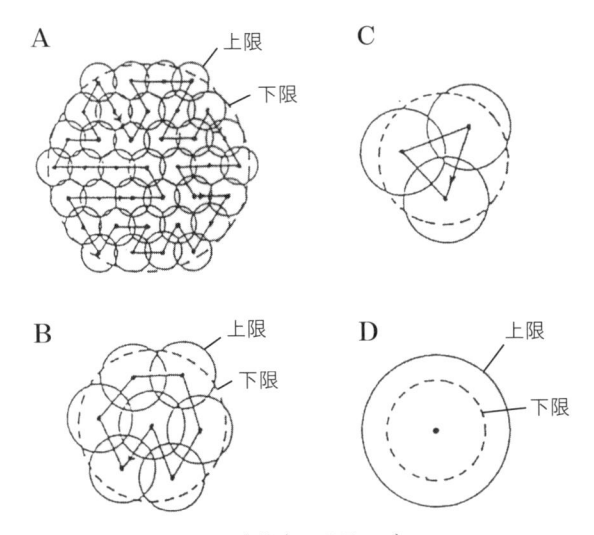

図 3-8 定期市の発展モデル
出典：Stein（1962）

2　中心地理論と現代商業・サービス業の立地

　これまでみてきたクリスタラーの中心地理論は，地理学のみならず経済史や考古学など，幅広い分野で活用されている[5]。たとえば，スタイン（Stein, J. H., 1962）の定期市モデルは，行商から定期市を経て，常設店舗へと至る過程を財の到達範囲の上限と下限の変化によって図示している（図 3-8）。そこでは，交通手段の発達によって上限が拡大するのに対し，都市化の発展，人口密度の上昇によって下限が縮小していくプロセスが描かれている。しかしながら，人口減少が進む昨今，とりわけ過疎地域では，移動販売車が各集落を廻るなど，下限が再び拡大し，上限との再逆転がみられる事態を想定し，モデルを変形させることも可能であろう。

　また，サントス（Santos, M., 1979）の二重構造モデルのように，近代化流通システムである上部回路と伝統的流通システムである下部回路の対照性が，大中小の中心地ごとに描かれ，発展途上国の中心地システムの特徴を表したものもある（図 3-9）。その後，発展途上国では近代化と「新中間層」の台頭によっ

て，上部回路の卓越が顕著になる一方で，日本では，大量消費スタイルの変質と階層格差の拡大により，「新たな二重構造モデル」（広域商圏を有する商業集積とコンビニエンスストアとの対照性など）の出現も検討すべき課題のように思われる。

ところで，現代の商業・サービス業の立地を考える上で，クリスタラーの理論の限界も見受けられる[6]。1つは，需要サイドに関わる点で，**消費者行動論を踏まえた修正**が必要となろう。

クリスタラーは，消費者は最も近い店舗で購入するという「**最近隣中心地利用仮説**」に基づいている。ただし，生鮮食料品などの「**最寄品**」はよいとして，高級衣料や宝石などの貴金属類などの「**買廻品**」については，見て回った上で購入することが多い。また1カ所でさまざまな種類の商品を購入する「**ワンストップショッピング**」もよく見られる光景である。こうした消費者行動に対応するために，同業種集積や異業種集積が形成されており，そうした集積には遠くても出かけていく。こうした点を考慮すると，規則的で階層的な中心地システムではなく，低次中心地の衰退と高次中心地の成長が顕著で，不均等な中心地システムが現れることも少なくない[7]。

もう1つは，供給サイドに関わる点で，商業資本による戦略的立地を踏まえた修正が必要になる。たとえば，スーパーマーケットチェーンや外食チェーンなどでは，消費者への宣伝効果を高め，競争相手の企業を空間的に排除するために，「**ドミナント戦略**」と呼ばれる特定エリアへの集中出店が見られる。あるいはまた，コンビニエンスストアにとっては，消費者の分布よりも，商品配送ルート上や「**リードタイム**」を重視した立地が重要となるケースが少なくな

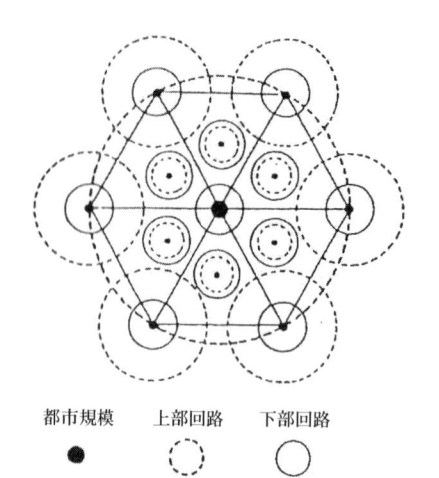

図 3-9　発展途上国における中心地の二重構造
出典：Santos（1979）

い[8]。さらには，**大規模小売店舗法**などの立地規制や農地転用などの用途変更規制を回避するために，規制の強い行政圏域のすぐ外側に大型店が集中出店するパターンも見られる[9]。こうした商業資本による戦略的で不均等な店舗立地によって，規則正しい商業中心地の分布パターンは攪乱されるのである。

これまで述べてきた小売業に対し，サービス業の立地を考える上では，モノ（財）の消費との相違点，すなわち，サービスは「貯蔵も輸送もできない」点に注目する必要がある（加藤和暢，2011）。

サービス業は，大きく生産者サービスと消費者サービス，社会サービスとに分けられる。生産者サービスが企業の集中する大都市に集中する傾向があるのに対し，消費者サービスと社会サービスは，一般的には人口に比例するといわれてきた。これに対し加藤幸治（2011b）は，消費者サービスの大都市への集中傾向を指摘し，「大都市・都心への人口流入とサービス消費機会の集積（それにともなう多様化・高度化）との間に認められる累積的・循環的因果関係が，サービス消費機会の地域的格差を一層拡大させている」と述べている。

さらには，行政改革，民営化や規制緩和など，制度変更の影響がサービス業の立地や中心地システムの変更に与える影響も無視できない。わが国の地域中心都市では，国や県の出先機関，現在のJRやNTT，郵便局などの支店が立地し，中心地システムの重要な一角を担ってきていた。しかしながら，1980年代以降の行政改革や民営化により，そうした出先機関や支店の統廃合が進み，中心地の階層構造は崩れ，より上位の中心地への集中傾向が進んできている。

第3の点は，情報通信革命の影響で，それが中心地システムにいかなる変化をもたらすかという点である。通信販売やテレフォンショッピングなどは，宅配便などの小口輸送の発達とともに，店舗での販売とすみ分けをする形で普及をしてきた。これに対し，インターネット上での「仮想商店街」の構築とeコマースの普及は，消費様式の幅を拡げるだけにとどまらず，中心地理論における中心地そのものの存在を脅かしかねない変化をもたらしてきている。

すでに音楽産業においては，CDの生産，レコード店での販売といった物財の流れに代わり，インターネットによる配信という情報流が台頭してきている。「仮想商店街」への出店は，地域や場所に拘束されることなく，商品を陳列す

る売場面積も必要がない。ただし，一方では，インターネットの導入による商店街活性化の事例も少なくない。中心地システムが大きな影響を受けることは確かであるが，それがどのような帰結をもたらすかについては，もう少し長い目で見ていく必要がある。

（松原　宏）

注
1) クリスタラーの生涯については，森川　洋（1974），杉浦芳夫（2003）が詳しい紹介を行っている。レッシュの生涯については，レッシュの訳書『経済立地論』のなかにシュトルパーによる「アウグスト・レッシュ追想記」がある。
2) 箸本（2002）によると，コンビニエンスストア上位3社の一店舗当たりの一日平均売上高は約55万円，来店客1人当たりの平均購入金額は600円とされ，下限を規定する最低集客数は1日当たり約1,000人弱，都市部における徒歩商圏は半径約500mで，この距離が上限とされている。
3) 半径21kmという数字は，徒歩1日の行程に対応するものとされている。
4) 単一の市場圏の重なり合いの結果形成される，同一財についての市場圏の全体が地域的網状組織であり，地区あるいは地帯と呼ばれることもある。これに対し，「経済景域は，相異なる諸市場の体系であって，単に一つの器官ではなく，一つの組織である」（訳書p.256）とされ，経済管区とも呼ばれる。「経済管区の中心都市はその生産物の多様性，あるいはその周辺とのあいだの複雑な交易関係によって区別される」（訳書p.254）と述べられている。
5) 中心地理論を応用した研究は多岐にわたる。たとえば，アメリカの文化人類学者スキナー（Skinner, 1964/65）は，第2次大戦前の中国の伝統的農村における市場町システムを，クリスタラーの中心地理論との関係に注目して検討し，四川盆地では四角形の中心地体系がみられることを指摘した。また，田北廣道（1987）は，ヨーロッパの中世都市史研究にクリスタラーの中心地理論が参照されている点を指摘している。
6) 現代商業・サービス業の立地と中心地理論との関係についてふれているものとしては，Berry（1967），木地節郎（1975），箸本健二（2001），川端基夫（2008）などがある。
7) たとえば，東京の郊外に計画的に形成されてきた多摩ニュータウンでは，近隣住区論に基づきほぼ均等に配置された近隣商店街に空き店舗が目立ち，その一方で新しく開発された駅の周辺やロードサイドには，より広域な商圏を設定し，大型駐車場を併設したアウトレットモールやショッピングセンターが賑わいをみせている。
8) 主力商品である弁当やおにぎりは，一日3回という高頻度配送が必要とされ，給油や商品積載などを差し引くと，配送センターから片道3時間という時間距離がコンビニエンスストアの立地を規定することになる。この時間距離は，配送店舗数と配送センターの配置によって変化する。
9) 1973年に制定された大規模小売店舗法は，一定面積以上の売場面積を有する大型店（第一種大規模小売店は3,000m^{2}以上，第二種大規模小売店は500m^{2}以上）に対し，大規模小

売店舗審議会が審査を行う仕組みを定めたもので，地元の商工会議所などの意向により，出店規制の強い地域とそうでない地域といった地域差が現れた。長野県松本市や佐賀県佐賀市などの都市圏では，中心市に隣接した郊外の小規模町村に多くの大型店が立地する事態が発生した。なお大規模小売店舗法は，1991年の改正によりこれまでの商業活動調整協議会が廃止され，出店規制の緩和が進み，1998年には売場面積の調整を行わない「大規模小売店舗立地法」の成立によって廃止されることになった。

演習課題

① 地図帳や統計資料をもとに，都市の階層別分布図をつくり，クリスタラーの中心地体系の図と比較してみよう。
② 電話帳などを使って，興味のある商業・サービス業の立地を調べ，地図にし，どのような立地特性があるか，考察してみよう。

入門文献

1　林　上（2012）『現代都市地理学』原書房.
2　森川　洋（1980）『中心地論Ⅰ』大明堂.
3　西村睦男（1977）『中心地と勢力圏』大明堂.
4　Berry, B. J. L. and Parr, J. B.（1988）*Market Centers and Retail Location : Theory and Applications*. Englewood Cliffs, N. J.：Pentice Hall.［ベリー・パル他著，奥野隆史・鈴木安昭・西岡久雄共訳（1992）『小売立地の理論と応用』大明堂］.
5　Christaller, W.（1933）*Die zentralen Orte in Süddeutschland*. Jena：G. Fischer.［クリスタラー著，江澤譲爾訳（1969）『都市の立地と発展』大明堂］.

　　Lösch, A.（1940）*Die raumliche Ordnung der Wirtschaft*. Jena：G. Fischer.［レッシュ著，篠原泰三訳（1991）『経済立地論　新訳版』大明堂］

1は，都市地理学の入門書。都市の基礎理論から世界各地の事例まで，幅広い内容がわかりやすく解説されている。2と3は，中心地論を詳しく知るために適している。西村睦男・森川　洋編『中心地研究の展開』大明堂もあわせて読むとよい。4は，中心地理論の解説とともに，小売業・サービス業の立地への現代的適用について説明がなされている。5は，中心地理論の原典。

4 オフィス立地と都市システム論

1 オフィス立地と本社立地研究

1.1 本社立地論

　現代都市の心臓部はCBD（中央業務地区）と呼ばれる地区であり，景観的には超高層・高層のオフィスビルが林立し，機能的には情報の収集や処理，情報の生産や交換，意思決定を行う中枢管理機能が集積している。こうしたオフィス[1]が集積する地区に関しては，都市地理学の研究対象として内外の研究成果が蓄積されてきている（Daniels, P., 1979 ; 山崎　健, 2001など）。ここではまず，企業行動に関する最高次の意志決定を担っている本社の立地について，主要な見解をみることにしよう。

　アームストロング（Armstrong, R., 1972）は，本社活動に関して補助的サービスや専門労働者のプール，企業間のコミュニケーションといった外部経済の必要性と集中の利益を強調するとともに，市場規模を全国市場，中規模市場，局地市場に区分し，それぞれに対応したオフィス立地を指摘し，本社が全国市場を対象として最大規模クラスの都市に集中すると述べている[2]。

　また，プレッド（Pred, A. R., 1974）は，民間企業の本社の立地を規定する要因として，以下の2点をあげている。第1は「対面のコミュニケーションの機会を簡単に設定できること，および高度の専門情報を容易に入手できること」，第2は，情報交換に要するコストを節約できることで，この点に関連して，大都市間が便の多いジェット機航空路で結ばれていることの優位性を指摘し，これを「**大都市間集積利益**」と呼んでいる。

　対面接触がいかなる業務で重要となるかについては，ソーングレン

(Thorngren, B., 1970) らによる「**コンタクト・システム**」の研究が参考となる。そこでは，①オリエンテーション，②プランニング，③プログラムの3段階に業務過程が区分されている。オリエンテーションは，新規生産活動の開始や生産，資金調達等の前提条件の分析活動を指し，最も鋭敏な判断や情報処理を必要とするもので，フェイス・トゥ・フェイスの接触が重要な役割を果たす。プランニングは，より具体的・詳細な計画立案を指すが，この場合には電話によるコンタクトが増え，フェイス・トゥ・フェイスによるものと併用されてくる。これらに対しプログラムは，生産や販売の監督や取引の管理など，相対的に定型的で日常的な業務であり，電話を中心とした一方通行的な指令が中心となる。ここからも，本社の業務内容の中心は，オリエンテーションであり，その際には対面接触が最も重要であることがわかる。

児島賢治（1980）は，こうした3過程が分離可能であるとすると，「プログラム活動は，プランニング，オリエンテーション活動と比較して，フットルースになりやすく，またとくにオリエンテーション活動はフットタイトで，大都市のCBDという情報集積地域に立地するであろう」と述べている。また，組織論的視点からコミュニケーション費用を検討し，企業組織内の場合あるいは垂直的統合など内部組織化がなされる場合には，組織間の場合よりも不確実性は低く，加えて一回の所要時間は少なく，しかも**情報のコード化**による効率化が生じるので，空間的制約が低くなる傾向にあると指摘している。

このほか，国松久弥（1971）は，企業の管理機能は財・サービスの仕入・販売機能を伴っているとして，「立地選定にあたっては費用の側面のみならず，収入の側面をも考慮に入れなければならない」とし，また，管理機能の集積したものとしてビジネスセンターを取り上げ，それが交通条件など立地条件の有利さと集積の利益との2つの作用によって形成されるとしている。

ところで，日本では東京一極集中との関係で本社立地が問題にされることが多く，本社が東京に集中する要因や分散可能性に関して，あるいはまた本社機能を細分化し，それぞれの立地特性に関して，さまざまな実証研究がなされてきた（東京都企画審議室，1989，1990；経済企画庁総合計画局編，1989；国土交通省国土計画局，2009など）。たとえば，東京都区部に本社を置く上場企業

へのアンケート調査によると，東京に本社を置くメリットとしては，「業界・他社情報が得やすい」，「市場・顧客情報が得やすい」が，デメリットとしては，「オフィス・スペースが十分とれない」，「オフィスの賃貸料・購入費用が高い」がそれぞれ上位を占めていた（国土庁計画・調整局監修・オフィス分散研究会，1989）。また，東京都産業労働局（2003）によると，過去5年間で本社部門で1割以上の人員削減を行った企業は，全体の42％にのぼり，その要因についての回答で，情報システム部門における外注化の高さが目立っていた。

1.2　本社立地研究の課題

本社立地に関する研究には相当の蓄積があるものの，なお多くの検討課題が残されているように思われる。研究を進める上での理論的難点の1つは，本社が扱う知識や情報を立地論にどう取り込むかという点にある。この点に関する古典的な議論としては，ヘイグ（Haig, R. M., 1926）の論文「大都市の理解のために」があげられる。ヘイグは，都市の諸活動の立地を，近接性（知識の輸送費の節約）と地代との補完性より説明しようとした。ウェーバーの工業立地論では，原料や製品の輸送費が重要な立地因子として取り上げられていたのに対し，都市では知識の輸送費が問題にされるというのである。

ここでの**知識の輸送費**とはどのようなものであろうか。知識を情報の秩序立てられたものとすると，知識においても情報と同様に，通信費が第1の構成要素になってこよう。郵便から電信，電話，ファクシミリ，インターネットと通信手段は進歩し，また専用回線の普及により，距離に応じた費用のかかり方も変化してきた。また，本や雑誌，新聞，CD-ROMなど，情報や知識を詰め込んだ各種**情報財**の移動に関しては，モノの輸送費がかかってくる。

こうした情報財もインターネットを介して輸送されるようになり，通信費や輸送費がオフィス立地を左右する度合は低下している。しかしその一方で重要性を増しているのが，ヒトが運ぶ情報・知識の存在であり，人が移動するための交通費やそのために割かれる時間が問題となる。しかも，情報を一般的な情報と専門情報，知識を形式知と暗黙知とに区分すると，専門情報や暗黙知の輸送に関しては，フェイス・トゥ・フェイスによる接触が不可欠であるとされ，

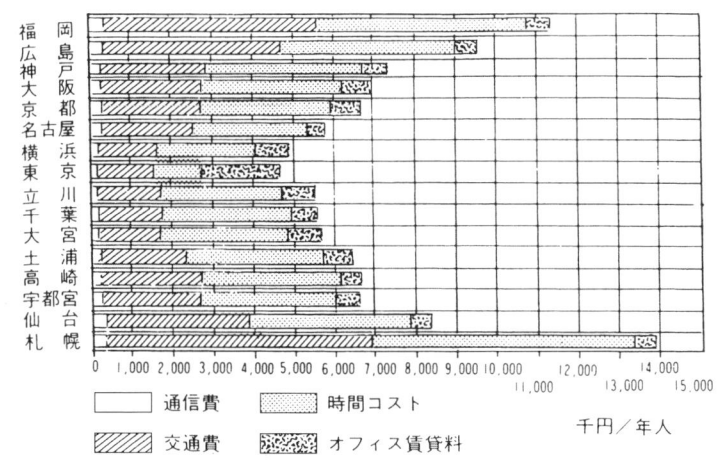

図4-1　日本の主要都市における本社立地コスト（1990年時点）
出典：大西　隆（1992），p.128.

ヒトの移動や接触に関わる交通費や時間の節約はきわめて重要な要素となる[3]。

こうした点は，日本の主要都市の本社立地コストを比較した図からも見てとれる（図4-1）。福岡や札幌などの地方中枢都市では，東京に出向く必要が多く，交通費や時間コストが大きくなっている。これに対し東京では，他のどの都市よりもオフィス賃貸料は高いものの，交通費や時間コストが小さいために，本社立地コストは最低になっている。もっとも，TV会議システムなどの情報通信技術の発達や地震などのリスク回避の観点により，オフィスの分散可能性，バックオフィスやサテライトオフィス，テレワークなどの議論がなされてきた。ヒトが運ぶ情報・知識の重要性とコンピュータ・ネットワークによる代替可能性との関係が，今日的には重要な論点になっている。

第2の点は，ステイタス・信用の効果である。東京の丸の内，ニューヨークの5番街といった特定の場所の意味が，当該企業の知名度を高め，信用を獲得していけるのである。そこでは，信用を生みだす場所がどのような歴史的経緯で形成されてきたか，そうした場所の生産に不動産資本をはじめいかなる主体が関わってきたか，建築物や景観の設計やシンボル形成の意味づけといった諸点の検討が必要になる。

第3の点は，各種の外部経済が働くという点である。高速交通・通信網，空港といった高次インフラの整備状況，会計事務所や法律事務所などの関連サービス業の集積，人材（大学，教育環境），オフィス環境のみならずオフィス従事者の住環境の良さ，子弟の教育環境の水準などが指摘できる。とりわけ本社などの中枢管理機能の集積にとっては，これまで都市化の経済としてとらえられていた通常のインフラと異なり，高次インフラの整備状況が重要となる。

　第4の点は，相互依存の力が大きく効くという点である。本社立地動向についてのアンケートでは，同業他社が東京に立地しているからという理由が最も多かった。寡占間競争が，本社集積や支店集積をもたらしてきたともいえるのである。また企業間の接触を考える場合には，業種の異同，企業集団関係，系列・下請関係など，企業間の関係がどのようなものであるかに注目する必要がある。たとえば，企業集団が形成されている場合には，中心となる企業本社の吸引力が支配的となるであろう。あるいはまた，官公庁との接触が業務上とくに重要な業種の企業では，官公庁の立地の原理に本社立地が左右されることになろう。

　ところで，こうした本社集積や支店集積は，情報サービス業や専門サービス業などの生産者サービス業にとっての市場を提供し，**生産者サービス業**の集積をもたらす。情報サービス業の立地については，既存の研究成果の蓄積がある（石丸哲史，2000；加藤幸治，2011a など）。そこでは，情報サービス業のうち，定型的な情報サービス業については，豊富な労働力を求めて，国内の周辺地域や海外に移転する傾向がみられること，そうした傾向が情報通信手段の発達によって強化されてきていることが明らかにされている。

　これに対し，ユーザーとの相談を必要とする非定型的な情報サービス業やメンテナンスを必要とする情報サービス業の場合には，本社や支店の集積する大都市に依然として立地する傾向が強いことが明らかにされている。また，大都市における人口集積は，これらの生産者サービス業を支える専門的な教育機関の立地を可能とし，教育・訓練を受けた多様な才能を習得した人材を生みだし，そうした労働力のプールが生産者サービス業の集積を支えているのである。

　なお，中枢管理機能の集積を支える供給サイドの動向にも注目する必要があ

る。不動産資本による意識的なオフィス空間の創出なくしては効率的な中枢管理機能集積も実現不可能といえよう。近年では，中枢管理機能集積の複合化が，恵比寿ガーデンプレイスや大崎，品川，汐留などの各地区での再開発など，複合的な都市再開発によって進められるとともに，より広域的な地理的範囲での複合化が問題になっている。単体のオフィスをめぐる競争のみならず，デベロッパーによる**タウンマネジメント**の競争が激化しているのである[4]。

2 中枢管理機能の立地と都市システム論

2.1 都市システム論の登場

中心地理論では，財やサービスの供給をもっぱら扱ってきたが，企業の本社や支社などの中枢管理機能が重要となる現代都市の都市間関係については，都市システム論が研究成果を蓄積してきている[5]。

都市の機能や順位・規模，国民経済における都市間関係の変化といった研究成果は，第2次大戦前からある程度の蓄積をみていたが，都市システム研究が本格化しだすのは，1960年代以降である[6]。アメリカの都市地理学者ブライアン・ベリー（Berry, B. J. L., 1961）は，一般システム理論を援用して都市システムの先駆的な研究を行うとともに，都市の順位・規模データの国際比較を通じて，「**首位都市**型」から「対数正規型」への都市システムの変化と経済発展との関係について検討を行った。

図4-2は両対数グラフの横軸に都市の順位を，縦軸に都市の人口規模をとったもので，「**ランク・サイズ・ルール**」と呼ばれるものが「対数正規型」に当たる。日本の場合は「対数正規型」に近づいてきているが，タイのように，国内第1位の首位都市と第2位以下の都市との人口規模の格差が大きい国では「首位都市型」を示す。なお，この図には，上位都市が多数存在する「多極型」も示している。

都市システムを分析する場合には，個々の都市の機能（ノード）と，都市間の結合関係（リンク）を検討することが中心的な課題となる。人口移動や物資流動，通話データなどいろいろなデータが使われているが，中枢管理機能に関しては，都市別にみた企業の本社数や本・支店関係が分析されることが多い[7]。

60　第Ⅰ部　立地論の基礎

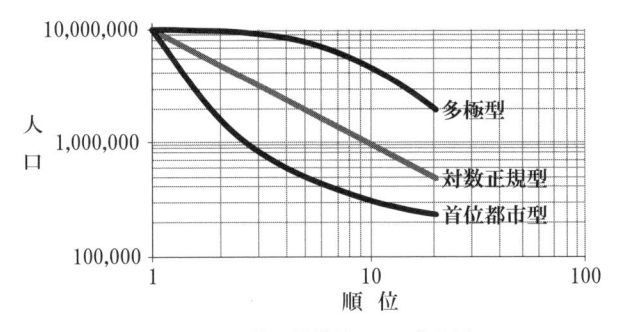

図4-2　順位・規模グラフの基本型

　大企業本社の首位都市への集中度合いを先進国間で比べてみると，フランス，イギリス，日本では首都圏集中が著しいのに対して，ドイツやアメリカでは分散度合いが高くなっている[8]。こうした2つのグループの存在について，青野寿彦（1986）は，「単一国家か連邦国家かの相違が関係しているのではないか」との推論を検討しているが，大企業の本社立地は，国家機関との接触の容易さのみに規定されるものではなく，「基本的には国民経済全体の地域構造のあり方に強くかかわっている」と述べている[9]。

2.2　都市システムの類型化

　都市システムの類型化については，空間スケールに応じて，世界的都市システム，国家的都市システム，地域的都市システム，日常的都市システムに分けることができるが，これまでは，「アメリカの都市システム」や「日本の都市システム」といった国民国家スケールでの国家的都市システムの研究やそれらの国際比較研究が多くなされてきた（田辺健一編，1982；山口岳志編，1985；松原　宏編，1998など）[10]。

　都市間結合の特徴をもとにした都市システムの類型としては，クリスタラーやレッシュの中心地理論およびそれらを発展させたモデル（Stolper, W. F., 1954/55），外生的変化（域外交易を通じた中心地形成）を重視したバンスの「**商業モデル**」（Vance, J. E., 1970）やメイヤーのモデル（Meyer, D. R., 1980），大企業組織内における専門情報循環に基づいて非階層的な都市システムを示し

4 オフィス立地と都市システム論

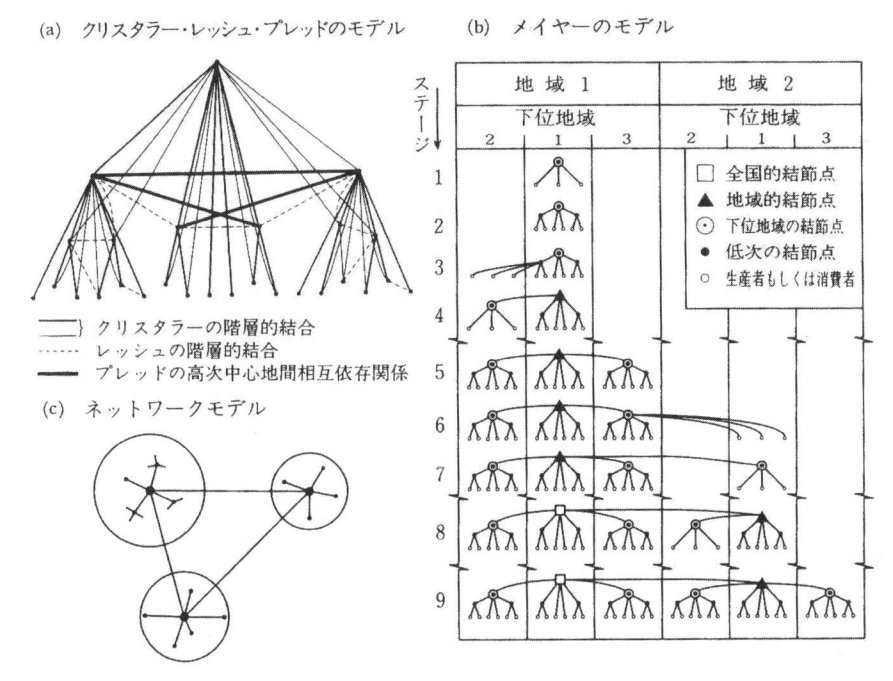

図4-3 都市システムモデルの諸類型
出典：(a) Pred (1971), p.176; (b) Meyer (1980), p.75; (c) Batten (1995), p.316.

たプレッドのモデル（Pred, 1977），都市間の水平的結合や双方向性を特徴とする「ネットワーク型」が代表的なものといえる（図4-3）。

こうした類型化は，都市システムの形成・変動を，閉鎖体系における内発的な発展モデルとして考えるか，それとも開放体系における外発的な発展モデルとして考えるか，あるいはまた都市間関係を階層的・垂直的なものとして考えるか，非階層的・水平的なものとして考えるかといった論点を提示している。

日本の都市システムは，東京を頂点に，大阪，名古屋，福岡や札幌などの地方中枢都市，県庁所在都市といった階層性が明瞭で「クリスタラー型」といえる。イギリスやフランス，韓国などの都市システムも同様なタイプに分類でき，首都から地方中心都市，地方中小都市へ，意思決定や情報などが効率的に伝わりやすいものの，都市間の階層格差が問題化しやすいという特徴がある。

表 4-1　空間的組織の3つの論理

組織論理	領域的	競争的	ネットワーク
企業			
特性	局地市場企業	輸出企業	ネットワーク企業
重要な機能	生産	マーケティング	イノベーション
戦略	市場地域の支配	市場シェアの支配	イノベーションの支配
内部構造	単一単位	特殊機能単位	機能的に統合した単位
参入障壁	空間的摩擦	競争性	持続的イノベーション
都市システム			
原理	卓越	競争性	協調
構造	内包的階層構造	特化	都市ネットワーク
セクター	農業,政府,伝統的3次産業	工業:産業地域と専門化した下請	先進的3次産業活動
効率性	規模の経済	垂直・水平統合	ネットワーク外部性
政策的戦略	なし:規模が機能を決定	競争優位の強化	都市間協力
都市間協力の目標	なし	都市間分業	インフラの共同利用
都市ネットワーク	階層的,垂直的ネットワーク	補完性ネットワーク	シナジーネットワーク イノベーションネットワーク
個別都市			
特性	伝統的都市	フォーディスト都市	情報都市
形態	内部の同一性	単一機能ゾーニング	複数機能ゾーニング 多核心都市
政策目標	権力とイメージ	内的効率性	外的効率性と魅力
シンボル	広場,教会,市場	煙突,摩天楼	空港,見本市

出所)Camagni (1993), p.69 の表1を一部省略.

　これに対し,アメリカの都市システムは,ニューヨークを頂点としながらも,ロサンゼルスとボストン,シカゴとダラスなど,ニューヨークを介することなく都市間の水平的結合関係がみられ,また下位都市から上位都市への情報伝播もみられ「プレッド型」といえる[11]。ドイツの都市システムも,この型に含まれると考えられ,連邦制により政治的中枢管理機能の多極化が進むとともに,大手企業の本社の分散立地がみられ,高速交通体系の発達によって緊密な都市間結合が形成されている。

　また,オランダの都市システムは都市間の機能分化と双方向性が顕著で,「ネットワーク型」といえる。ヨーロッパでは,EU統合を進めるなかで,国

境を越えた都市間ネットワークを支援する政策がとられてきているが，それらもこうした類型に含まれよう[12]。

都市ネットワークについては，イタリアの研究者カマーニ（Camagni, R.,1993）が，領域的あるいは競争的組織論理とは異なるものとしている（表4-1）。すなわち，従来の中心地システムに対して都市ネットワークは，協調を原則とし，先進的な第3次産業，ネットワーク外部性，都市間協力を特徴としたものとしてとらえられている。また，カペロ（Capello, R., 2000）は，オランダのRandstad Hollandのように，都市機能の専門化と都市間分業を重視する「補完的ネットワーク」と，金融都市ロンドンのように規模の経済を重視するネットワークとに分けて，都市ネットワーク外部性を計測する試みを行っている。

以上，都市システム研究においては，オフィス立地，本社立地の研究成果をふまえながら，現状分析と類型化，発生メカニズムの解明を行うとともに，あるべき都市システムとはどのようなものか，どのように都市システムを変えていくべきか，こうした政策的課題にも取り組んでいく必要があるといえよう。

（松原　宏）

注
1) オフィスの概念規定に関し，ゴダードは，機能的概念と形態的概念とに分けている（Goddard, J. B., 1975）。前者は，オフィス活動（情報・アイデア・知識の探索，蓄積，修正，交換，発案などを取り扱う業務），オフィス職業，オフィス組織から，また後者は，オフィスビルとオフィス施設から説明がなされている。
2) 本章では，国民国家スケールでの本社立地について主に扱うが，国際的スケールでの多国籍企業の本社，地域本社立地に関する研究も重要である。ハイマー（Hymer, S., 1972）は，「企業機構の第三段階（現業部門）は労働力，市場，原料といった立地因子に規定されて，全世界に拡散するのに対し，第二段階（地域本社）は，ホワイトカラーや情報の獲得のために，世界ブロックの大都市に集中する傾向が強い。しかも，産業を異にする多くの企業が，同一都市を指向する傾向がある。さらに第一段階（統括本社）においては，資本市場やメディア，政府との対面接触が重視されるために，より集中的な立地を示す」と述べている。松原（2006）は，世界都市論との関係で，多国籍企業の本社，地域本社の立地変化を検討している。
3) 田村大樹（2000b）は，情報の空間的なフローには，空間的人流と空間的物流，空間的情報流の3つの種類があるとしている。田村（2004）はまた，情報の取得可能性に基づき情報を，O（Open）情報，S（Specialized）情報，E（Exclusive）情報の3種類に分類している。
4) ここでは，東京のオフィス空間創出に関して重要かつ対照的な役割を果たしてきた三菱

地所と森ビルの動向をみておこう（松原　宏，1988 など）。

　三菱地所は，1890 年に当時の陸軍省から払い下げられた約 35ha の丸の内地区で，日本を代表するビジネスセンターを経営してきた。1959 年の「丸の内総合改造計画」により，戦前からの赤レンガの洋館を 9, 10 階の鉄筋コンクリートの大ビルに建て替え，1998 年からの「丸の内再構築」では，2002 年完成の「丸の内ビル」をはじめ，超高層インテリジェントビルへの立て替えを進めている。転出したオフィスの空スペースに，ブランド製品を販売する専門店や高級飲食店を積極的に誘導し，オフィス機能に特化していた丸の内地区の機能複合化を図っている。

　一方，森ビルは，1960 年代後半より港区西新橋，虎ノ門地区で，番号をふった 40 数棟のビルを建設してきた。大きな転機は，1986 年に完成した赤坂「アークヒルズ」で，アメリカ大使館との近接性を活かして，合衆国系金融機関をはじめ外資系企業を多く受け入れ，世界都市東京のシンボル的存在となった。その後，約 400 名の地権者とともに「六本木 6 丁目再開発協議会」を発足，2003 年に「六本木ヒルズ」を完成させた。オフィス空間だけではなく，230 の物販・飲食店，美術館，庭園，840 戸の高級な賃貸住宅など，ここでも複合化が重要な特徴となっている。

5) 日野正輝（1996）は，大企業の本社・支店配置が中心地理論の立地原則と異なる点を指摘するとともに，支店配置について，①行政界に基本的に則った「テリトリー制」をとること，②最少必要需要量を前提として，支店増設に伴う費用増加と営業員の需要地への移動費用節約の大きさとが比較されて立地が決定されること，③費用節約が不十分でも収入の伸びが予測できれば支店設置が可能となること，④同一階層のテリトリーにおいては，最大需要規模をもつ都市が，また上位階層のテリトリーの拠点から遠隔に位置する都市が選定されること，などを指摘している。

6) 1970 年代に入ると，カナダの都市地理学者ボーンやシモンズらによって，都市システム研究は，より体系的なまとめがなされてくる（Bourne, L. S. and Simmons, J. W. eds., 1978）。彼らの編著では，都市システムの定義・概念・アプローチが整理されるとともに，歴史的発展過程や都市の規模・差異・立地，都市間関係についての背景説明，近年の都市システムの成長パターンとプロセスが詳しく分析され，最後に都市システムの問題と政策的課題がまとめられている。日本でも，1980 年代前半に都市地理学者の集団的研究成果として『日本の都市システム』と『世界の都市システム』が相次いで刊行された（田辺健一編，1982；山口岳志編，1985）。また 1980 年代後半以降は，世界システム論や世界都市論との関連でグローバルな都市システムが論じられるようになってきている（Knox, P. L. and Taylor, P. J. eds., 1995 など）。

7) 日本における大企業の本社や支社の立地については，阿部和俊の研究が代表的なものである（阿部和俊，1991, 1996；Abe, 2004）。2000 年時点の都市別本社立地状況をみると，2,500 社中 1,001 社（40％）が東京 23 区内に，361 社（14.4％）が大阪市内に本社を置いていた。以下，名古屋 98 社，神戸 59 社，横浜 58 社，京都 55 社，福岡 39 社の順であった。都市別支社数については，東京が 1,627 で最も多く，以下，大阪（1,484），名古屋（1,435），福岡（1,241），仙台（1,129），広島（1,028），札幌（1,010），横浜（757），高松（597）の順であった。

8) 統計資料の年次，対象企業の規模，都市圏の範囲などがそれぞれの国で異なるため，比較は難しいが，阿部和俊（1996）によると，フランスの主要企業1,692社の55.8%がパリ都市圏に，イギリス企業1,458社の47.5%がロンドンを含むサウスイーストに集中し，両国とも第2位の都市圏との格差が大きかった。これに対し，旧西ドイツでは1,823社の7.5%がフランクフルトに，7.4%がハンブルクに，アメリカ合衆国では4,289社のうち4.3%がニューヨーク，2.3%がシカゴにそれぞれ本社を置いていた。
9) 青野は，大手企業本社の大都市立地について，①企業規模の大きな企業ほど，その本社を最大都市に置く傾向が認められるかどうか，②大手金融機関本社・本店の最大都市への集積・集中がとくに著しいかどうか，③時系列的にみて特定大都市への集中傾向があるかどうか，といった3点について，国際比較を行っている。第①の点については，日本もアメリカ合衆国もイギリスも同様の傾向が認められた。第②の点については，日本とフランスでとくに著しい集中が認められた。第③の点については，日本では集中傾向が，アメリカ合衆国では分散化傾向が認められた。
10) Bourne, L. S., Sinclair, R. and Dziewonski, K. eds.（1984）では，合衆国，カナダ，イギリス，フランス，ドイツ，スウェーデンなどの欧米諸国，ソ連，ポーランドなどの旧社会主義国，インドやブラジルなどの発展途上国について，国家的都市システムの実態が明らかにされた。また松原　宏編（1998）は，日本，韓国，マレーシアを中心に，アジア諸国の都市システムの国際比較を行っている。
11) クリスタラー型とプレッド型については，森川　洋（1998）による説明がある。田村大樹（2000a）は，クリスタラーの静態的な分析に対して，プレッドによる累積的都市間関係の変化をみる動態的な分析に注目している。
12) ドイツ北西部の都市ミュンスターとオランダの都市エンシェーデなどの都市間ネットワーク・オイレギオやフランスのストラスブール，ドイツのフライブルク，スイスのバーゼルを中心としたオーバーラインの都市ネットワーク，ドイツのゲルリッツとポーランド，チェコの都市群とのネットワークなどがよく知られている。また，ドイツではStädtenezと呼ばれる都市ネットワークが統一ドイツの空間整備計画の重要な柱を成している。これらの詳細については，森川　洋（1999）を参照。

演習課題

① 『会社年鑑』（日本経済新聞社刊）などのデータベースや企業のホームページなどを用いて，わが国の主要企業の本社・支店立地を調べてみよう。業種によって立地パターンにどのような差がみられるだろうか，またそのような差はどのように説明できるか考えてみよう。

② 都市別の人口分布や本社分布などをもとに，国による都市システムの特徴や違いを調べてみよう。また，都市システムの類型との関係を考察してみよう。

入門文献

1　Alexander, I. (1979) *Office Location and Public Policy*. London: Longman.［アレキサンダー著，伊藤喜栄・富田和暁・池谷江里子訳 (1989)『情報化社会のオフィス立地』時潮社］.
2　山崎　健 (2001)『大都市地域のオフィス立地』大明堂.
3　大西　隆 (1992)『テレコミューティングが都市を変える』日経サイエンス社.
4　佐々木公明・文　世一 (2000)『都市経済学の基礎』有斐閣.
5　杉浦章介 (2003)『都市経済論』岩波書店.

1は，オフィス立地に関する基本的な議論が網羅されている。2は，オフィス立地研究のレビューと日本の大都市におけるオフィス立地の詳細な分析がなされている。3は，情報化の進展によりオフィス立地がどのように変わるか，日本とアメリカのオフィス立地の実態を報告したもの。4と5は，オフィス立地も含めた都市経済学の入門書。

5 集積の理論

1 古典的集積論

1.1 マーシャルの集積論

　集積論の系譜は，今から100年以上前に遡る。イギリスの経済学者でケンブリッジ学派の開祖マーシャル（Alfred Marshall, 1842-1924）は，主著『経済学原理』の第10章「産業上の組織　続論　特定地域への特定産業の集積」において，「ある特定の地区に同種の小企業が多数集積する」**同業種集積**をとりあげ，**外部経済**の重要なテーマとして扱っている（Marshall, 1890, 訳書 pp.250-263）[1]。

　集積の利点としては，スムーズな技術伝播や技術革新の可能性，補助産業の発達，高価な機械の経済的利用，特殊技能をもった労働者の労働市場の存在などが指摘されている。一方，不利な点としては，特定労働力のみの過大な需要や地代の上昇，需要の低下や原料の減少による抵抗力の弱さがあげられている。その際マーシャルが，歴史的な事実を記述し，まとめるといった帰納的な方法をとっている点にも留意すべきである。集積の起源や歴史について，自然的条件，宮廷の庇護，職人の移住，自由な産業と企業の展開，国民性などの諸点が指摘されており，偶然性に左右される多様な経路が描かれている。

　マーシャルはまた，別書『産業と商業』のなかで，豊富な事例をもとに，現代の産業集積研究に通じる多くの指摘を行っている（Marshall, 1923, 訳書 pp.134-140）。なかでも重要と思われるのは，独特な産業的な「雰囲気」についての記述である。簡潔な記述ではあるが，マーシャルは，「雰囲気というものは移転することができない」と述べており，集積地域の比較優位が崩れにくいことを示唆している。あるいはまた，「顧客と商人と生産者の間の個人的な

接触から得られる利益」によって，首都での高級で多様な産業の集積を説明している。

このようにマーシャルの集積論は，自由な解釈の余地を多分に含んだ表現を中心に展開されており，必ずしも体系的に述べられているわけではない。しかしながら，それゆえに質的で計量化が困難な，多様な集積因子を導出することが可能になっている。また，「新しいアイディアを生みだす素地」についての指摘からは，技術革新を柱とした動態的視点を見出すことができる。近年の産業集積の議論でマーシャルが多く言及される理由は，こうした点によるものと考えられる。

1.2 ウェーバーの集積論

すでに本書の第2章でみたように，ウェーバーは，『諸工業の立地について』の第5章で集積論を展開している（Weber, A., 1909, 訳書 pp.113-152）。そこでは費用の最小化という観点から集積が捉えられ，集積の傾向を量る指標として，**加工係数**が提案されている。これは，総輸送費を考慮しつつ，産業の技術的特性による集積度合いの強弱を示す指標となっている。

集積に関わる各種の区分も，ウェーバー集積論の特徴となっている。集積の段階区分においては，経営の規模拡大は「低次の段階」，数個の経営の近接は「高次の段階」とされている。これは個別企業の規模拡大（内部経済）をも集積に含めるもので，マーシャルよりも広く集積をとらえたものといえる。また集積が生じるメカニズムと関連して，「集積の原因の必然的な結果としての集積」である**純粋（技術的）集積**と，集積以外の立地因子（輸送費，労働費）の働きによって生じた「**偶然集積**」との区別もなされている。

さらにウェーバーは，現実における集積の発展傾向に関して，人口密度の上昇と運賃率の低下が集積をますます増大させること，これに対して加工係数の作用は，労働力の投入や機械化の進展などの集積を増進する方向と，運搬される重量の増大といった対抗力が相互に絡み合い複雑となっていることを指摘している。また，「純粋の経済に関連する集積の理由に由来」せず，「特別な社会的構造に内在する要因に由来」する「社会的集積」にも言及しており，これは

「人口の集中という固有の大規模な現象をともなう」ものとされている。

このようにウェーバーの集積論は演繹的で，量的で計量可能な集積因子を取り上げ，厳密な議論を組み立てている。しかも，輸送費や労働費といった他の立地因子と関係づけて集積を検討しており，総合的・体系的な立地把握となっている。しかしながら，主として一定の技術体系を前提に，同一業種の工場の規模拡大もしくは複数工場の統合について議論が展開されており，イノベーションなどの動態的な視点や，異なる業種・企業の集積に関する視点は十分とはいえない。

2　マーシャル・ウェーバー以降の集積論

集積に関する理論的研究は，主として立地論者によってウェーバーの議論を発展させる形で蓄積されてきた[2]。

集積論の範囲に関しては，規模の拡大を集積の一過程とみるウェーバーと，規模の拡大と集積とを区別するマーシャルとでは違いがあった。江澤譲爾（1954, p.2）や青木外志夫（1960, pp.281-285）は，規模の拡大をも集積に含める立場に立っており，青木は，「規模集積」と「経営数集積」という用語で両者を区別している。「経営数集積」のみを集積の本質とする見解はリッチェルや伊藤久秋によって，両者とも集積として広く解する見解はオリーン，フーバー，アイザードなどによって，それぞれ支持されてきた（西岡久雄，1963, pp.261-264）。

このように，規模の拡大を集積に含める見解の方が多いが，**内部経済**については，バラッサ（Balassa, B., 1961, 訳書 pp.161-190）が「**工場内の経済**」と「**工場間の経済**」とを分け，同一企業の複数工場の問題を扱っている点が注目される。「工場内の経済」では，設備利用や大量取引などの面での大規模化の利点とともに，それとは相反する「分業化」の利点も指摘されている。「工場間の経済」では水平的結合と垂直的結合のケースや，経営管理費用の逓増といった「工場間の不経済」についての指摘もみられる。

これに対し，外部経済に関しては，より多様な捉え方が指摘されている。「工場や企業が，他の工場や企業と結びつくことから得られる節約」は，「**規模の**

外部経済」と呼ばれている（Dicken, P. and Lloyd, P. E., 1972, 訳書 p.235）。ナース（Nourse, H. O., 1968, 訳書 pp.91-99）は，これを「企業にかんする規模の外部経済＝産業にかんする内部経済」と「産業にかんする規模の外部経済」とに分けている。また，フーヴァー（Hoover, E. M., 1937, 訳書 pp.80-101）は，一企業内部では「**大規模の経済**」，同一業種では「**地域的集中の経済**」，全産業では「**都市化の経済**」というように，扱う業種の範囲に応じて用語を使い分けている。

　レッシュ（Lösch, A., 1940, 訳書 pp.84-93）も，大規模な個別企業，同種企業の集積，異種企業の集積を扱っているが，集積利益を数量（Masse）と結合（Mischung）とに区別しており，しかも費用節約のみならず販売の増加も考えており，需要・供給の両視点から集積を論じている。レッシュはまた，異種企業の集積に関する記述で，消費者の選好を満たすことによる需要の増大，季節的変動などの経済変動への抵抗力，発明の才能や適応性，均衡のとれた文化の発達，居住地を自由に選択できる有能な人々の共生などについてふれているが，これらはマーシャルの動態的視点に相通じるものといえる。

　このほか，ロビンソン（Robinson, E. A. G., 1931, pp.141-144）が「移動不可能な」外部経済と「移動可能な」外部経済とを区別している点が注目される。前者は立地論で扱われてきた同業種集積に相当するが，後者は産業の世界的生産量が増加することに起因する非空間的な経済内容を意味している。ロビンソンは，「移動可能な」外部経済が相対的な重要性を増すなかで，大規模な地域的集積の優位性が低下・縮小傾向をたどり，副次的な集積地もその影響を受けざるをえないことを指摘している。

　集積形成のプロセスに関しては，パランダー（Palander, T., 1935, 訳書 pp.213-215）の「集積形成が可能となるためには，すべての企業者が合意の上で行動するという前提が必要」といったウェーバー批判が知られている。この点に関してアイザード（Isard, W., 1956, 訳書 pp.190-192）は，「ゲームの理論」の適用を試みている。また江澤（1954, pp.32-35）は，「集積の偶然性は，同時に，その確率をともなふこととなる。企業者の創意が集団的に発生し，又その追随者が波及する確率が，集積の確率として現れることになる」と述べ，確率論的

な接近法を示唆している。このほか江澤は,「集積の要因として資本の生産性とその定着性」に言及したり(同上 pp.49-56),集積の限界を市場的要因によって規定し,市場の変化をもとに集積の動態を検討したりしている(同上 pp.83-129)。

こうしたウェーバー関連の集積論に対し,最近ではマーシャルの議論をもとに,集積理論の発展を図る動きが顕著である。次章で紹介するように,クルーグマン(Krugman, P., 1991a, 訳書 pp.47-85)や藤田昌久ら(Fujita, M. and Thisse, J.-F., 2002)は,マーシャルの外部経済のモデル化を図るとともに,**収穫逓増**と不確実性,企業や産業の連関を通じた規模の経済性,集積の初期条件とその**ロックイン効果**など,新たな概念を導入しながら集積の発生と推移を論じている。

収穫逓増に基づいた内生的成長モデルや「複雑系」経済学,「進化経済学」といった新たな経済理論の展開を受けて,動態的な集積論を発展させようとする動きも近年活発になっている。もっとも,その端緒的な成果は,ペルー(Perroux, F., 1955)の「**成長の極**」理論にすでにみられていた。そこでは,成長率の高い「推進力工業」が,他の産業に「外部経済」をもたらす誘導効果が働き,「工業複合体」が形成され,こうした「極」が国民経済をリードしていく過程が論じられていたのである。

ヴァーノン(Vernon, R., 1966)のプロダクトサイクル論も,製品のライフサイクルに対応した生産の海外移転のみならず,先進国における集積の解体過程を示したものとみることができる。しかしながら,発生から拡大,変質,解体といった集積のダイナミズムを体系的に解明するまでにはどの議論も到っておらず,検討すべき課題は少なくない。

3 集積論の系譜と新産業集積論

1980年代後半以降,欧米では「新しい産業集積」に関する研究成果が次々と登場してきた[3]。クルーグマンやポーターといった著名な経済学者・経営学者が集積に関心を示し,「経済地理学」の意義を強調したことも,議論に拡がりを与えることになった。これを受けて日本でも,産業集積に関する著作や論

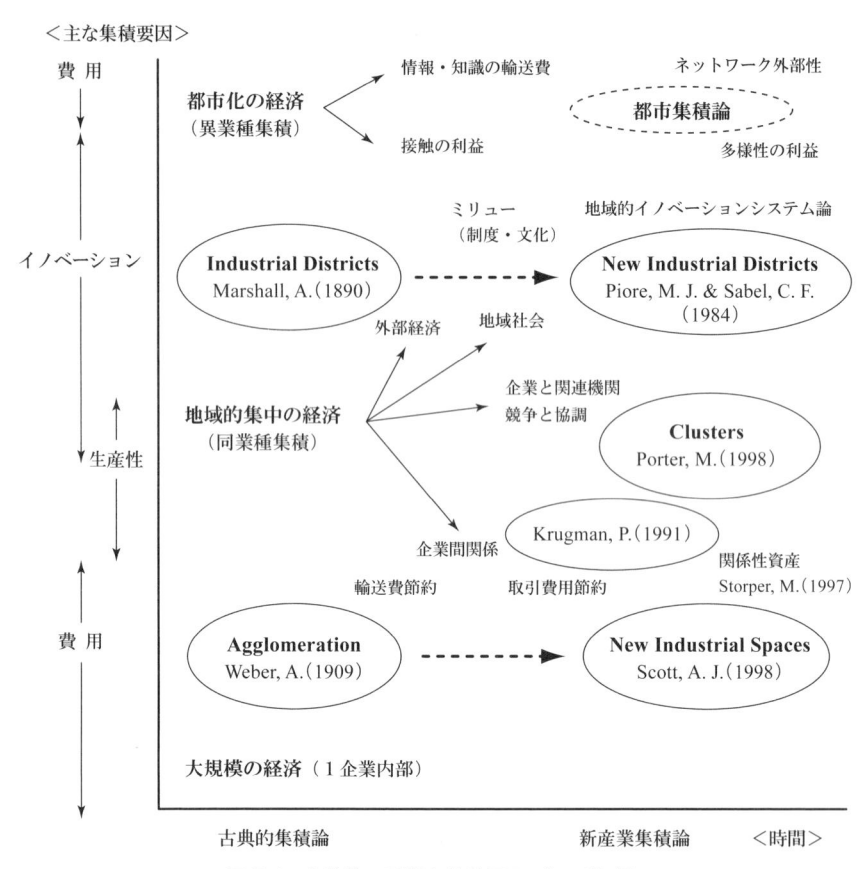

図 5-1 集積論の系譜と集積要因（松原作成）

＜主な集積要因＞
- 費用
- イノベーション
- 生産性
- 費用

都市化の経済（異業種集積）
- 情報・知識の輸送費
- 接触の利益
- ネットワーク外部性
- **都市集積論**
- 多様性の利益

Industrial Districts Marshall, A. (1890) — ミリュー（制度・文化）→ **New Industrial Districts** Piore, M. J. & Sabel, C. F. (1984)　地域的イノベーションシステム論

地域的集中の経済（同業種集積）
- 外部経済
- 地域社会
- 企業と関連機関　競争と協調 → **Clusters** Porter, M. (1998)
- 企業間関係 → Krugman, P. (1991)
- 関係性資産 Storper, M. (1997)

Agglomeration Weber, A. (1909) — 輸送費節約／取引費用節約 → **New Industrial Spaces** Scott, A. J. (1998)

大規模の経済（1 企業内部）

古典的集積論　　新産業集積論　　＜時間＞

文の数は非常に多くなっている[4]。また世界各地で，クラスター政策など，産業集積に関わる政策が打ち出されてきた[5]。しかしながら，呼称や視角を微妙に変えた「新しい議論」が乱立し，産業集積研究は混沌状態に陥っているようにも思える。ここでは図 5-1 をもとに新産業集積論を整理したい。

この図では，前述のフーヴァー（Hoover, 1937）による集積区分を示し，それぞれの理論を位置づけている。また，図の上部には「都市化の経済」が置かれ，異業種による「接触の利益」と，第 4 章でふれたヘイグ（Haig, R. M., 1926）の「情報・知識の輸送費」が取り上げられている。

欧米の最近の議論では,「グローバル・シティ・リージョンズ」(Scott, A. J. ed., 2001) や「メガリージョン」(Florida, R., 2008) に代表されるように,競争優位の地理的単位として,特定産業の集積よりもむしろ多様な産業・人口が集積する**都市集積**に注目する動きがみられる。しかしながら,都市集積論は未確立であり,一部前章で扱ったが,検討すべき課題が多い(松原　宏,2006,第12章)。

3.1 「柔軟な専門化」と「新産業地域」論

20世紀における大量生産体制の隆盛のなかで,マーシャルがとりあげた「産業地域」(industrial districts) の多くは衰退,消滅の道をたどってきた。しかしながら1980年代以降,大量生産体制の危機が進行するなかで,「サードイタリー」(第3のイタリア) や「シリコンバレー」などにおける地域経済の活況が注目され,再び「産業地域」に関心が寄せられてきている。ILOやOECDによる研究報告をはじめ,産業地域の実態に関する研究蓄積は相当な量にのぼり,これらの産業地域を類型化しようとする試みも行われている[6]。

こうした「新産業地域」(new industrial districts) 研究が活発化する重要な契機となったのが,1984年に出版されたピオリ・セーブルの著書 "*The Second Industrial Divide*" である (Piore, M. J. and Sabel, C. F., 1984)。彼らは,「技術的発展がいかなる経路をとるかを決定する短い瞬間」を産業分水嶺 (industrial divide) と呼び,産業革命によって大量生産体制が支配的となった第1の分水嶺に対して,「今日我々は第2の産業分水嶺を通過しつつある」と述べている。そしてこうした状況下で,先進国では2つの相反する戦略が潜在的にとられているとしている。1つは大量生産方式をとってきた産業の低開発国への移動であり,もう1つは「クラフト的生産技術にいま一度たち返ろうとする」もので,「**柔軟な専門化** (flexible specialization)」と呼ばれている。

ここでいう「柔軟な専門化」とは何か,他の生産システムと比較しながら,その特徴や位置づけを確認しておこう (図5-2)。この図では,手工業・クラフト生産においては,単位当たり生産費に変化がないのに対して,専用機械による大量生産においては,生産規模が増大するにつれて,単位当たり生産費は

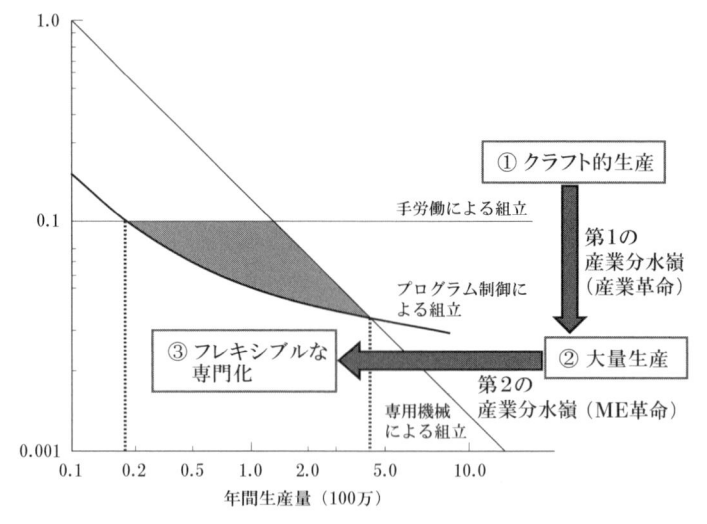

図5-2 年間生産量に対する組立コストの比較
出典：Piore and Sabel（1984），訳書 p. 332 に松原加筆．

低下していくことを示している．こうしたクラフト生産から大量生産への転換は，産業革命を意味しており，この時期をピオリ・セーブルは「第1の産業分水嶺」と呼んでいる．

これに対し，1970年代以降，先進工業諸国では大量生産と大量消費とが好循環を形成する「フォーディズム」に問題が生じるようになる．生産サイドでは，アジアNIEsなどとのコスト競争にさらされ，生産性の上昇と賃金上昇に限界が生じるようになる．消費サイドでは，大量消費に代わり，多品種少量消費が普及するようになる．

大量生産体制に代わり，多品種少量生産あるいは多品種変量生産が支配的となるなかで，大量でも少量でもない生産規模の水準において最も単位当たり生産費が低いのが，コンピュータによるプログラム制御の組立となっている．こうしたNC工作機械やFMS（フレキシブル・マニュファクチャリング・システム）の導入によるME（Micro Electronics）革命は，「**第2の産業分水嶺**」にあたるものとして捉えられている．

このように，大量生産体制が危機を迎えている状況下での例外的な成功例と

して、ピオリとセーブルは「サードイタリー」を取り上げ、イタリア中部・プラート（Prato）の織物地帯を詳しく紹介している[7]。そこでは成功の要因として，伸縮性に富む市場への転換，一貫生産の大工場の解体と小工場のネットワークへの再編，展示会や見本市で注文を取りつけ，産地企業の組織化や調整役の役割を果たす「インパナトーレ」の存在，コミュニティ的な結びつき，地方自治体の役割などが指摘されている。

なお1990年代以降，中国企業との競争が激化するなかで，サードイタリーの産地では，分業による「柔軟な専門化」ではなく，中核企業による一貫生産化によって生き残りを図る動きが出てきている。

ところで，新産業地域の優位性を，経済的側面だけではなく，社会・文化・制度面などに注目して，より広く捉えていこうとする傾向が強くなっている。その際，ミリュー（milieu）という言葉がよく使われる。

なかでも，1980年代に設立された「革新の風土に関するヨーロッパ研究グループ」（GREMI）は，ミリューの観点から実態把握や政策提言を積極的に行っている（Ratti, R. *et al.* eds., 1997）。同グループの研究者の一人であるカマーニ（Camagni, 1991）は，**ローカル・ミリュー**という用語を用いている（図5-3）。カマーニは，ローカル・ミリューを，「一般に，生産システム，さまざまな経済的社会的アクター，特定の文化，そして表象システムを包含し，ダイナミックな集合的学習過程を生み出すところの領域的諸関係の集合」とし，その役割を2点あげている。1つは集合的学習過程，もう1つは不確実性を生みだす諸要素の削減過程である。カマーニは，創造性と連続的なイノベーションは集合的な学習過程の結果だとし，空間的近接性を重視している。それによって，情報交換が容易となり，文化的・心理的態度の類似性，個人間コンタクトと協力の頻度，諸要素の可動性の密度が高まるからである。

この他，**埋め込み**（embeddedness）や**社会関係資本**（social capital）といった用語を用いて，新産業地域の経済的発展に果たす地域社会の役割に着目する議論が活発になされているが，概念先行で実証研究としては十分な成果が出されているとはいえない[8]。

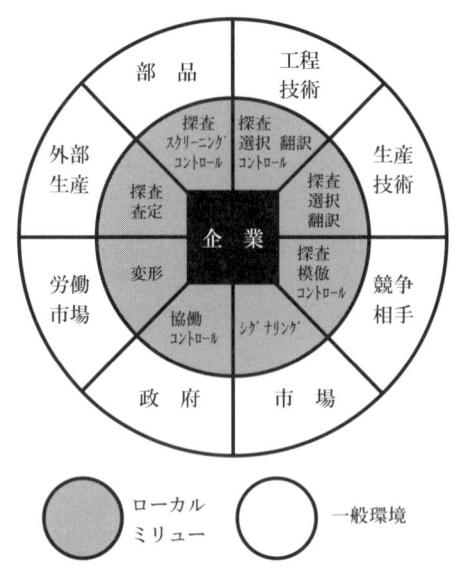

図 5-3 ミリューの不確実性低下機能
出典：Camagni（1991），p.133 より作成．

3.2 スコットの新産業空間論

カリフォルニア大学ロサンゼルス校の地理学者アレン・スコットは，企業組織論と企業立地とに焦点を当てた理論研究と，ロサンゼルス大都市圏における工業の実証研究を 1980 年代に精力的に進め，新産業空間（new industrial spaces）論を提起した（Scott, 1988a,b）．

スコットの集積論の特徴として，それが企業間関係の空間的近接性に着目したものであり，ウィリアムソンの**取引費用論**に基づいた説明であることが指摘できる（Williamson, 1975）．一般に，企業組織内部の取引費用が，企業の外部にある市場を通じた取引費用を下回る場合には垂直統合が生じ，反対に内部取引費用が外部取引費用よりも大きくなる場合には**垂直分割**が生じる．ここでスコットは，フレキシブル生産は垂直分割を増大させるという見地に立っている．すなわち，「リンケージが小規模であり，標準化されておらず，不安定であり，しかも人的な仲介を必要としているところでは，リンケージは，距離に依存する高い単位フローあたり費用と結びついている」との認識である．こうして垂

直分割は外的リンケージの増大を意味し，その空間的コスト節約のために集積が生じると説明されているのである。加えて，ハリウッドの映画産業の担い手などに代表されるように，特殊な地域労働市場が集積に果たす役割に着目した点も，スコットの集積論の特徴といえよう。

もちろんこうしたスコットの集積論については，垂直分割と集積とを結びつける論理をはじめ，さまざまな批判が出されている（松原　宏, 2006）。スコットは，リンケージコストの低廉化をもとに集積を論じているが，企業の立地は労働費の節約など，総費用の最小化こそが問題となる。また，費用因子のみならず，収入因子や相互依存立地を想定した立地を考えることも，現代企業では重要であろう。

取引内容に関しても，より詳しい検討が必要である。藤川昇悟（1999）は，スコットが「取引費用における空間的側面にのみ注目し，取引費用論に本来的である，取引の属性に応じて変化する側面を捨象している」と批判するとともに，接触の利益を「調整の利益」と言い換え，既存のリンケージ上での調整と，リンケージ転換による調整との2種類に分けて，取引内容の検討と動態的考察を行っている。

ところで，カリフォルニア大学ロサンゼルス校のストーパー（Storper, M., 1997）は，これまでスコットとともに「カリフォルニア学派」として一括されることが多かった。確かに企業間関係に力点を置いた集積論という点では，二人は共通の視点に立っているとみることができよう。しかしながら，企業間関係をどのように把握していくかという点を詳しくみると，二人の視角には差異があるように思われる。

スコットが取引費用を軸に企業間関係の空間的近接性に着目したのに対して，ストーパーは「**関係性資産**」（relational assets）という観点から，「**領域化**（territorialization）」を取り上げている。個人的な関係や評判，慣習など，取引関係の質的な側面を重視している点が，ストーパーの特徴となっている。「領域化」の説明に関しても，投入・産出関係の近接性によるのではなく，組織と技術の非交易もしくは関係的局面における近接性や関係的な資産によっていることが注目される。このように，ストーパーの集積論は，企業間関係が「関係

性資産」となることによって「領域化」が生じるとするもので，「産業地域」もこうした「領域化」の構成要素として位置づけられているのである。

3.3　ポーターの産業クラスター論

　経営戦略論で知られるハーバード・ビジネススクール教授のポーター（Porter, M. E., 1998）は，著書『競争論』(*"On Competition"*) の第7章「クラスターと競争」において，産業集積に関する議論を本格的に展開している。ここで**クラスター**は，「企業と関連機関とが相互に関係しつつ地理的に集中したもの」と定義されている。

　ポーターは，クラスターに関する理論の歴史的なサーヴェイを行うなかで，経済地理学の研究成果にも言及している。そして，これまでの集積論が投入費用の最小化，最小費用に力点を置いていたのに対し，新たな集積経済のポイントとして，費用とともに差別化，静的効率とともに動的な学習，システム全体としてのコストとイノベーションの潜在的可能性をあげている。

　また，競争の地域的単位として，クラスターに注目している点も特徴の1つである。ポーターは，『国の競争優位』(1990) で示した「**ダイヤモンドシステム**」を発展させて，地域をベースとしたダイヤモンドシステムを描いている（図5-4）。そこでは，要素条件，需要条件，関連・支援産業，企業の戦略・ライバル関係の4つを，国際競争における優位性の要因として位置づけている。

　さらに，『競争優位の戦略』(1985) で「**バリューチェーン（価値連鎖）**」の考え方を提示した。クラスター論では，バリューチェーンの中核の活動を行う場所を「ホームベース」と呼び，その立地の重要性を指摘している[9]。

　ところで，競争におけるクラスターの意義に関しては，3つの側面が指摘されている。第1は生産性の上昇で，これを従業員やサプライヤーへのアクセスの改善，専門情報へのアクセス，補完性，各種機関や公共財へのアクセス，モチベーションの向上と業績測定の精密化に分けて詳しい説明がなされている。第2はイノベーションへの影響力であり，立地とイノベーションについて検討がなされている。第3は新規創業との関係であり，参入障壁の低さや顧客確保などの面での有利さが指摘されている。

図5-4 立地の競争優位の原因

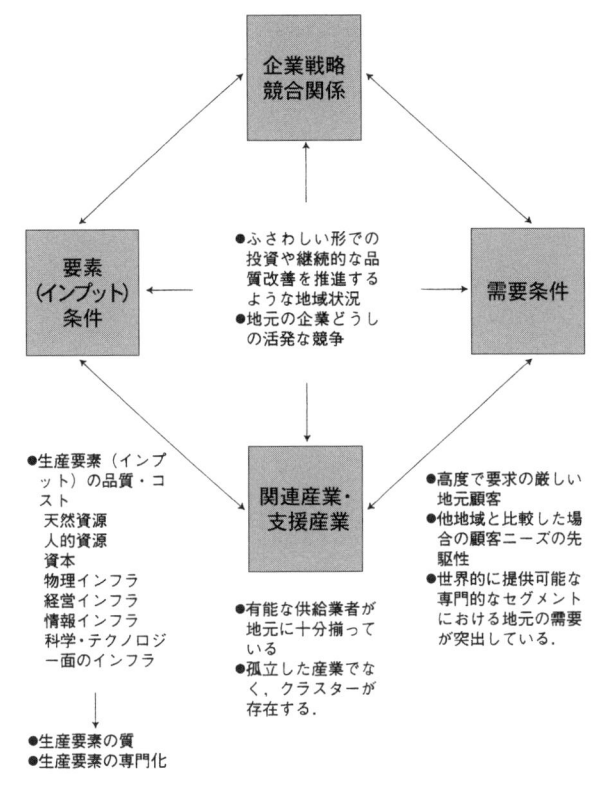

企業戦略・競合関係
- ふさわしい形での投資や継続的な品質改善を推進するような地域状況
- 地元の企業どうしの活発な競争

要素（インプット）条件
- 生産要素（インプット）の品質・コスト
  - 天然資源
  - 人的資源
  - 資本
  - 物理インフラ
  - 経営インフラ
  - 情報インフラ
  - 科学・テクノロジー面のインフラ
- 生産要素の質
- 生産要素の専門化

需要条件
- 高度で要求の厳しい地元顧客
- 他地域と比較した場合の顧客ニーズの先駆性
- 世界的に提供可能な専門的なセグメントにおける地元の需要が突出している．

関連産業・支援産業
- 有能な供給業者が地元に十分揃っている
- 孤立した産業でなく，クラスターが存在する．

図5-4 立地の競争優位の原因
出典：Porter（1998），訳書 p.262.

　続いてポーターは，クラスターの誕生，進化，衰退といった動態的な過程についても指摘しており，自己強化プロセスによる成長促進や，テクノロジー面での不連続性やクラスター内部での硬直性による衰退傾向なども示している。

　このように，ポーターのクラスターの議論は，ウェーバーの最小費用に基づく集積論とは異なり，生産性やイノベーションの可能性といった観点から集積を説明しようとしたものである。しかもグローバルな競争の基本的な単位として，産業集積を位置づけている。しかしながら，こうした生産性や競争優位をいかに具体的に他の立地点と比較検討するのか，未だ漠としている点が多い。また，非常に多数の産業クラスターの事例があげられているが，より厳密なク

ラスターの定義が必要ではないかと思われる。

　以上，3つのアプローチについて紹介した。地域社会の個性を重視し，イノベーションを主たる集積要因とする「新産業地域論」はマーシャル系譜に，また企業間関係に注目し，取引費用の節約に重点を置く「新産業空間論」はウェーバー系譜に，それぞれ位置づけることができる（前掲図5-1）。これらに対し，ポーターの産業クラスター論は，費用のみならず生産性を重視し，あわせてイノベーションにも注目しており，両系譜にまたがる集積論といえよう。

（松原　宏）

注
1) 山本健児（2005a）は，マーシャルの産業集積論が『経済学原理』の第4編のなかに配置されている理由について，「マーシャルは，生産を増大させる力を，いわゆる三大生産要素，すなわち土地，資本，労働だけでなく，組織にも求めたのであり，組織の1つの形態として産業集積を取り上げたということが理解されねばならない」（p.64）と述べている。大企業組織のゆきづまりが指摘される昨今，産業集積が注目されるのは，こうした組織としての産業集積の生産を増大させる力によるものといえよう。
2) ここでは主なものを取り上げる。詳しくは，松原　宏（1999）を参照されたい。
3) 欧米では，著書，論文が膨大な量になり，概念のカオスが起きている点をMartin and Sunley（2003）は批判している。Karlsson, C. ed.（2008a, b）などのように各種のハンドブックが刊行されるに至っている。
4) わが国での産業集積に関する研究としては，清成忠男・橋本寿朗編（1997），伊丹敬之・松島　茂・橘川武郎編（1998），鎌倉　健（2002），小田宏信（2005），山本健児（2005a），渡辺幸男（2011）などがあげられる。
5) 世界各国のクラスター政策については，OECD（2007）が整理を行っている。日本のクラスター政策については，山﨑　朗編（2002），石倉洋子ほか（2003）などを参照。
6) 各国の「産業地域」についての研究成果も膨大な量にのぼっている。それらを整理したものとしては，Becattini, G., Bellandi, M. and Propis, L. eds.（2009）がある。「サードイタリー」については，小川秀樹（1998），稲垣京輔（2003），「シリコンバレー」については，Saxenian, A.（1994），Lee, C. et al. eds.（2000）の訳書が参考になる。
　マークセン（Markusen, A. R., 1996）は，マーシャル型産業地域（事例：サードイタリー），ハブ・アンド・スポーク地域（シアトル，豊田，ウルサン，ポハンなど），サテライト・プラットホーム地域（リサーチ・トライアングル，大分，熊本，亀尾など），国家主導地域（サンタフェ，サンディエゴ，筑波，大田など）の4類型を示し，それぞれの特徴をまとめている。またPark, S. O.（1996）は，マークセンの類型を9つのタイプに細分するとともに，

アジア諸国に多い政府主導のサテライト産業地域からは，シリコンバレーを典型とする先進的ハイテク産業地域への移行が難しい点を示唆している．
7) イタリア中部の「花の都」フィレンツェの北西17kmに位置するプラトは，人口約18万人を数え，毛織物を中心としたヨーロッパ最大の繊維産地である．産地の歴史は11世紀まで遡るとされ，第2次大戦前には大企業を中心とした大量生産体制が確立していた．1950年代に東欧諸国や日本との競争に敗れ，大企業は解体，平均従業員規模10人前後の多数の中小零細企業による分業生産体制を特徴とする産地に転換した．本木弘悌（2007）によると，プラトを中心に半径約15kmの地域に，1980年代半ばには企業数約18,000社，従業者数約55,000人を数えたが，現在は約7,500社に減少し，そのうち2,000社が中国系企業になっているとのことである．
8) embeddednessは，もともとカール・ポランニー（Polanyi, K.）が，前市場社会において経済行為が非経済的な制度，社会関係に埋め込まれていると主張した際に用いた用語である．グラノヴェター（Granovetter, M., 1985）は，近代以降の市場社会においても，経済行為が社会関係の構造に埋め込まれているとし，「埋め込み」を「経済行為，経済的結果，そして経済制度が，行為者の個人的関係，および，諸関係のネットワーク全体の構造に影響されること」と定義している．

また social capital は，社会関係資本と訳され，アメリカの社会学者コールマン（Coleman, J. S., 1988）や政治学者パットナム（Putnam, R. D. *et al.,* 1993）などによって提起された概念で，「人々の協調行動を活発にすることによって，社会の効率性を高めることのできる，信頼や規範，ネットワークといった社会的仕組み」を意味する．ソーシャルキャピタルが豊かな地域は，地域経済の発展や地域住民の健康状態の向上など，政治や経済，生活等の各方面で好ましい効果が得られるとされている．
9) ポーターは，企業の活動を，購買，製造，マーケティング，サービスなどの主活動と調達，技術開発，人事・労務管理，全般的な管理などの支援活動とに分け，競争優位の戦略を提起している．ポーターについては，加藤和暢（2000）を参照．

演習課題

① マーシャルとウェーバーの古典的集積論，新産業地域論，新産業空間論，産業クラスター論について，それぞれ評価すべき点や問題点を整理してみよう。
② 日本の産業集積地域を取り上げ，産業集積の歴史や現状を把握し，政策的課題をあげてみよう。

入門文献

1　山本健兒（2005）『産業集積の経済地理学』法政大学出版局．
2　渡辺幸男（2011）『現代日本の産業集積研究』慶應義塾大学出版会．
3　Piore, M. J. and Sabel, C. F.（1984）*The Second Industrial Divide*. New York : Basic Books Inc.［ピオリ・セーブル，山之内靖・永易浩一・石田あつみ訳（1993）『第二の産業分水嶺』筑摩書房］
4　Saxenian, A.（1994）*Regional Advantage*. Cambridge, Mass. : Harvard Univ. Press.［サクセニアン，山形浩生・柏木亮二訳（2009）『現代の二都物語』日経BP社］．
5　Porter, M. E.（1998）*On Competition*. Boston : Harvard Business School Publishing.［ポーター著，竹内弘高訳（1999）『競争戦略論 I, II』ダイヤモンド社］．

1は，産業集積の主要理論と代表的な集積地域の解説がなされている。2は，産業集積についての著者の考えと日本の産業集積地域についての実態と政策が詳しく書かれている。3は，フレキシブルな専門化について知る上での重要な書。4は，シリコンバレーとルート128を比較した好書。5は，ポーターの産業クラスター論を理解する上での必読書である。

6 空間経済学

1 クルーグマンの新経済地理学

ポール・クルーグマン (Paul Krugman, 1953-) は,「貿易のパターンと経済活動の立地に関する分析の功績」により, 2008 年にノーベル経済学賞を受賞している。2008 年 12 月 8 日に行われた受賞記念講演のタイトルは,「貿易と地理における収穫逓増革命」となっている。その講演でも言及されている 1991 年に刊行された *"Geography and Trade"* の概要をみてみよう。

この本は, 1990 年 10 月にベルギーのルーバン・カトリック大学でクルーグマンが行った講義をもとにしている。「はじめに」で彼は, location ではなく geography という言葉をタイトルに選んだ意図を, 以下のように述べている。

「立地論の学問的伝統は幅広く, 奥が深いのだが, 通常教えられることは, 三角形や六角形を使った狭義の幾何学的モデルである。私が狙いとしたのは幾何学ではなく, 企業が相互依存的な立地に関する決断を下さなければならないときに起こる興味深い問題であり, 『立地』という言葉は, この種の研究にはあまりに限定的であるように思われたのである」(訳書 pp.4-5)。また,「経済学者にとっては興味深い定型化されたモデルも, 地理学には入らないといわれてしまうのではないか, という懸念もあるが, それでも, 私はこの言葉が気に入っているのでここで用いることに決めた」とも記している。その後の経済学者と地理学者との関係については, 本章の後半でふれることにしたい。

同書は, 第 1 講, 第 2 講, 第 3 講から成っている。第 1 講「中心と周辺」ではまず,「**収穫逓増**と**不完全競争**を厳密に分析するための道具をもたなかったために」, また「市場構造をモデル化することについてはまったくといってよ

いほど注意を払っていなかった」(訳書 p.15) ために,「経済地理学の研究は経済学の主流からはずれたままになってきた」と述べている。その上で,米国製造業地帯の事例をあげながら,**地理的集中モデル**は,「収穫逓増,輸送費,需要が相互に作用しあうところが要である」(訳書 p.25)と指摘する。すなわち,「**規模の経済性**が増大すると,製造業者はある生産拠点から全国の市場に製品を供給しようとする。輸送費最小化のため,製造業者は実は需要の高い地域に立地しようとする。しかし,地域の需要は製造業者が多数,立地することによって大きくなるという側面があり,製造業地帯がいったん確立されると,それを存続させようとする循環的な力が働くのである」。

続く第2講「産業立地」では,マーシャルを引用しながら,産業の地域集中化の原因として,①特殊技能労働者の労働市場,②非貿易投入財の安価な提供,③技術の波及の3点をあげ,それぞれについて理論的な検討を加えている。そして,ジョージア州の小さな町ダルトンへのカーペット産業の集中など,米国内での産業の地域集中化の事例を取り上げ,初期条件という歴史上の「一つの出来事がきっかけで特定の地域への産業集中が起こり,集中過程によって加速化されていく」点を指摘している。

最後の第3講「地域と国家」では,財・生産要素の移動に影響を与える国家の役割,国境による規制・制限に着目し,欧州では米国に比べ地域集中化が進んでいない点を指摘している。また,初期人口の多い大国と少ない小国との関係,地域の大きさや地域的な生産構造に着目し,産業の中心地の獲得や国家間の不均等発展の問題について,**中心・周辺モデル**の再検討を行っている。そして,歴史的経路依存モデルの重要性に言及しながら,「経済学を根本的に考え直す契機」(訳書 p.115) として,経済地理学の可能性に期待を寄せ,講義を終えている。

こうしたクルーグマンのアプローチは,都市経済学や地域経済学の研究成果と合流し,「**空間経済学**」[1]と呼ばれる学問分野を形成していくことになる。本章では,空間経済学の概要と成果を確認した上で,主流派経済学および経済地理学からの評価を整理し,互いの研究成果の接合が両学にとって利するところが少なくないことを示していきたい。

2 空間経済学の概要

　1999年に出版された,藤田昌久,ポール・クルーグマン,アンソニー・ベナブルズといった空間経済学の論者3人による著書『空間経済学 (*The Spatial Economy*)』の第1章では,空間経済学が採用する独自の分析手法として,以下の4点があげられている (Fujita, M., Krugman, P. and Venables, A. J., 1999, 訳書 pp.6-9)。

　第1に,ディクシット=スティグリッツ型の**独占的競争モデル** (Dixit, A. K. and Stiglitz, J. E., 1977) の仮定である。このモデルでは複数の差別化された財からなる工業品の消費量に関して,CES型 (Constant Elasticity of Substitution:代替弾力性が一定) の効用関数が定義されている。この仮定では,多様な (variety バラエティ) 財を用いることによって効用が増加すると考え,工業品の消費において多様な財が少量ずつ選好されることになる。

　第2に,サミュエルソン流の**氷塊 (iceberg) 型輸送費用**の導入である。Samuelson, P. (1952) は交易される財を氷塊に見立て,財が出発点から到着点へと輸送される間に一定の割合が融ける (消費される) と仮定することによって,輸送費用に関して個別にモデル化をする必要がなくなり,解析処理がやりやすいというメリットがある。Samuelson (1952) では空間の連続性が想定されていなかったが,空間経済学は地理的な距離概念を導入し,輸送費用が距離に対して指数関数的に増加するモデルを提示している[2]。

　第3に,産業や労働者 (消費者) など生産要素の移動性を組み込んだ動学モデルである。このモデルでは,実質賃金の低い地域からより高い地域へと生産要素が移動することを仮定する。

　第4に,コンピュータを用いたシミュレーションによる分析である。モデルでは消費者や生産者の賃金や所得などに関して,多くの方程式を得ることができるが,それを解くためにはコンピュータを駆使して数値分析を行う必要がある。

　『空間経済学』では,2財 (農業品と工業品)・2地域 (地域1と地域2)・1生産要素 (労働者) の中心・周辺モデルを基礎モデルとし,1つ1つ現実離れ

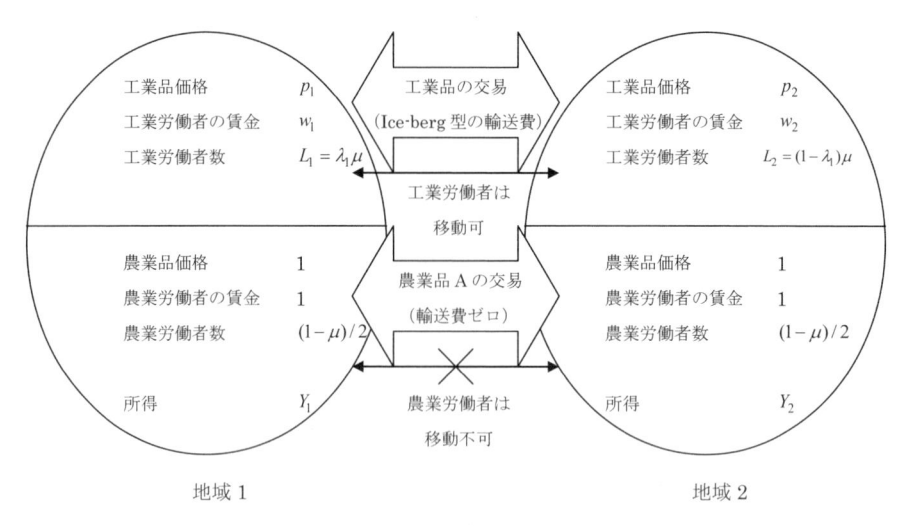

図 6-1 2地域モデルの世界の概念図

地域1
- 工業品価格 p_1
- 工業労働者の賃金 w_1
- 工業労働者数 $L_1 = \lambda_1 \mu$
- 農業品価格 1
- 農業労働者の賃金 1
- 農業労働者数 $(1-\mu)/2$
- 所得 Y_1

地域2
- 工業品価格 p_2
- 工業労働者の賃金 w_2
- 工業労働者数 $L_2 = (1-\lambda_1)\mu$
- 農業品価格 1
- 農業労働者の賃金 1
- 農業労働者数 $(1-\mu)/2$
- 所得 Y_2

中央:
- 工業品の交易（Ice-berg型の輸送費）／工業労働者は移動可
- 農業品Aの交易（輸送費ゼロ）／農業労働者は移動不可

注) 2地域全体の総労働者を1として基準化し，総工業労働者をμ，総農業労働者を$1-\mu$となるように単位をとっている．
出典：今川拓郎（2003），p. 117の図1を一部與倉改変．

した仮定を緩めることで多様なモデルへの拡張を行っており，この中心・周辺モデルこそが空間経済学の根幹であるといえる[3]。

この中心・周辺モデルでは，規模に関して収穫一定のもとにある農業部門の労働者は地域間を移動できないが，収穫逓増のもとにある工業部門の労働者は地域間を移動できるといったように生産要素間で異なる移動性を仮定している[4]。それによって，2地域が工業化した中心地域，もしくは農業に特化した周辺地域にそれぞれどのように収束していくかを示すことが可能となっている（図6-1）。

実質賃金の低い地域から，高い地域の方へと工業労働者が移動することにより，その移動先の市場が大きくなり（したがってその地域の実質賃金も増加し），そのことがさらなる工業労働者の移動を招くことになる。すなわち，一部の工業労働者の移動が引き金となって，実質賃金の高い地域では自己増殖的な集積プロセスが働くことになる。

このような経済活動の空間的集中を促進させる力を空間経済学では**集積力**と

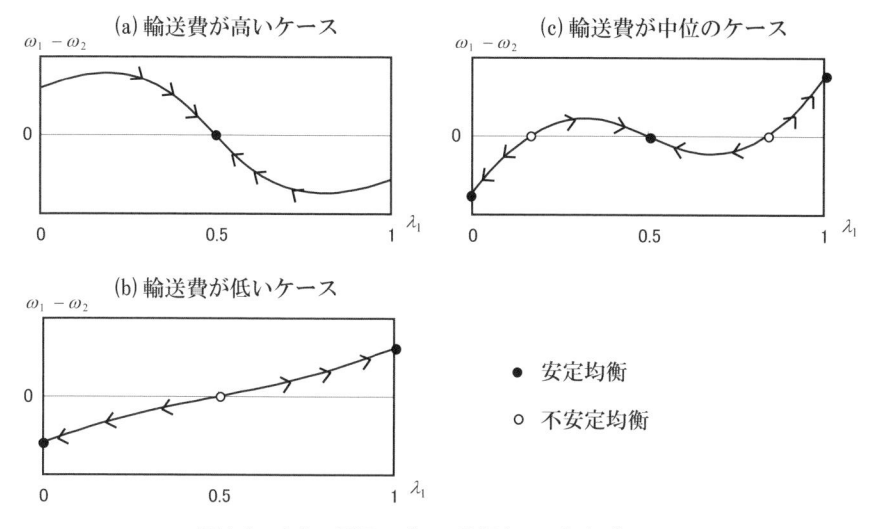

(a) 輸送費が高いケース
(c) 輸送費が中位のケース
(b) 輸送費が低いケース

● 安定均衡
○ 不安定均衡

図 6-2 中心・周辺モデルの均衡点への収束プロセス
出典：Fujita, Krugman and Venables（1999）をもとに興倉作成.

名付けているが，そのような力に反対する**分散力**という概念も存在する。分散力を生み出すものは，移動不可能な農業労働者の存在であり，集積力によって引き起こされる集積プロセスは2つの地域の実質賃金が等しくなった時点で収束することになる。空間経済学では，そのような収束点を**均衡点**と呼ぶ[5]。この均衡点が1つなのか複数あるのか，また，その均衡点では工業労働者が1地域に集積しているのか，それとも分散しているのかに関しては，輸送費用や財の代替の弾力性（**製品差別化**の程度），および工業品への支出割合といった，モデルにおけるパラメータの初期値（すなわち**歴史的初期条件**）に大きく依存することになる。

図 6-2 は，財の代替の弾力性と工業品への支出割合を一定と置き，輸送費の違いをもとに2地域の中心・周辺モデルの均衡点への収束プロセスを示したものである。縦軸は2地域間の実質賃金の差（$\omega_1 - \omega_2$）であり，横軸は地域1の工業労働者の割合（λ_1）である。

図 6-2 (a) の高い輸送費の例では，均衡点は地域間で同じ工業労働者が存在する時のみである。この均衡点は少し乖離しても同じ均衡点に戻る必然性があ

ることから安定的である。すなわち，地域2から地域1へと工業労働者が移動すると（λ_1が0.5より大きくなると），実質賃金の差の符号は負になる。すると今度は地域1から地域2へと労働力が移動し,実質賃金の差はゼロへと戻る。輸送費用が高い場合には他の地域に工業品を輸送することが大きなコストとなるので,集積の利益よりも,分散することにより自地域の消費者を主なターゲットとすること（すなわち地域に固定された農業労働者の需要から成る市場に近接していること）の方が重要となることを示唆している。

一方，図6-2 (b) の低い輸送費の場合には,均衡点は地域1もしくは地域2へと集中する場合と,地域1と地域2に均等に分散する場合の3点が存在する。しかし,均等に分散している場合では,乖離が起きると,どちらかの地域に集中するまで工業労働者の移動は続き,そのような均衡は不安定となる。このことは輸送費用が低くなると集積の利益が増すことを示唆する。

最後に，図6-2 (c) の輸送費が中位の場合には,均衡点は5点存在する。その中で,均衡点からの乖離に対して安定的なものは3点ある。地域1もしくは地域2どちらかに集中するのか,地域1と地域2に均等に分散するか,どの均衡に収束していくかは,初期の工業労働者の分布状況（歴史的初期条件）に依存することになる。

このように中心・周辺モデルでは,一般均衡論においてモデル化が困難であった，①企業レベルにおける規模の経済（収穫逓増），②不完全競争（独占的競争），③輸送費用の導入を可能とし,集積力と分散力の相互作用によって企業や労働者の空間的パターンが自己組織的に発現していくメカニズムを明らかにしたという点で独自性を有しているといえる（Krugman, 2000, pp.50-51；Fujita and Krugman, 2004, p.142）。

3 空間経済学への評価

こうした空間経済学の誕生に対して,主流派の経済学（新古典派経済学）からは,経済学の研究フロンティアを押し広げるものとして高く評価するものが多い。1999年の『空間経済学』の刊行以降,多くの研究者が理論・実証両面で研究成果を発表するとともに,優れた学術書も刊行されてきた（Fujita and

Thisse, 2002 ; Baldwin, R. *et. al.,* 2003 ; Combes, P.-P. *et. al.,* 2008 など)。

　佐藤泰裕・田渕隆俊・山本和博 (2011) では，**新貿易理論**と**新経済地理学**を空間経済学の 2 本の柱として，内外の研究成果を整理している。両者の関係については，「新貿易理論では，労働は国際間を移動できないと仮定するが，新経済地理学では，労働は地域間を自由に移動できると仮定する。この違いにより，新貿易理論は人口移動が比較的生じにくい国際経済を分析するのに適しており，新経済地理学は国内の地域経済を扱うのに適していると考えられる」(p.3) としている。

　リカードやヘクシャー・オリーンの**伝統的貿易理論**は，生産技術や生産要素賦存量の差異による産業間の貿易について説明するものの，先進諸国間で広く観察される産業内貿易については十分な説明ができないでいた[6]。これに対し，新貿易理論では，企業の生産活動は収穫逓増の生産関数のもとに行われ，財の国際間の取引には輸送費がかかる点を特徴とし，規模の経済と製品差別化，輸送費によって，**産業内貿易**を説明したのである。

　また，要素賦存比率など供給側に力点を置く伝統的貿易理論に対し，新貿易理論は，市場規模の大きな国と小さな国をモデルに導入し，需要側の要因に着目している。すなわち，輸送費が高い場合には，市場規模の小さな国にも企業は分散して立地する傾向があるのに対し，輸送費の低下とともに，市場規模の大きな国への企業集積を促すとしている。企業の集積が市場規模の格差をさらに拡大することは「**自国市場効果**」(home market effect) と呼ばれ，「市場規模の大きな国に企業が集積し，そのような国から相対的に多くの輸出が行われる可能性を示している」(同書 p.29) と述べられている。なお，新貿易理論をめぐっては，財による輸送費のかかり方の違い，国の数が増えた場合や小さな国への企業集積の可能性，企業の異質性，熟練形成や技術選択などの労働市場の差異等々，新たな観点を取り入れた研究成果が蓄積されてきている。

　こうした新貿易理論に対して，クルーグマン (Krugman, 1991b) は，労働者も地域間を自由に移動できる点を加え，前節で解説した中心－周辺モデルを展開し，新経済地理学を確立した。佐藤泰裕・田渕隆俊・山本和博 (2011) では，新経済地理学のメインメッセージを，「発展の初期段階では分散均衡，後期に

は集積均衡になること」(p.95)としつつ，産業の間に投入産出の連関がある場合，地域の数が3以上の場合，市場参加者に異質性を導入した場合などを想定したモデルの拡張を紹介している。

一方，空間経済学の誕生と，経済学者による地理への関心の深まりを好意的に受け取りながらも，経済地理学者の立場から空間経済学の有する問題点と課題を指摘した先駆的なレビュー論文として，経済地理学者のマーティン・サンリーによる議論（Martin, R. and Sunley, P., 1996）をあげることができる。

彼らは，空間経済学と経済地理学の成果とを融合させることが相互に便益をもたらすものであると繰り返し述べ，両学の交流を望ましいものと考えている[7]。特に空間経済学の重要な成果の一つとして，外部経済と地域的な産業集積を交易（trade）と結びつけることにより，新しい産業地理学で欠落していた理論を補強したことをあげている。また，地理学で扱われてこなかった不完全競争や**金銭的外部性**をモデル化した点も評価している。

その一方でマーティンとサンリーは，空間経済学が有する理論的な問題点として，第1に，モデル化しやすい外部性にのみ注目し，**技術的スピルオーバー**に対して関心が払われていないことをあげている。

また，第2の問題点として，空間経済学が指摘するところの歴史的な**経路依存**プロセスや，**ロックイン効果**の概念に対して疑問を投げかけている。地理学において**慣性**（inertia）や埋め込み（embeddedness）といった議論はすでに存在しており，クルーグマンがいうところのロックイン効果や自己増殖的発展といった概念は新しいものとはいえない。また，クルーグマンがロックイン効果の要因を，マーシャルの外部性の連関効果のみに限定し，局地的な制度や社会的，文化的構造といったモデル化しにくい要素を考慮していない点を批判している。すなわち，マーティンとサンリーは，空間経済学の定義する歴史的な経路依存プロセスやロックイン効果による集積要因の説明よりも，経済地理学で議論されてきた**フレキシブルな専門化**や**制度的厚み**といった概念の方がより説得的であると考えている。

さらに，マーティンとサンリーは，空間経済学において，どのような地理的スケールにおいて局地的な外部経済や集積のプロセスが働いているのか明示さ

れていないとし，経済学者が地理的・空間的なスケールについて無関心であることを強く批判している。これが第3の問題点である。

4 経済学と地理学の新たな関係

以上，空間経済学の概要と評価についてみてきた。こうした空間経済学の台頭を背景に主流派の経済学と経済地理学との交流が進められてきた[8]。2000年には Oxford University Press から "The Oxford Handbook of Economic Geography" が刊行され，2001年には学術雑誌 "The Journal of Economic Geography" が創刊された。

"The Oxford Handbook of Economic Geography" では，同一のトピックに対し，経済学者と経済地理学者がそれぞれ専門の立場から論じる形式をとるという新しい試みがなされている。また，"The Journal of Economic Geography" は経済学と経済地理学の両方から編集者および編集委員を迎え，両学のアカデミックな交流の場を築くこととなった（Duranton, G. and Rodríguez-Pose, A., 2005, p.1697）。両学の交流の可能性についてはそれぞれの立場から議論されており，地理学の重要雑誌の1つである "Environment and Plannning A" の2005年11号では，経済学と経済地理学との交流（対話）についての特集号も組まれている[9]。

Sjöberg, Ö. and Sjöholm, F. (2002) は空間経済学の理論がこれまであげてきたような問題点を有していても，学問的魅力を失っていないと主張する。その論拠として，空間経済学と地理学との間に共通の議論の場があることを主張している。すなわち両学が，因果関係的な発展を引き起こすメカニズムの解明を目的としている点，また経路依存性とロックインの重要性を認識している点を共通点として見いだすことができるとする。

そして，そのような共通点を活かすことにより，地理学は空間経済学に対して新たな視点を提供できると主張する。彼らは地理学が果たし得る役割として，①空間経済学における動学性の概念を発展させること，②**知識のスピルオーバー**が集積に果たす効果の解明の2点をあげている。

Brakman, S. and Garretsen, H. (2003) は，地理学の成果を活かすことにより，空間経済学のフロンティアを拡張すべきであると主張している。彼らは，空間

経済学において求められる課題を次のように6点述べている。第1に，生産要素であるヒトの移動に関する議論の充実，第2に輸送費用の定義の改善，第3に全てのスケールにおいて働く立地要因と，一部のスケールのみにおいて影響する立地要因とを厳格に峻別すべきであるとする。そして第4に「制度」が果たす役割についての再考を，第5に企業による戦略的行動概念の導入を求め，最後に空間経済学の成果を政策に応用する必要があるとしている。

このように地理学独自の視点が空間経済学の欠点を補完し，また共通の研究領域を定置することで，両学との間に相互補完的な関係が構築しうると考えられる。空間経済学では数理モデルの構築とその拡張化に腐心する一方で，実証分析による理論モデルの裏付けが決定的に欠落していた。事実，その学の創設者であるクルーグマン自身が，モデルの計量的な実証研究の少なさとその限界を認めている（Krugman, 1998）。

その一方で近年，日本においても「**集積の経済**」に焦点を当てた実証研究が生みだされつつある。先行研究においては，都市経済学や地域経済学で培われてきた計量経済学的なアプローチを踏襲した分析がなされている[10]。「集積の経済」は空間経済学の鍵概念の一つであり，それら既往研究の成果は空間経済学の実証研究が向かうべき1つの方向を提示していると考えられる。それら実証分析で採用されている分析単位や空間スケールは，地理学の観点からみるとかなり恣意的で説得力を持ちえないものとなっているといえる。経済地理学の成果が役立つのはまさにそこにおいてであり，実証するにふさわしい分析スケールについて議論を詰めていくことに意義があるといえよう。

(與倉　豊)

注
1) 英語圏では 'new economic geography'，'geographical economics'，'spatial economics' といった名称で呼ばれる。日本では「新しい経済地理学」や「新しい空間経済学」と呼ばれることも多いが，本章では「空間経済学」で統一した。
2) 空間経済学における輸送費用の問題についてはマッカン（McCann, P., 2005）による批判的検討が参考になる。McCann（2005）は，氷塊型の輸送費モデルは現実の輸送費と大きく乖離していると指摘し，そのような誤った仮定に基づく新しい空間経済学のモデルは実証分析や政策提言において限界があると批判している。なお，後に述べる2地域の中心・

周辺モデルでは距離概念は存在せず，域内では輸送費用がゼロであり，地域間で財が移動する際に輸送費用がかかる。したがって氷塊型の輸送費用の仮定は，距離概念が導入された連続空間への応用の際に問題となる。
3) ミクロ経済学的な基礎付けがされた中心・周辺モデルについては，今川拓郎（2003）および高橋孝明（2003）といった既存研究が数式を用いながら詳しく説明している。
4) ただし，農業労働者が工業労働者へと職業を転換する（もしくはその逆）といった労働力の移動は仮定しない。
5) 新しい空間経済学では均衡点として，安定均衡と不安定均衡の 2 種類が存在する。安定均衡では均衡点からの乖離が起きても（工業従業員の割合が一部増減しても），同じ均衡点に戻る必然性を有している。一方，不安定均衡では均衡点から少し乖離が起きると，集積プロセスが進行し，片方の地域に全工業が集中してしまう。
6) 規模に関する収穫一定と完全競争を仮定した従来の貿易論では，同様な要素賦存を有する国家間での産業内貿易を説明することができなかった。新しい貿易論では Dixit and Stiglitz（1977）の分析枠組みを用いて，収穫逓増および不完全競争を導入することで，その限界を克服している。なお新しい貿易論の先駆的な研究成果としては，Krugman（1979, 1980）および Helpman and Krugman（1985）がある。
7) ただしマーティンは 1999 年発表の論文のなかで，地理学と空間経済学との相互交流の可能性を否定し，経済学者との交流は非主流派の経済学（制度派経済学やポストケインジアン）との間だけにとどめるべきであるとする。その理由としてマーティンは，数学的モデル化の構築に傾倒し，モデルを裏付ける実証分析を欠いている空間経済学は「リアリズム」を犠牲にしており，経済地理学の業績の方が現実を表現できる豊かな地図を描いていると主張している（Martin, 1999）。この批判に対して，水野　勲（2009, p.20）は経済地理学における理論的研究を狭めることにつながるとし，主流派経済学とは異なる数学的モデリングの可能性に目を向けるべきであると主張する。
8) なお與倉（2006）は経済地理学者および主流派経済学の論者による空間経済学に対しての批判的検討のなかから，両学の発展的な可能性を探ろうとしているものに焦点を当てており，空間経済学が有する課題を検討する上での地理学的観点の重要性を強調している。
9) 経済学と経済地理学が依拠する方法論の違いについては，Clark, G. L.（1998），Plummer, P. and Sheppard, E.（2001），Marchionni, C.（2004）の議論が参考になる。たとえば Clark（1998）は主流派経済学が依拠する様式化された事実の追求というアプローチと，多くの経済地理学者が得意としている経験的観察，特に緊密な対話に基づいた多様性を解明するアプローチにはそれぞれ異なる利点が存在する。社会科学の発展のためには，片方のアプローチだけでは不十分であり，両方のアプローチを相互に採っていくことが重要であると主張する（pp.76-78）。
10) そのような実証研究では Hoover, E. M.（1937）が指摘した 3 種類の集積の経済（①規模の経済，②地域特化の経済，③都市化の経済）を理論軸としており，Glaeser, E. L. et al.（1992）と Henderson, J. V., Kunkoro, A. and Turner, M.（1995）による，都市成長と集積の経済の因果関係モデルの拡張が 1 つの潮流となっている。

演習課題

① OECD や EU の地域別統計データをもとに，特定の国を取り上げ，「中心－周辺モデル」が適用できるかどうか，検討してみよう。

②『日本国勢図会』や『通商白書』などをもとに，日本と特定の国との品目別輸出入の特徴を把握し，新貿易理論で説明できるかどうか，検討してみよう。

入門文献

1　佐藤泰裕・田渕隆俊・山本和博（2011）『空間経済学』有斐閣.
2　山田浩之・徳岡一幸編（2007）『地域経済学入門［新版］』有斐閣.
3　McCann, P.（2001）*Urban and Regional Economics*, Oxford, Oxford University Press.［マッカン著，黒田達朗・徳永澄憲・中村良平訳（2008）『都市・地域の経済学』日本評論社］.
4　Krugman, P.（1991）*Geography and Trade*. Cambridge, Mass.: The MIT Press.［クルーグマン著，北村行伸・高橋　亘・姉尾美起訳（1994）『脱「国境」の経済学』東洋経済新報社］.
5　藤田昌久・クルーグマン・ベナブルズ著，小出博之訳（2000）『空間経済学－都市・地域・国際貿易の新しい分析－』東洋経済新報社.

1は，空間経済学の基礎から最近の議論を解説している。2は地域経済学の入門書，3は地域経済学・都市経済学の新しいテキストである。4は，本文でもふれたクルーグマンの講義をまとめたもの．5は，空間経済学の確立を決定づけた専門書である。

第Ⅱ部
立地論の応用

7 現代工業の立地調整と進化経済地理学

1 立地調整

　経済地理学にとって重要な理論の1つが立地論である。立地論ではさまざまな産業や都市などの立地について論じているが、現実には、新規立地というよりはむしろ、既存の生産・流通拠点などの立地再編と、それに伴う地域経済・社会の影響に関して問題とされることの方が多い。このような「各種拠点の新設，閉鎖，移転，現在地での製品転換・機能転換や増強・縮小など，企業が事業展開を行っていくうえでの各種の施設や機能を新設したり，再編成したりする行為」を「**立地調整**」と呼んでいる[1]。

　立地調整は，「新設」「閉鎖」「移転」「現在地での変化」（in situ change）の4つの要素から構成される。これら立地調整の諸要素を検討したワッツ（Watts, H. D., 1987）を中心に，次のような議論が行われている（松原　宏，2009）。

　第1に，「新設」に関してワッツは，新設企業の誕生率に地域差が見られ，地域の雇用変化に影響を与えていることや，創業当初の労働・土地必要量が少なく，資金調達の面から創業時の不確実性を減少させるために，企業家は居住地もしくは従業地の近くで創業する傾向にあることを指摘している。従来の研究では工場新設を中心に議論されることが多かったが，近年では産学官連携やクラスターで創出されるベンチャー企業，特にその**企業家精神**やスピンオフ連鎖に関心が集まっている。

　第2に，「閉鎖」に関してワッツは，①特定製品の生産中止に伴う閉鎖（cessation closure），②特定工場の新設や増強による生産の移管や集約の結果としての閉鎖（default closure），③複数工場の中で閉鎖工場の選択がなされる閉鎖（selective closure)の3つに工場閉鎖を類型化している。また，クラーク・リグリー（Clark, G. L. and Wrigley, N., 1997）は，設備投資費用の調達・回収にかかわるサンクコストの観点から工場閉鎖のメカニズムを探ろうとした。

第3に，「移転」に関しては，人口移動と同様にプッシュ要因とプル要因が考えられる。プッシュ要因としては，交通混雑や地価高騰などの集積の不利益，都市化の進展に伴う操業環境の悪化，立地規制などがあげられる。プル要因としては，自治体の工場誘致策，豊富な労働力，安価で広大な工場用地などがあげられる。

第4に，「現在地での変化」に関しては，単に工場の生産量や従業員数が量的に増加・減少するだけではなく，製品内容や工場の機能が質的に変化することもある。これまで企業が現在地にとどまる現象は**立地慣性**（地理的慣性）と呼ばれてきたが，この「立地慣性」と，企業組織内部に働く慣性である「組織の慣性」との関係について議論がなされている。

これら立地調整を包括的に考察する枠組として，クルンメ（Krumme, G., 1969）は，「時間を通じた立地調整の最適経路」の可能性を指摘している。そこでは，空間・組織・時間の3つの次元における企業の調整可能性が言及されている。

今日の地域の経済社会はさまざまな企業の空間的分業が重層的に積み重なって構築されており，立地調整の包括的把握が重要となっている。工場レベルと企業レベルの立地調整の関係を示したものが図7-1である。企業は，それぞれの地域の工場において，工場・生産設備の操業年数や戦略的拠点との近接などを考慮して，新設，閉鎖，増強・縮小を行っている。一方で企業は，それら立地調整によって，それぞれの地域や国民経済にも影響を与えている。このように，立地調整においては複数工場を想定した調整が問題となり，バラッサ（Balassa, B., 1961）のいう「**工場内の経済**」「**工場間の経済**」の視点から，企業の意思決定プロセスを考察することが重要となる[2]。

ここまでみてきた立地調整の諸問題を検討するに当たり，欧米で近年活況を呈している進化経済地理学の議論は，理論的な手掛かりを与えてくれる。本章では，進化経済地理学の特徴を紹介しながら，立地調整の議論との関係につい

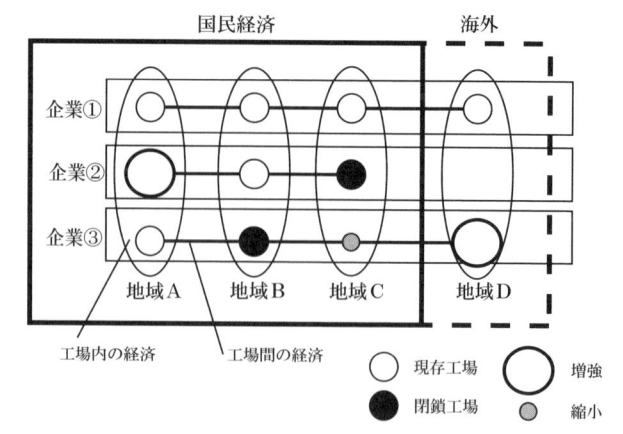

図 7-1 工場・企業レベルの立地調整と空間的次元
出典：松原　宏（2009），p.5.

て考えてみたい。

2　進化経済地理学の特徴

　進化経済地理学とは，経済地理学に進化経済学の概念や原理を導入したものである[3]。

　進化経済地理学に関する議論が増えてきたのは2000年代半ばである。この背景として，経済地理学において，イノベーションの創出・波及と地理との関係に，近年高い注目が集まっていることがある。イノベーションの創出・波及過程は，習熟によって徐々に効果を及ぼすことが多く，経済地理学がイノベーションを新たな研究対象とすることによって，それは経済現象を進化の視点でとらえる進化経済学と結びつきやすくなっている。

　進化経済学の代表的な論者として，ネルソンとウインターがあげられる（Nelson, R. R. and Winter, S. G., 1982）。彼らは，新古典派経済学の議論の前提である「最大化（最適化）」と「均衡」が，イノベーションと技術変化の分析を歪めていると批判する一方で，その対案として，企業の規則的で予想可能な行動パターンである「ルーティン」に注目し，ルーティンに導かれて他のルーティンを変化させる過程である「探索」をモデル化した。彼らの理論では，ルー

ティンは生物学の進化論における「遺伝子」の役割を果たし、探索概念は生物学の進化論における「突然変異」に対応している。

その後、進化経済学ではさまざまな議論が蓄積されたが、(a) 動態的な過程に着目すること、(b) 時間は後戻りできず、過去の遺産が現在や未来に影響する不可逆的な過程に関心があること、(c) 自己変化の源としての新奇性の重要性や世代を強調することが、おおむね進化経済学の共通した合意事項となっている (Boschma, R. and Martin, R., 2010)。

進化経済学では、ルーティンを鍵概念として、企業組織の進化を議論している。進化経済地理学では、進化経済学の特性や概念が遺伝され、地域におけるさまざまなシステムの進化に議論を拡大している。

進化経済地理学の議論は、①経路依存性、②一般ダーウィニズム、③複雑系の3つのアプローチに分類することができる。①では、技術や産業の長期的な発展を説明するとともに、外部性や収穫逓増効果を通じての産業・技術の発展経路の自己強化について検討している。②では、新奇性、多様性、淘汰、適応、遺伝、保持などの進化生物学の概念を利用し、企業や産業の進化を説明する。③では、散逸、非均衡、創発、自己組織化、臨界、共進化などの複雑系の概念を経済地理学に持ち込むことを試みている。これらのうち本章では、議論が蓄積されている①と②のアプローチを取り上げることにしたい。

3 経路依存性アプローチ

経路依存性とは、以前の発展経路が、経験や学習、歴史的背景によって、ある時点以降の発展経路に影響を与えることである。

経路依存性アプローチでは、企業や産業がどのように**ロックイン**するのかという点について、特に焦点が当てられてきた。経済地理学において、ロックインを論じた代表的な研究として、成熟した産業地域であるルール地域の衰退について検討したグラブハ (Grabher, G., 1993) があげられる[4]。これによると、インフラの充実や密接な企業間関係など、産業集積が過去に獲得してきた優位性は、柔軟性の無さを生み、イノベーションにとって強い障害となる。このような地域は「社会経済的要因にロックインされている」ということができる。

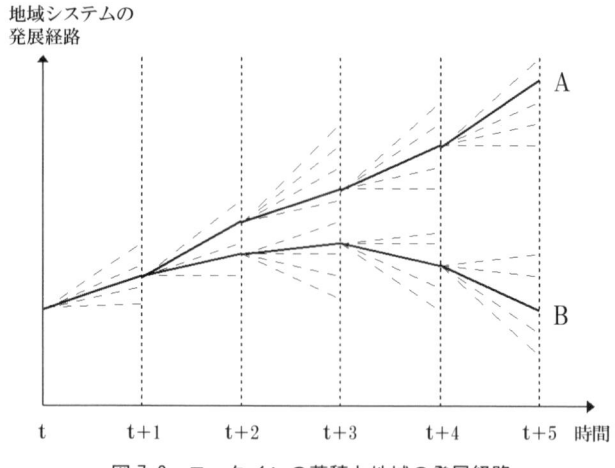

図 7-2　ロックインの蓄積と地域の発展経路
A．「ポジティブなロックイン」の連続的な段階の発展経路
B．「ポジティブなロックイン」が「ネガティブなロックイン」になる時の発展経路
注）点線は可能性のある偶有的な経路を，実線は実現された実際の経路を示す．
出典：Martin and Sunley（2006）による．

　グラブハ（1993）以降，経済地理学では，ロックインをこのようにネガティブなものとして扱う論者が多かったが，マーティン・サンリー（Martin, R. and Sunley, P., 2006）により，ロックインをポジティブとネガティブの両面から論じることの必要性が主張された．
　進化経済地理学では，地域の発展経路を，各企業のルーティンが束になったものとして考える．特定の産業に特化した企業城下町や地場産業産地では，まとまった束になるが，多くの地域では，さまざまな発展経路の束から構成されている．
　地域の発展経路は，ポジティブ，ネガティブなロックインの蓄積により理念的に示すことができる（図 7-2）．この図の A はポジティブなロックインが連続的な段階の発展経路を，B はポジティブなロックインがネガティブなロックインになる時の発展経路を示したものである．A, B ともに t 期～ t ＋ 1 期は同じ発展経路を示しているが，t ＋ 1 期以後の選択した経路によって，その後の発展に差異が生じている．ただし，A が発展の方向を示しているといっても，

その時々で必ずしも最善の選択を行っているわけではない。次善の選択であっても，全体として発展段階につながることを示している。

4 一般ダーウィニズムアプローチ

進化経済学において，経済現象の説明のために生物学の概念や原理をそのまま持ち込むことには，これまでも多くの議論がなされてきた。自然選択説と遺伝学を基盤に形成する「**ネオダーウィニズム**」アプローチは，自然淘汰や遺伝の影響を強調し過ぎており，人間の意図が介在する経済活動の説明には適さない。一方で，ダーウィン進化論の原理を課題発見やメタファーとして利用し，ルーティンの複製によって生じる多様性が議論の中心となっている「一般ダーウィニズム」というアプローチがあり，進化経済学や進化経済地理学では，後者が採用されている。

一般ダーウィニズムの立場では，経済進化は企業間のルーティンが選択的に転移したものと理解され，次のような論理で説明される。産業集積で発生するスピンオフや労働力の移動により，ある企業から別の企業へのルーティンが複製されたとみなされる。ルーティンの複製は不完全であり，ルーティンはわずかに変異しながら遺伝し，ルーティンの多様性は長い時間をかけて持続する。にもかかわらず，ルーティンの多様性は企業間競争のために絶えず減少してしまう。一方で，革新的なルーティンが導入されると，それは，その企業が生き残っていくために利用されるだけではなく，他の企業にも利用されていくことになる。このようにルーティンの複製により生じる産業集積の多様性は，局地的現象となると説明される。

5 立地調整と進化

2000年代には，グローバル化の進展にともない，大手メーカーを中心に重点的な設備・研究開発投資が行われる一方で，特にリーマンショック以降，工場閉鎖や雇用削減が生じるなど，製造業大企業の分業体制において再編が進んでいる。

首都圏に多く存在する**マザー工場**では，研究開発拠点との連携が一層図られ

102　第Ⅱ部　立地論の応用

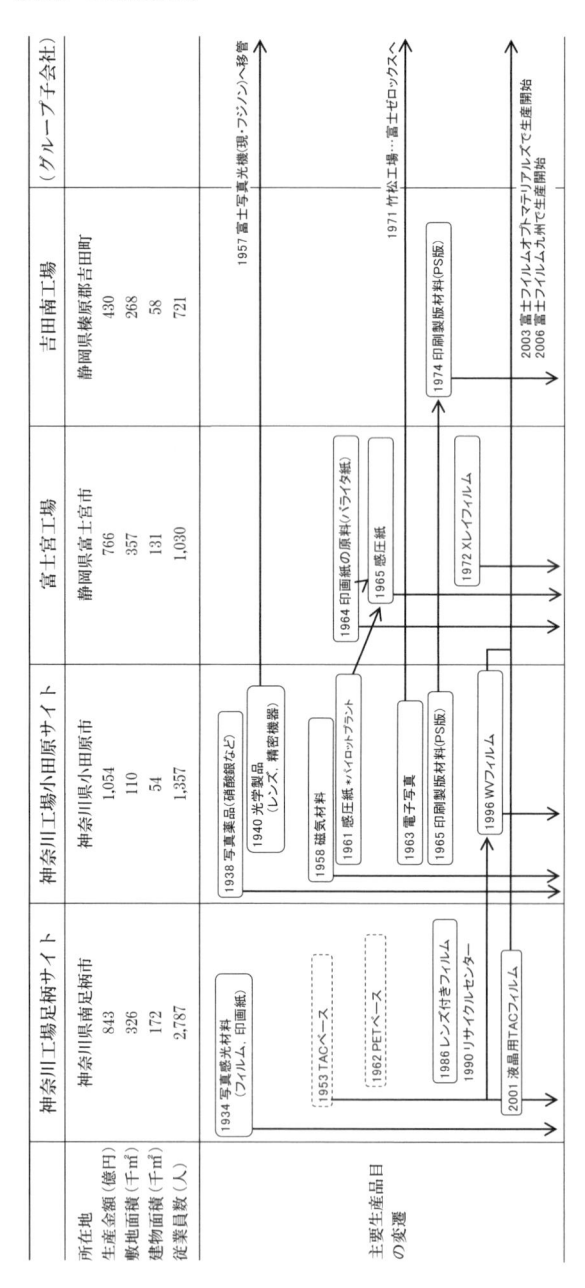

	神奈川工場足柄サイト	神奈川工場小田原サイト	富士宮工場	吉田南工場	(グループ子会社)
所在地	神奈川県南足柄市	神奈川県小田原市	静岡県富士宮市	静岡県榛原郡吉田町	
生産金額(億円)	843	1,054	766	430	
敷地面積(千㎡)	326	110	357	268	
建物面積(千㎡)	172	54	131	58	
従業員数(人)	2,787	1,357	1,080	721	

主要生産品目の変遷：

- 1934 写真感光材料（フィルム、印画紙）
- 1953 TACベース
- 1962 PETベース
- 1986 レンズ付きフィルム
- 1990 リサイクルセンター
- 2001 液晶用TACフィルム

- 1938 写真製品（硝酸銀など）
- 1940 光学製品（レンズ、精密機器）
- 1958 磁気材料
- 1961 感圧紙・ハイロットプラント
- 1963 電子写真
- 1965 印刷製版材料(PS版)
- 1996 WWフィルム

- 1964 印画紙の原料バライタ紙
- 1965 感圧紙
- 1972 X レイフィルム

- 1974 印刷製版材料(PS版)
- 2003 富士フイルムオプトマテリアルズで生産開始
- 2006 富士フイルム九州で生産開始

- 1957 富士写真光機現フジノンへ移管
- 1971 竹松工場…富士ゼロックスへ

図7-3　富士フイルム各工場の概況（2011年3月現在）と主要生産品目の推移

注）各工場・サイトの従業員数は、生産子会社（富士フイルムフォトマニュファクチャリング、富士フイルムメディアマニュファクチャリングなど）の従業員数を含む。

出典：外枦保大介（2012b）による。

るようになっている。たとえば，神奈川県南足柄市・開成町では，富士フイルムの事業再構築に伴い，高付加価値な液晶フイルムの生産設備が建設されるとともに，「第二の創業」を目指すための研究所が新設された[5]。この地域において，液晶フイルムは，写真感光材料の素材としてこれまで研究開発が行われるとともに生産されてきた経緯があり，過去の経路に立脚するものである（図7-3）。

　これに対し，非大都市圏の生産拠点では，労働集約的な分工場の閉鎖・生産縮小が進み，地域経済に甚大な影響を及ぼしている地域もある。たとえば鹿児島県出水市では，NECとパイオニアのディスプレイ工場が相次いで閉鎖され，深刻な雇用問題を引き起こしている。出水市の工場は，1970年代には，「NECグループの表示用電子部品の専門工場」と呼ばれ（日本電気社史編纂室編，1980），1990年にはグループでは初めてカラー液晶ディスプレイの量産が開始されるなど，液晶製品に特化した経路を築いてきた。しかし，工場開設以来，研究開発機能に乏しく，域外の研究開発拠点から生産設備や技術を導入する工場にすぎなかったため，ディスプレイ市場の環境激変に対応する能力をもちえなかった。一方で，分工場がマザー工場へと進化するものもあり，明暗が分かれている。

　これまでみてきたように，進化経済地理学では，産業集積や地域の多様な主体など，個体群の進化に関心が寄せられており，地域の発展経路のメカニズムをより具体的に把握することが今後の研究にとって重要である。地域特有の専門的・熟練労働力の存在や企業間の長期継続的取引関係，累積的に構築された産業的雰囲気などの分析を多角的に一層充実させていく必要がある。

　また，それとともに，重層的な空間スケールのなかで，グローバルに展開する大企業の空間的分業がどのように行われるのかという点に関して，上述した点に加え，研究開発拠点・マザー工場に固着した知識やノウハウのほか，サンクコスト，**企業文化**などの分析から，企業の立地行動にかかわるルーティンの実態を把握することも求められている。このような分析を積み重ねることにより，生産・研究開発拠点の再編が行われても現在地での変化にとどまったのか，

あるいは事業再編の結果，移転・工場閉鎖に追い込まれたのかという，立地調整のダイナミズムに迫ることができるのではないかと思われる。

　昨今，経済のグローバル化がますます進展し，時間の持つ意味が二重の意味で重要になっている。半導体やディスプレイ業界でみられるように，製品生産にかかわる大規模な投資競争は，迅速かつ戦略的に行われるようになっている。他方，イノベーションは即時に創出されるものではなく，場所固着的な知識やノウハウを活かすように，中長期的視野に立って研究開発は戦略的に実施されている。時間の働きを強く意識する「進化」の視点は，今後も経済地理学に大きな意味をもつと考えられる。その視点を十分ふまえた立地調整の把握が求められているのではないだろうか。

（外枦保大介）

注
1) 立地調整に関する事例研究については，松原　宏編（2009）『立地調整の経済地理学』原書房を参照。
2) 内部経済の議論は，単一工場レベルでの規模の経済，すなわち「工場内の経済」に関するものがほとんどであった。「工場間の経済」の内容としては，工場間で発生する部品や中間財などのモノの輸送費，移動時間も含めた事業所間のヒトの移動コスト，事業所間の通信費といった費用の節約などがあげられるが，詳しい検討は今後の課題といえる。バラッサは，経営管理費用の逓増といった「工場間の不経済」についても言及している。
3) 進化経済地理学の詳細については，外枦保大介（2012a）「進化経済地理学の発展経路と可能性」『地理学評論』85, pp.40-57 を参照。なお，進化経済地理学に関する主要論文をまとめたハンドブックも刊行されている（Boschma, R. and Martin, R. eds., 2010）。
4) グラブハは，ドイツのルール地方を事例にして，古くからの工業地域（Old Industrial Area）の衰退を，グラノヴェター（Granovetter, M., 1973）の「弱い紐帯の強さ」になぞらえて，「強い紐帯の弱さ」として説明しようとした。彼は，①地域内の長期継続的な取引関係に安住した結果，イノベーションが創出されにくくなり，域外企業に対するマーケティング機能が喪失するという機能的ロックイン，②域内の企業間で，共通の技術用語，契約ルール，知識を用いることにより，地域ビジョンや世界観も同一方向に固定化され，企業家精神や革新性が抑制されるという認知的ロックイン，③産業界と地方政府，労働組合，商工会議所との間の協力的な関係が，産業衰退時には主体間関係の再構築にとって障害になるという政治的ロックイン，といった3つのロックインを指摘した。
5) 詳しくは，外枦保大介（2012b）「企業城下町中核企業の事業再構築と地方自治体・下請企業の対応－神奈川県南足柄市を事例として－」，『経済地理学年報』58, pp.1-16 を参照。

演習課題

① 新聞記事からリストラクチャリングの事例を探し出し，工場の閉鎖や統合などの内容とその理由をまとめよう．
② 関心のある工業地域を取り上げ，歴史的変化をみてみよう．そうした変化において，進化と呼ぶべき出来事があるかどうか，検討してみよう．

入門文献

1　松原　宏編（2009）『立地調整の経済地理学』原書房．
2　合田昭二（2009）『大企業の空間構造』原書房．
3　Watts, H. D.（1987）*Industrial Geography*. London : Longman.［ワッツ著，松原　宏・勝部雅子訳（1995）『工業立地と雇用変化』古今書院］．
4　Massey, D.（1984）*Spatial Divisions of Labour*. London : Macmillan.［マッシィ著，富樫幸一・松橋公治訳（2000）『空間的分業』古今書院］．
5　Nelson, R. R. and Winter, S. G.（1982）*An Evolutionary Theory of Economic Change*. Cambridge, MA and London : Belknap Press.［ネルソン・ウィンター著，後藤　晃・角南　篤・田中辰雄訳（2007）『経済変動の進化理論』慶應義塾大学出版会］．

1は立地調整の理論と実態について，2は大企業による工場立地再編について紹介している．3は，工場の新設・移転・増強・閉鎖に伴う雇用変化の分析が詳しい．4は，「構造的アプローチ」で知られるマッシィの主著．5は，進化経済学の代表的な著作である．

8 グローバリゼーションと多国籍企業の立地

1 グローバリゼーションの深化

　現代はグローバリゼーションの時代といわれる。特に，1990年代以降，東西冷戦の終結を契機に世界的に市場経済が広がったことで，ヒト（人材）・モノ（物財）・カネ（金融）・情報の流動性が飛躍的に高まっている。各国・地域の政治，経済，社会，さらには文化面まで，非常に広範な分野に及ぶ特徴的な現象として，グローバリゼーションはその影響の正負をめぐり世界的な論争を惹起してきた[1]。その賛否はともかく，東西冷戦終結後の20年間でめまぐるしく経済環境が変化し，我々の生活に大きな影響を及ぼすようになったことは間違いない。

　グローバリゼーションの主因は，企業や資本とそれに付随する制度の変化である。企業活動のグローバル化とそれに伴う競争の激化，ICT（情報・通信技術）を核とするイノベーションの加速化，新自由主義的政府機能への転換という3つの主要経路が相互に作用し，それに加えてIMF，WTOなどの国際機関による経済ルールの「標準化」やFTAなどを軸とする**地域経済統合**への動きが重なり，グローバル化は複合的かつ重層的な発展プロセスとして観察される。

　かつての世界経済の中心はアメリカ，西欧，日本の3極構造といわれ，北半球に経済発展の地域が集中し，経済発展に取り残された国々との格差を示す「南北問題」や「南南問題」などが問題視されていた。時代を経て，先進国（OECD加盟国）も2012年現在で34カ国にまで増え，「南側」の発展途上国の多くが高い経済成長をみせるとともに，BRICsやVISTAを中心とした新興国などが

台頭するに至っている[2]。

こうした世界規模での経済発展を牽引してきたのは，おもに**多国籍企業**である。企業規模に関係なく「母国を含めた2カ国・地域以上で事業活動を行う企業」として定義されるが，実際には資本規模が大きく，寡占的な支配力を有する大企業をさすことが通例である。近年では，グローバル企業などとも呼ばれ，世界各地での事業所の「最適立地」を通じて世界経済に大きな影響力をもっている[3]。

これまで多国籍企業の立地論に関しては数多くの理論的，実証的研究が蓄積されてきており，その嚆矢も1960年代に遡る[4]。本章では，まず多国籍企業の基礎理論といえるヴァーノンのプロダクトサイクル論の今日的検討を行い，その上で，新たに多国籍企業の立地論に拡充するべき論点は何か，2つの特徴的な事例から考えてみたい。

2　ヴァーノンのプロダクトサイクル論を超えて

多国籍企業の行動パターンを立地論の視点で初めて本格的に分析したのは，アメリカの経済学者，レイモンド・ヴァーノン（Vernon, R.）である。ヴァーノンの研究は，経済地理学における多国籍企業論の嚆矢であるとともに，その後の各国企業の国際化やグローバル化を議論するうえで基盤的視座を提供してきた。

ヴァーノンの研究史を紐解くと，ウェーバーの工業立地論を継承したフーヴァー（Hoover, H. M.）に影響を受けてニューヨーク大都市圏の産業立地について共同研究を行い，そこで得られた知見が**プロダクトサイクル論**へとつながっていく。ヴァーノン（1960）は，ニューヨークに立地している生産活動を労働力指向型，輸送費指向型，外部経済型などに分類し，大都市圏を中心，周辺，郊外の3つの地帯に分けて，それぞれの生産活動には立地要因に応じて適した地帯があり，立地調整や立地移動が生じるメカニズムを明らかにした。

ヴァーノンのプロダクトサイクル論は，ニューヨーク大都市圏における生産活動の地帯間移動で明らかとなった立地要因に関して，大都市圏から国際関係へ空間スケールを拡張するとともに，市場における製品（プロダクト）の「寿

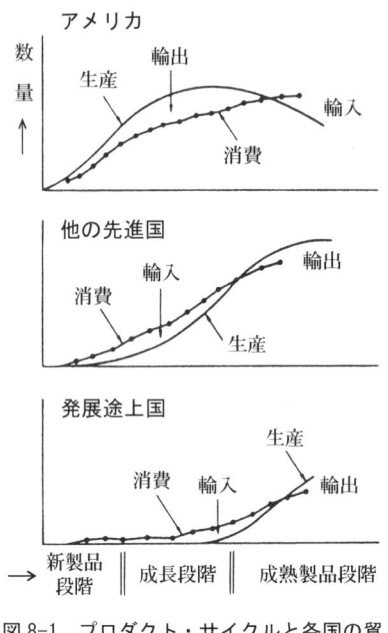

図8-1 プロダクト・サイクルと各国の貿易構造の変化
出典：Vernon（1966），p.199をもとに作成．

命（サイクル）」の視点を付加したものである（Vernon, R., 1966）。

製品のライフサイクルは，新製品段階，成長段階，成熟段階，衰退段階に分けられる。ヴァーノンはアメリカの多国籍企業を事例に，新製品段階では外部経済が発展しているアメリカ本国に立地する優位をもつが，成長段階では規模の経済を追求するために他国へ移転するインセンティブが高まる。さらに成熟製品段階に至ると，競合企業との関係で生産コストの低減が競争条件になるため，発展途上国の安価な労働力が重要な立地因子になることを示した（図8-1）。

プロダクトサイクル論の貢献は，このようなアメリカ企業の本国から海外へ移転していく多国籍化が立地論の視座から解釈できるとともに，アメリカと他の先進国・発展途上国間の貿易構造の変化についても製品のサイクルから説明できることを示した点にある[5]。

プロダクトサイクル論で明らかとなった多国籍企業の動態的立地パターンは，現代においても大いに有効性をもつ。ヴァーノン以後，多国籍企業の組織内資源を加味した**組織論的アプローチ**や，製品ではなく生産工程によって説明するアプローチ，国家ではなく集積やクラスターを立地条件とみなすアプローチなどの複合的な説明によって，多国籍企業論は豊富化されてきた。

1990年代以降のグローバル化をふまえると，次にあげるキーワードを取り込んだアプローチが求められている。第1に，多国籍企業における研究開発とイノベーションの重要性の増大がある。製品の価格競争だけでなく，製品の新奇性や創造性をいかに実現するかが多国籍企業の立地因子にも作用するように

なった。先進国から後進国への「トリクルダウン」的なイノベーションの波及だけでなく，後進国からのリバース・イノベーションも見られるようになるなど，研究開発とイノベーションをめぐる国際環境は越境的かつ双方向的になってきている。

第2に，世界的な市場の拡大がある。かつて発展途上国は労働力を提供する立地環境として位置づけられてきたが，中間層以下の所得水準が向上して，新たに新興国市場として大きなマーケットになってきている。そのため，途上国への立地は市場開拓を目的とした「現地化」が進んでいる。

そして第3に，製品のライフサイクル短縮化があげられる。PCやデジタル家電など多くのプロダクトで製品寿命が短くなったため，自社資源の「選択と集中」が進むとともに外部資源の積極的な活用がみられる。その結果，生産活動における企業間関係や協業関係が国際的に広がることで，以前にみられた先進国と発展途上国間の比較優位性が変わりつつある。こうした新たなアプローチを考えるうえで象徴的な2つの事例を次にあげる。

3　事例1：アップルのサプライヤーリスト

米国アップル社は2000年代に入って急激に成長した企業の1つであり，現代経済で最も注目されるグローバル企業である。株式の時価総額では2011年に世界一となり，2012年3月には株式の時価総額で5,000億ドル（日本円で約40兆円）を超えた。日本の大手電機メーカー8社（日立，三菱電機，東芝，富士通，NEC，ソニー，シャープ，パナソニック）の時価総額と比べると，8社合計額の約4倍弱におよぶ。

同社がこれだけの規模に成長したのは，主力製品であるPC，携帯電話などの高機能電子機器がグローバル市場で**競争優位**を獲得したことによる。特に，2007年に販売が開始されたスマートフォンと呼ばれる高機能携帯電話「iPhone」や，ノートPCと携帯電話に続く新たなモバイル機器のジャンルを創出したタブレット端末「iPad」の爆発的普及が今日のアップルを支えている（Lashingsky, A., 2012）。

同社は毎年公開しているサプライヤー責任情報「Supplier Responsibility」の

表 8-1 アップル社の国籍別サプライヤー数

国 籍	企業数	主な企業
アメリカ	43	Cypress, Fairchild Semiconductor, Intel, Micron, Qualcomm, Sandisk
台 湾	43	AUO（友達光電），奇美電子，Foxconn, Quanta Computer, Wintek
日 本	32	エルピーダメモリ，村田製作所，シャープ，ソニー，東芝
中国（香港を含む）	11	Broadcom, BYD
シンガポール	9	HomeFlextronics
韓 国	8	Hynix, LG, Samsung
上記以外の国	12	STMicroelectronics（仏・伊），Infineon（独），NXP Semiconductor（蘭）
合 計	158*	

* 公表されたのは 156 社だが，国籍の異なる合弁企業 2 社は両国でカウントした．

　報告書のなかで，2011 年版で初めて，生産委託や部品調達にかかわる主要な**サプライヤー**企業のリストを公開した[6]。近年の電機・電子産業では設計・開発と生産の専業化が進んでおり，アップルも自社で製造設備をもたず，**EMS**（電子機器受託製造サービス）を利用する**ファブレス**企業である。通常，ファブレス企業や EMS は取引先の情報を秘匿にすることが多く，製造関連のサプライヤーが公になることはきわめて稀である。公開に至った背景には，労働条件の悪い外国工場に委託しているという批判を受けた対応で，企業の社会的責任（CSR）をふまえて透明性を高める狙いが指摘されている[7]。

　公開された主なサプライヤーは表 8-1 の通りである。アップルの報告書によると，公開された 156 社のサプライヤーが総調達額の 97％を占めるという。国籍で見ると，米国籍の企業数が 43 社と多くなっているものの，大部分は日本を含むアジア系の企業が占めており，さらに実際の生産拠点の立地でみれば中国・台湾などに集中していることが想定される。日本の企業は 32 社を数え，大手電機・電子メーカーの東芝，NEC，ソニー，シャープ，パナソニック，NEC や，電子部品・半導体メーカーの村田製作所，TDK，エルピーダメモリ，ロームだけでなく，高度な専門技術を有する中堅・中小企業も含まれる[8]。

　こうしたアップル社の事業構造と公開されたサプライヤーから，現代の多国

籍企業の立地論をみる上で重要な視点が浮かび上がってくる。近年のエレクトロニクス産業では，事業プロセスのなかで上流と下流の付加価値が高く，中間の組立工程では付加価値が低いことから，縦軸を付加価値，横軸を上流から下流に至る事業プロセスとしたとき「**スマイルカーブ**」が描かれる。ファブレス企業であるアップルでは，スマイルカーブの両端である設計・開発およびロジスティクス・販売・サービスに特化し，部品生産や組立製造をグローバルにアウトソーシングしている。こうした**生産連鎖**（production chains）でつながった関連サプライヤーの総従業員は全世界で100万人を超え，製造プロセスではグローバル生産ネットワークが特徴となっている。

　従来の多国籍企業は，生産，販売，管理など複数の機能別組織から構成され，主たる機能組織である中枢管理機能，研究開発機能，生産機能のそれぞれで立地パターンが形成されてきた。そのなかで，多くのエレクトロニクス企業は垂直統合型ビジネスモデルを指向し，生産機能の**階層的立地**（locational hierarchy）が観察されてきた（近藤章夫，2007）。

　アップルの事例はこうした多国籍企業の「内部組織」の地理的配置とは異なり，スマイルカーブにもとづく**価値連鎖**（value chain）を反映した生産ネットワークであり，それぞれの「立地単位」のもつ比較優位性を束ねることで，規模の経済性や**連結の経済性**を高めている。その意味で，「企業の境界」を超えた立地間のフレキシブルなネットワークが新たな論点として重要になってきている。

4　事例2：日産自動車「マーチ」のタイへの全面移管

　日産自動車は日本を代表する自動車メーカーの1つであり，トヨタ自動車とホンダと合わせて日本の「ビッグスリー」として長らく国内の自動車産業を牽引してきた。1990年代に入って販売不振が続き，2兆円を超える有利子負債が重くのしかかるなど経営危機に陥ったが，1999年にフランスの自動車メーカーであるルノーと経営統合した。その後，村山工場や座間工場などの生産拠点の閉鎖，本社部門と子会社を含めた事業組織の統廃合を軸とした**リストラクチャリング**を実施し，2000年代に入ってから再び国内市場だけでなくグローバル

で積極的な事業活動を展開している。

　マーチは日産自動車の小型車で主力車種である。1982年に生産が開始され，国内市場における代表的なコンパクトカーとして，3度のフルモデルチェンジ（全面改良）を経て，米国市場や欧州市場へも輸出されてきた[9]。

　村山工場の閉鎖後は，神奈川県横須賀市にある追浜工場で年産4〜5万台程度生産されてきたが，2010年のフルモデルチェンジを機に，マーチの国内生産を打ち切り，タイでの全量生産に切り替わった。日本の自動車メーカーで主力量販車の生産を海外に全面移管するのは初めてであるとともに，国内市場向けのマーチはタイからの「**逆輸入**」として全量輸入する形になっている[10]。

　タイへの全面移管は，円高基調にある為替レートを活用することで原価を3割程度削減することが可能となり，コスト面の効果が大きいとされる。タイを選定した理由については，燃費性能に優れた小型車生産への優遇税制があるとともに，1980年代から日本の自動車メーカーや部品サプライヤーの進出が進み，東南アジアの「デトロイト」と呼ばれるほどの自動車産業集積の発展がその一因と考えられる。原価の3割削減には部品の**現地調達率**を9割まで高めることが前提となっており，日系サプライヤーの集積による現地生産ネットワークを最大限利用することで，国内生産よりも生産コストで優位をもつこととなる。

　これまで日本の自動車メーカーは1970年代末以降，積極的に海外生産を進めてきた。ホーカンソン（Håkanson, L., 1979）の多国籍企業化の模式図をふまえてそのプロセスを考察すると次のようになる（図8-2）。

　第1段階では，市場進出型として北米市場に進出し，労働力指向型として東南アジア（タイやインドネシア）へ進出した。後者の立地場所は主に**輸出加工区（EPZ）**であり，国内で生産した基幹部品を輸出し，現地で**ノックダウン**（KD）方式で組み立てが行われる。

　第2段階では，自動車メーカーに付随して現地に立地した「**系列**」の部品サプライヤーが集積し，それと合わせて現地部品メーカーへの技術指導等を進めて現地調達率が上昇する。国内で生産するのは基幹部品（主にエンジン等）に限られ，国内と海外で**工程間分業**が進化するプロセスである。

8 グローバリゼーションと多国籍企業の立地 113

自動車メーカーの行動空間

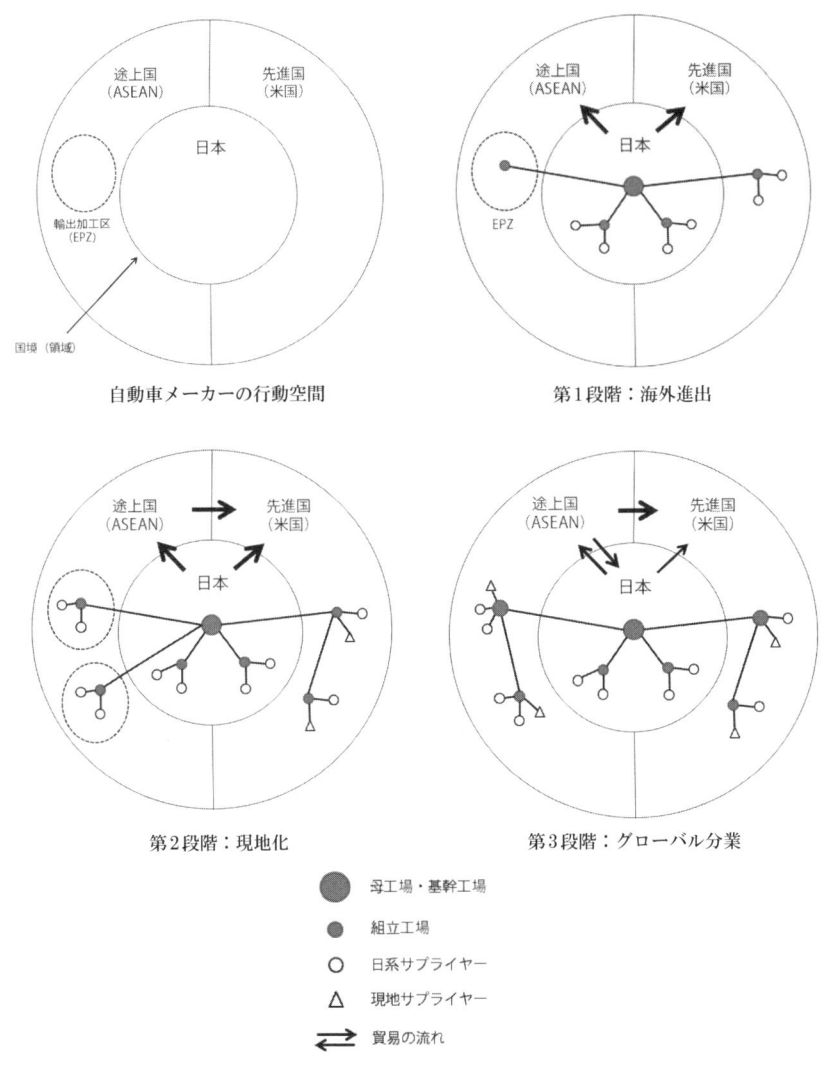

第1段階：海外進出

第2段階：現地化

第3段階：グローバル分業

凡例：
- 母工場・基幹工場
- 組立工場
- ○ 日系サプライヤー
- △ 現地サプライヤー
- ⇄ 貿易の流れ

図 8-2　日系自動車メーカーの発展プロセス（近藤作成）

　タイへのマーチ全面移管は、その次の段階に移行したことを意味する。**日本的生産システム**の現地適応が一層進み、市場圏に応じて域内の生産ネットワークが形成される。この背景には、車台（プラットフォーム）の共有化やグロー

バルカーといわれる戦略車の集中生産などがみられ，市場に近い場所での量販車の「適地生産」と国内拠点では電気自動車などの次世代高付加価値品へのシフトが一層顕著となる[11]。

このように，製造業のなかでも特に部品点数が多く「**擦り合わせ型**」と呼ばれる高度な技術に支えられた自動車産業でさえ，国内の技術水準と比して遜色のない自動車産業集積がアジアでも形成されつつある。これにより，国内からの輸出を軸とした立地パターンから，それぞれの市場圏に応じた生産の現地化が進んでいる。こうした動向は東アジアや東南アジアでの裾野産業の広がりや日本的生産システムの現地適応などとも関連し，その帰結としてグローバルでの**集積間競争**につながっている[12]。

5 制度の収斂による立地環境間の優劣競争へ

上記2つの事例は，近年の多国籍企業（グローバル企業）の一断面である[13]。グローバル企業の競争優位戦略およびクラスター論の泰斗であるマイケル・ポーター（Porter, M.）は，多国籍企業の立地選択について次のように指摘している。

「ある企業が事業展開する国・地域を選択する時には，グローバル市場で最も大きな成功を可能にしてくれるところを選ぶ。すなわち，立地の選択とは，国の競争力を測る投票である」（Porter, M. and Rivkin, J. W., 2012, DIAMONDハーバードビジネスレビュー 2012年6月号，p.43）。

ポーターの議論を俟つまでもなく，国際貿易では**FTA**や地域経済統合の拡大に伴い，グローバル競争の諸条件を平準化する**イコールフッティング**（equal footing）の動きが強まりつつある。こうしたグローバル市場のダイナミズムに付随して各国・地域の諸制度の収斂（convergence）が起こり，**立地環境**（立地条件）の比較優位性に基づいて多国籍企業の立地調整や立地間のネットワーク形成が行われている。アップルと日産の特徴的な事例の背景には，国家と企業の関係が大きく変化して制度設計の優劣を国・地域が競う姿がある。立地環境の「フラット化」のなかで立地間のグローバルネットワークが一層複雑になっていくことを鑑みると，今後も多国籍企業の立地論はエキサイティングな分野

であり続けよう。

(近藤章夫)

注
1) グローバリゼーションの諸側面をわかりやすくまとめた読み物としては，Friedman, T. L.（1999；2005）があり，世界的なベストセラーとなった。経済学で肯定的な立場からはBhagwati, J. N.（2004），否定的な立場では Stiglitz, J. E.（2002）が代表的である。俯瞰した立場からの論点整理には Steger, M. B.（2009）が有益である。
2) 世界経済をどのような観点からとらえるかについては，さまざまな見解が提示されている。比較生産費説で知られるリカード（Ricardo, D., 1819）以来の古典的国際分業論では，国民経済を自律的な基本単位とし，それらの分業と貿易を中心とした関係で世界経済をとらえてきた。これに対し，フレーベル（Fröbel, F. et. al., 1977）らは，多国籍企業の立地点である輸出加工区やフリートレードゾーンなどの都市や地域を基本的な分析単位として取り上げ，企業内空間分業を軸に新国際分業論を展開した。

　従来の考え方を大きく転換したのはウォーラーステイン（Wallerstein, I., 1979）の世界システム論で，国民経済を否定し，資本主義世界経済のみを基本単位とした点に大きな特徴がある。世界システムは，「単一の分業と多様な文化システムをもつ実体」とされ，「共通の政治システムをもつ」世界帝国と，それをもたない世界経済とに分けられる。資本主義世界経済は，15世紀半ば頃に北西ヨーロッパで誕生し，崩壊の危機を乗り越えて拡大し続け，単一の市場と中心・反周辺・周辺として位置づけられる複数の国家からなるシステムとして，全世界に広がってきたとされている。

　これに対し，資本主義の多様性に焦点を当てるとらえ方も提示されている。1つは，リピエッツ（Lipietz, A., 1985）らのレギュラシオン理論で，各国民国家における資本・労働関係などの制度諸形態に注目して，それらの総体である調整様式と蓄積体制によって特徴づけられる発展様式を明らかにしようとするものである。そこでは，ネオ・テーラー主義やカルマリズムなど，フォーディズムに代わる多様な呼称が付与されている。もう1つが，ホール・ソスキス（Hal, P. A. and Soskice, D. eds., 2001）らによる「資本主義の多様性」論で，生産システムと制度の計量的比較によって各国をグループ分けする点に特徴がある。具体的には，労使関係，技能訓練，企業統治，企業間関係などに対する企業によるコーディネーション様式が，アメリカを典型とする「自由な市場経済」（LMEs）とドイツに代表される「コーディネートされた市場経済」（CMEs）とに対比されている。
3) UNCTAD（国連貿易開発会議）の年次報告書 "World Investment Report 2011" によれば，多国籍企業（非金融部門）のうち，対外資産（foreign assets）残高で1,000億USドル（約8.5兆円）を超える企業は21社，外国の従業員総数で10万人超は27社に及ぶ。
4) 多国籍企業の立地論について，その系譜と発展に関しては，鈴木洋太郎ほか（2005），松原　宏（2006），pp.74-93，宮町良広（2012）に詳しい。国際経営の分野では，Jones, J.（2005）が包括的に多国籍企業論を扱っている。
5) ヴァーノンに対して，ハイマー（Hymer, 1972）は，アメリカからヨーロッパ，ヨーロッ

パからアメリカというような多国籍企業の先進国間の相互浸透現象を論じている。ハイマーによると，対外直接投資は，相手国企業に対して優位性をもつような寡占的市場構造を特徴とした産業において多くの場合起こり，こうした優位性は，寡占市場における多国籍企業の投入要素の低コスト調達，製品差別化，流通・マーケティング面，情報・知識面といった側面から説明されている。

　こうしたハイマーの優位性に関する議論は，ラグマン（Rugman, A. M., 1981）らの「内部化理論」につながっていく。ラグマンは，「内部化とは，企業内に市場を作り出すプロセスで」，「企業特殊的優位を世界的規模で維持するための１つの手段である」と述べている。なお，ダニング（Dunning, J. H., 1993）の「OLI アプローチ」は，ハイマーによる所有（Ownership），ヴァーノンによる立地（Location），ラグマンによる内部化（Internalization）といった３つの優位性に関する理論の統合を試みたものといえる。

6) http://www.apple.com/supplierresponsibility/reports.html
7) 経済地理学においても，多国籍企業の社会的責任（Corporate Social Responsibility）は重要なテーマとなりつつある。詳しくは，Dicken, P.（2010, pp.530-537）を参照。
8) たとえば，アルミ加工の銭屋アルミニウム製作所，プレス部品の東陽理化学研究所，携帯端末向けコイルなどのスミダコーポレーションなど，特定の市場で競争優位をもつ「オンリーワン企業」などもリストに掲載されている。2010 年 12 月 17 日付ウォール・ストリート・ジャーナルがアジア開発銀行研究所などの資料を引用して明らかにしたところによると，iPhone の部品点数のうち日本製が占める割合は 34％で，トップシェアとなっていた（2位はドイツの 17％，3 位は韓国の 13％）。
9) 自動車カタログによると，マーチの初代（K10 型系）は販売期間が 1982 年〜 1992 年，2 代目（K11 型系）は 1992 年〜 2002 年，3 代目（K12 型系）は 2002 年〜 2010 年であり，タイへ全面移管されたのは 2010 年にフルモデルチェンジされた 4 代目（K13 型系）からである。
10) 日産の広報資料によれば，4 代目の新型マーチはエンジンの排気量が 1,200cc で，小型化と低燃費を実現する新プラットフォーム（車台）を採用しており，タイの他，インド，中国，メキシコでも漸次生産を開始して，世界 160 カ国・地域で販売する計画だという。
11) 追浜工場では電気自動車「リーフ」を含め小型車 7 車種を生産しているとともに，2012 年度中に休止する設備を試作ラインに転用して，マザー工場として新興国での新型車生産の立ち上げ支援機能を強める計画が進められている（日本経済新聞の記事による）。
12) アジア諸国における裾野産業の発展については馬場敏幸（2005）が詳しい。また，日本的生産システムの現地適応については Abo, T.（2007）や Kawamura, T.（2011）などがある。日本企業のアジア展開と競争力の評価については新宅純二郎・天野倫文編（2009）を参照のこと。
13) 事例で取り扱ったのは主に B2B（企業間関係）であるが，B2C の視点も多国籍企業の立地論では重要である。新興国の経済成長とともに，中間層である「ボリュームゾーン」や低所得者層の「BOP：Base of the Pyramid」を取り込む市場戦略も多国籍企業の立地に大きな影響を与えている。

演習課題

① 『海外進出企業総覧』（東洋経済新報社）などの資料をもとに，産業によってあるいは企業によって，進出先の国や地域にどのような特徴や違いがみられるか，調べてみよう。また，そうした特徴や違いが生じた理由を考えてみよう。
② 新聞記事などから日本企業の海外進出の事例を探し出し，進出の理由や国内の地域経済への影響についてまとめてみよう。

入門文献

1　鈴木洋太郎・桜井靖久・佐藤彰彦（2005）『多国籍企業の立地論』原書房．
2　Dicken, P. (1992) *Global Shift : The Internationalization of Economic Activity.* 2nd edition. New York : The Guilford Press. ［ディッケン著，宮町良広監訳（2001）『グローバル・シフト（上・下）』古今書院］．
3　Jones, G. (2005) *Multinationals and Global Capitalism : From the 19th to the 21st Century.* Oxford : Oxford University Press. ［ジョーンズ著，安室憲一・梅野巨利訳（2007）『国際経営講義－多国籍企業とグローバル資本主義』有斐閣］．
4　新宅純二郎・天野倫文編（2009）『ものづくりの国際経営戦略－アジアの産業地理学』有斐閣．
5　ハイマー著，宮崎義一編訳（1979）『多国籍企業論』岩波書店．

1は，多国籍企業の立地論に関する教科書。2は，海外で定評のある経済地理学の専門書。3は，国際経営の観点から多国籍企業の動向を整理したもの。4は，アジアにおける産業・企業の最近の立地動向が詳しく分析されている。5は，ハイマーの多国籍企業論についての原典。

9 知識フローと地域イノベーションの新展開

1 イノベーションの空間性への注目

　近年の経済地理学や関連諸分野における知識とイノベーション[1]をめぐる議論では，産業集積内の知識創造やイノベーションの生成の際に，域外とのつながりが注目されている。

　水野真彦（2011）によると，イノベーションを生み出す新奇的な知識を得るには，地理的に離れた外部との結合性が重要になり，新奇的な知識が循環するためには産業集積内部の多様性や流動性が必要になる。そしてネットワークにおける開放性や構造特性の違いが，新奇的な知識の獲得に影響を与える（p.68）。また松原　宏（2007）や與倉　豊（2008，2009a）は，イノベーションをとらえる際に，ローカル（サブナショナル），ノンローカル（ナショナル），グローバルの3種類の空間的次元を想定することが有益であるとし，それら異なる空間的次元の相互の関連性を論じる必要性を説いている[2]。複数の空間的次元にまたがる企業や個人の役割が，イノベーションにとって重要となっているのである（Bunnell, T. G. and Coe, N. M., 2001）。

　図9-1は，イノベーションの空間性の違いに着目し，既存のイノベーションに関わる議論を整理したものである。なお，ここで主体間を結ぶ関係性としては，取引関係のような垂直的関係から，多数の参加主体を伴う共同研究開発や，ライセンス授与，戦略的提携のような水平的関係までさまざまなものが含まれている。

　ローカルなイノベーション空間の研究としては，マーシャルの産業地域概念

空間的次元	ローカル	ナショナル	グローバル
イノベーションシステム	地域イノベーションシステム (Cooke, 1992; Cooke et al. eds., 2004)	ナショナル・イノベーションシステム (Lundvall ed., 1992; Nelson ed., 1993)	グローバルな次元を考慮したイノベーションシステム (Freeman, 2002; Fromhold-Eisebith, 2006, 2007)
GREMI	ローカル・ミリュー (Camagni ed., 1991)	イノベーティブ・ミリュー (Camagni ed., 1991)	
知識フロー	バズ (Storper and Venables, 2004)	知識のパイプライン (Owen-Smith and Powll, 2004)	
概念図				

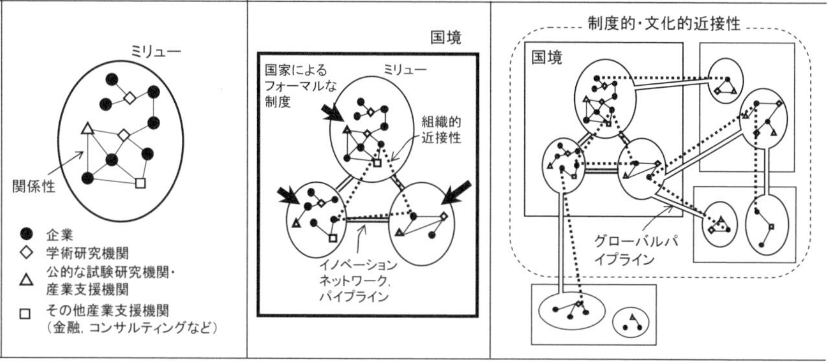

図 9-1 イノベーションに関する諸議論
出典：與倉 豊 (2009a), p.84, 第2図.

を念頭に置いた，域内で完結した企業間ネットワークに関する諸研究が含まれる[3]。サードイタリーやシリコンバレーなど典型的な産業集積地域の研究がその代表例である。

一方で山本健兒（2005a）は，「イノヴェーティヴ・ミリュー」論（Camagni, R, 1991）を検討する中で，「ローカル・ミリューを重視するものの，その内部的な，主としてインフォーマルで暗黙的なリンケージだけでは，急速な経済的技術的変化の時代にはイノヴェーションを生み出しえないので，イノヴェーション・ネットワークを通じて外部のエネルギーとノウハウをひきつけることが重要だと見ている」点に着目している（p.188）。ローカル外のイノベーション・ネットワークがローカル・ミリューを補完する役割を有すると考えられているのである。

グローバルなレベルのイノベーションに関しては，知識のグローバル・パイプラインの研究があげられる。サクセニアン（Saxenian, A., 2000）はアメリカの大手コンピュータメーカーのOEM供給先として成長を続けている台湾企業

に着目し，シリコンバレーの中国人起業家が，母国である台湾とシリコンバレーをつなぐ鍵主体となり，地理的距離を超えたコミュニティが構築されている様を明らかにするとともに，台湾政府による積極的な支援制度が，超国家コミュニティの形成に大きく寄与していると主張している。またバーテルトほか（Bathelt et al., 2004）は，国際的な見本市のような場において，ローカルを超えた主体とのパイプラインを構築することによって，ローカルで入手不可能なグローバル市場や新技術に関する情報を獲得することができ，集積の成長に繋がると指摘している。

このようにイノベーションの空間的次元に違いが生じる要因としては，産業固有の知識ベースの存在が考えられる。なぜなら，知識ベースごとにイノベーションプロセスは異なり，イノベーションにおいて必要となる知識の獲得の際に，ローカルスケールで調達可能な産業から，ナショナルもしくはグローバルな次元で探索しなくてはならない産業まで存在するからである。

2 知識ベースの類型化

知識経営の議論では，マイケル・ポランニー（Polanyi, M.）の形式知と暗黙知との区分をもとに，形式知と暗黙知の相互作用がくり返し起こるスパイラル・プロセスを通じて知識創造がなされるとされてきた[4]（野中郁次郎・竹内弘高，1996）。欧米では現在，文書化された形式知と，人に体化した暗黙知といった従来の知識形態の区分とは異なる，「知識ベース理論」に基づいて多様な空間的次元を占めるイノベーションが分析されつつある。代表的な論者であるアスハイムやガートラーらは，知識ベースを表9-1のように，統合的（synthetic），分析的（analytical），象徴的（symbolic）の3種類に区分している（Asheim, B. et al., 2007 ; Gertler, M. S., 2008）。

統合的な知識とは，業務における問題解決の経験など帰納的な過程を基にした工学的な知識を指す。統合的な知識ベースが支配的な産業として，イノベーションが既存の知識の応用や結合を通じて起こる，専門化した工作機械を使用する機械業や，造船業をあげている。それら産業では，注文製造の対応や，特定の問題を解決するために，顧客とサプライヤーとの間に相互的な学習が起き

表9-1 知識ベースの類型化

知識ベース	統合的	分析的	象徴的
イノベーションの内容	既存知識の応用や新しい結合（novel combination）によるイノベーション	新しい知識の創造によるイノベーション	新しい手法での既存知識の再結合によるイノベーション
重視される投入要素	帰納的プロセスに基づいた応用知識や関連問題の工学的知識の重要性	演繹的プロセスやフォーマルなモデルに基づいた科学的知識の重要性	既存の慣習(conventions)の再利用や挑戦の重要性
主体間の相互関係の種類	顧客とサプライヤーとの相互的な学習	企業（R&D部門）と研究機関との共同研究	専門家のコミュニティを通しての学習 若者文化，ストリート文化，「芸術」文化からの学習 「境界の」専門家コミュニティとの相互作用
技術・知識の内容	具体的なノウハウや技能，実践的技術といった暗黙知が中心	特許や出版物といった文書化された形式知が中心	暗黙知，技能，実践的技術，探索技術への依存
典型的な産業，技術分野	機械系製造業，造船業	医薬品開発，情報通信分野，バイオテクノロジー分野	広告産業，映画産業，出版印刷業

出典：Asheim et al. (2007) p.661のTable 1とGertler (2008) p.214のTable8.1を加筆修正

るとする。したがって，イノベーションの多くはラディカルなものではなく，漸進的なものとなる。

一方，分析的な知識とは，論文や特許など演繹的な過程に基づく科学的な知識を指す。分析的な知識ベースにおける知識創造は，コード化された科学や合理的プロセスといったフォーマルなモデルに基づいている。アスハイムらは分析的な知識が卓越した産業として，バイオテクノロジー分野や情報通信分野をあげている。なお，統合的な知識ベースと異なり，分析的な知識ベースの産業では，自社内に研究開発部門を有している企業が多く，さらに大学や他の研究機関の研究結果への依存も高い傾向にあり，大学と産業との連携が重視される。このような分析的な知識ベースに基づく学習は，ラディカルなイノベーションをもたらすとされる。

第3の，象徴的な知識とは，若者文化やストリート文化など「感性」に基づくものであり，他の2つの知識ベースと特徴がかなり異なっている。象徴的な知識ベースが必要となる産業は，映画産業，出版印刷業，広告産業などの創造的産業もしくは文化的産業である。これらの産業では，プロジェクト組織を形成した上で，イノベーションプロセスが進む傾向にある。象徴的な知識の交換においてはバズ（buzz）[5]が重要な役割を果たすとされる。

　したがって，象徴的な知識ベースを用いる産業では，バズへの接触可能性が高いと考えられる都市を指向する。それに対して，統合的な知識ベースと分析的な知識ベースの産業におけるイノベーション活動は，大学や産業支援機関のような「制度的厚み」を要因として，空間的に集中傾向を示すと考えられる。ただし，統合的な知識ベースの産業では，よりローカルな組織間関係が重視される一方で，分析的な知識ベースの産業では，ローカルなスケールを超えた協働関係が必要となり，イノベーション・ネットワークの広域化がみられうる。

　以下では，統合的な知識ベースと分析的な知識ベースに基づくイノベーションに焦点を置き，日本における産学公連携の科学技術振興政策を対象として，地域イノベーションの空間的パターンを検討していく。

3　産学公連携と地域イノベーション

　現在の地域イノベーションの議論において，産（企業）・学（大学，高等専門学校）・公（公設試験研究機関や産業支援機関，商工会議所などの経済団体やNPO法人など）の連携がイノベーションを促進させる重要な施策として考えられている。ここでは共同研究開発への参加主体の名称や所在地のデータが入手可能な事例として，経済産業省が実施していた産学公連携の推進事業である「地域新生コンソーシアム研究開発事業」を取り上げる[6]。

　経済産業省の公募資料によると，地域新生コンソーシアム研究開発事業では，公設試験研究機関や大学が中心となるコンソーシアム（共同研究体制）を形成し，「大学等の技術シーズ・知見を活用して事業化に結びつく製品・サービス等の研究開発」の推進が目指されている。また，公募の際には，参加企業数の3分の2以上が中小企業であることが必要となる「中小企業枠」や，知的クラ

9 知識フローと地域イノベーションの新展開 123

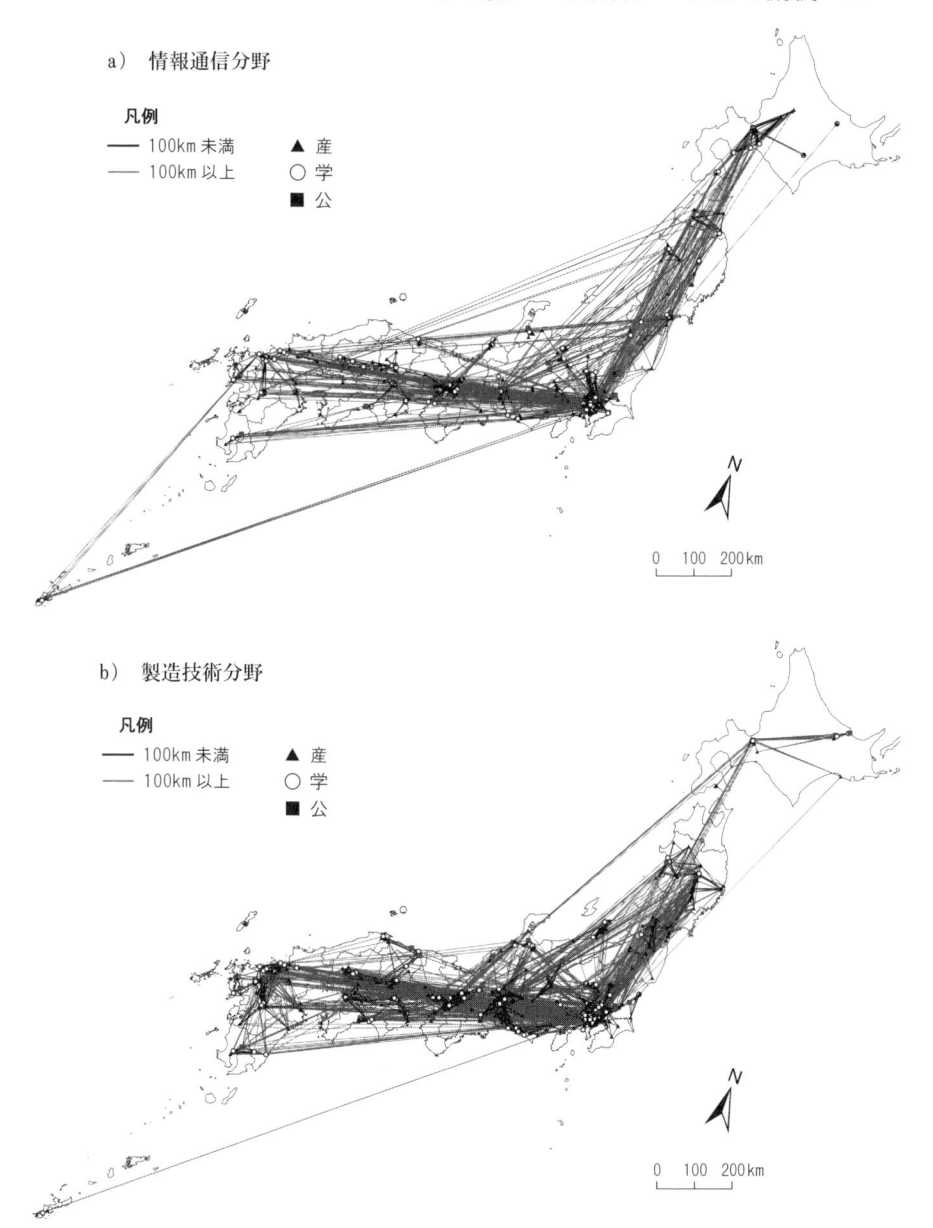

a) 情報通信分野

凡例
— 100km 未満
— 100km 以上
▲ 産
○ 学
■ 公

b) 製造技術分野

凡例
— 100km 未満
— 100km 以上
▲ 産
○ 学
■ 公

図 9-2 情報通信分野 (a) と製造技術分野 (b) における共同研究開発ネットワーク
出典：2001~2007 年度　経済産業省地域新生コンソーシアム研究開発事業資料を基に作成．

スター創成事業など他府省の研究開発施策で生まれた技術シーズを活用することが要件となる「他府省連携枠」が設けられている。

本稿では2001年度から2007年度までの地域新生コンソーシアム研究開発事業の採択プロジェクトを分析対象とする。計911の採択プロジェクトに参加している研究実施主体はのべ4,547を数える。

地域新生コンソーシアム研究開発事業では，各採択プロジェクトを技術分野別に区分している[7]。図9-2は，情報通信分野と製造技術分野に関して，同じ採択プロジェクトに参加している主体の立地点を線で結び，共同研究開発のネットワークを地図化したものである。システム開発やソフトウェア開発が中心の情報通信分野の場合には，100km未満の研究開発が国内全国に分散的に存在しており，低コストで知識・情報の交換が可能な情報通信分野の特徴が現れている。そのような中で，北海道が一つの極となり，道内における共同研究開発の多さが際だっている。

一方，金型や機械系の加工技術が中心となる製造技術分野では，関東，中京，関西，北部九州といった地域における共同研究開発の多さが目立つ。また100km未満の共同研究開発が他分野と比べて多くなっており，ローカルなアクターが指向される傾向にある。これは，部品間の緊密な相互調整が必要となる「擦り合わせ」（藤本隆宏，2003）の重要性や，物流コストの抑制，イノベーションの多くが既存の知識の応用を中心とした漸進的なものであることなどが要因として考えられる。

図9-3は，2001年度から2007年度までにおける，技術分野ごとの距離帯別の共同研究開発距離の割合を示したものである。この図をみると，製造技術分野とそれ以外の5つの分野とでは，大きく特徴が異なっていることがわかる。すなわち，すべての分野において100km未満のネットワークのシェアが5割を超えているが，特に製造技術分野においてその割合が大きい。また，製造技術分野において500km以上離れた研究開発ネットワークが占める割合は，他の5分野と比べてかなり小さい。このことは，製造技術分野における研究開発が，工学的知識や実践的技術など統合的な知識ベースを要するものであり，共同研究開発において地理的に遠く離れた研究開発先が持つ，オンリーワンの技

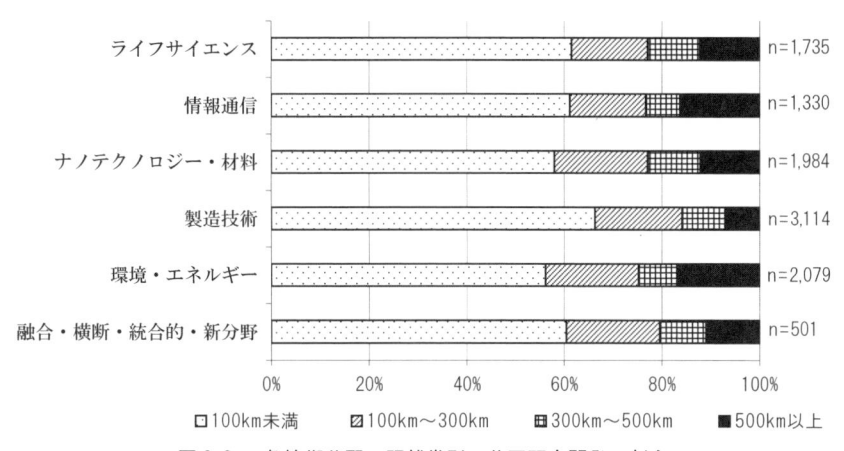

図9-3 各技術分野の距離帯別の共同研究開発の割合
出典：2001~2007年度 経済産業省地域新生コンソーシアム研究開発事業資料を基に作成．

術の必要性が，分析的な知識ベースに基づく他分野と比べて小さいことを示唆している。

以上，知識ベースと地域イノベーションとの関連性について，共同研究開発の参加主体の立地点に着目して考察してきたが，本稿では1つの産学公連携施策のみを取り扱ったに過ぎない。複数の施策間の関係性に対しても，本稿の分析枠組は応用可能であり，イノベーションの空間性に関して，立地論の観点からのさらなる分析が求められる。

（與倉　豊）

注
1) イノベーションは非連続的なラディカルイノベーションと，連続的で漸進的な（インクリメンタル）イノベーションとに区分することができる。ラディカルイノベーションは既存製品の価値の陳腐化や破壊を伴うものであるのに対して，漸進的イノベーションは既存製品や生産工程の改良・改善を含んだものである。
2) ローカル（サブナショナル）スケールでのイノベーションといっても，固定的な空間スケールはなく，地方ブロックスケールから都市圏スケールまで，広狭さまざまある。したがって，ノンローカルが必ずしもナショナルのみを示すとは限らない。ナショナル・イノベーションシステムの研究の多くは，国を空間的な拡がりをもったものとしてとらえる視点は弱く，科学技術，教育・訓練などの政府・政策の役割や制度の国際比較に焦点が置かれてきた（Freeman, C., 1987など）。

3) 1980 年代後半以降の産業集積研究の隆盛の下で，地域イノベーションに関する研究も活発になされてきた。1990 年代初めには，イギリスウェールズ大学のクック（Cooke, P., 1992）が地域イノベーションシステムの議論を展開し，世界の代表的地域の実態紹介と類型化を行った著書が刊行された（Cooke, P., Heidenreich, M. and Braczyk, H.-J. eds., 2004）。そこでは，類型化の軸として，イノベーションの空間スケール（「ローカル型」，「グローバル型」，「混合型」）とイノベーション支援のガバナンス（「草の根型」，「ネットワーク型」，「政府統制型」）が設定され，分類がなされていた。またクックらの議論は，EU の「地域イノベーション戦略」など，地域政策面でも注目され，それらの国際比較が OECD（2011）でなされている。地域イノベーションに関する主要な研究成果をまとめたハンドブックも刊行されている（Cooke, P. *et al.* eds., 2011）。
4)「SECI モデル」と呼ばれるもので，最初のプロセスが「共同化」で，直接的な経験を通じて暗黙知の共有がなされる過程で，経験的知識資産の形成に関わる過程といえる。第 2 のプロセスが「表出化」で，暗黙知を形式知に置換，翻訳していく過程であり，知覚的知識資産の形成に対応するものといえる。第 3 のプロセスが「結合化」で，形式知の伝達や編集によって新たな知識を創造していく過程をさす。これは定型的知識資産の形成に関わるものである。第 4 のプロセスが「内面化」で，形式知を新たな暗黙知として理解・学習していく過程であり，制度的知識資産の形成と関係が深いといえる。
5) バズとは，同じ産業や場所，地域に属する人々などの間で流通する，有用無用なさまざまな情報を意味する。
6) 與倉（2009b）は，共同研究開発ネットワークの関係構造の分析を中心として，より詳細に地域イノベーションを検討している。
7) ただし採択年度ごとに技術分野の名称が多少異なっているため，本稿で定義した 6 つの技術分野別に再集計している。

演習課題

① 新製品の開発などに関する話題をもとに，知識の結合がどのようになされたか，考察してみよう。

② ホームページなどで地域イノベーションの事例を探し，どのような取り組みがなされているか，調べてみよう。

入門文献

1　松原　宏編（2013）『日本のクラスター政策と地域イノベーション』東京大学出版会.
2　野澤一博（2012）『イノベーションの地域経済論』ナカニシヤ出版.
3　水野真彦（2011）『イノベーションの経済空間』京都大学出版会.
4　野中郁次郎・竹内弘高著, 梅本勝博訳（1996）『知識創造企業』東洋経済新報社.
5　若杉隆平・伊藤萬里（2011）『グローバル・イノベーション』慶應義塾大学出版会.

1 は，地域イノベーションの理論，実態，政策を包括的に取り上げたもの。2 は，サイエンス型イノベーションに関する分析が詳しい。3 では，イノベーションに関する経済地理学の理論と実態がまとめられている。4 は，知識経営論の代表的な著作。5 は，企業のグローバル R&D についての新しい研究成果である。

10 商業立地の刷新と中心市街地の衰退問題

1 刻々と変化する商業立地

　日本の都市の商業立地は，いわゆるバブル経済崩壊後の，この20年あまりのうちに大きく変化した。農村地域や郊外，あるいは市街地内部にも巨大なショッピングセンターが登場し，家電，衣料品，書籍，雑貨などを扱う専門店チェーンが急成長した。コンビニエンスストアは一種の社会基盤のようになってきている。

　一方，日本の人口は減少に転じ，人口増加や市街地の拡大は，商業立地の前提ではなくなってきている。大都市の都心商業集積を除けば，多くの地方都市や中小都市の中心商業地区では百貨店の閉鎖や商店街の空洞化問題が深刻となった。それは商業に限定されないさらに広範な中心市街地の衰退という問題として認識され，1998年に成立した**「まちづくり3法」**（中心市街地活性化法，大規模小売店舗立地法，改正都市計画法）をはじめとしてさまざまな対策がとられてきた。

　中心市街地の衰退問題は商業（小売業）のみに関わるものではないが，生活を維持するという意味でも，楽しみという意味でも，「買い物」は重要なものである。必要なものを入手できるか，選択肢のある豊かな消費生活を送ることが可能かどうかが重要であろう。

2 商業立地の階層性

　小売業やサービス業の立地についての基本的な理論としては，本書第3章で

取り上げた中心地理論がある。

　中心地理論によれば，中心地には階層性があり，より上位の中心地は，下位の中心地よりも広い補完区域を持ちながら，より多くの財を供給する。中心地は，小売業の視点から見れば，複数の店舗の集まりとして考えられ，その集積度合いや業種の幅（＝財の種類の豊富さ）が中心性の高さを表すこととなる。より上位の中心地がより高い中心性を持つが，低次中心地も，生活必需品を不足なく供給する拠点として重要である。

　これは都市内部スケールでみた場合も同様のことが当てはまると考えられている。都市内部における小売業・サービス業の立地について，ベリーは，アメリカ合衆国の都市を事例として，「センター（center）」，「リボン（ribbon）」，「専門化地域（specialized area）」という類型を示した。大都市都心のCBDから最寄品供給点まで複数の階層をもつ「センター」があり，その他に商店街や幹線道路に沿う形で線形の集積となる「リボン」，自動車販売店など特定の商品分野の専門店が集積する「専門化」という集積形態である（Berry, B. J. L., 1959, 1967）。この3つの類型は相互に独立的とは限らず，リボン形態のセンターや，特定商品分野に専門化したセンターもある。これらが複雑に組み合わさって都市の複雑な小売業の立地体系が形成されている。

　小売業を運営する主体に着目すると，かつての小売業は，ごく少数の百貨店や老舗の専門店がある他は，家族経営の独立店が大多数を占めていたが，現代においては，さまざまな専門店チェーンや総合スーパー，コンビニエンスストアのようにチェーンオペレーションを用いて多店舗展開するチェーンストアの影響が大きい。この新しい小売業態の誕生と成長こそが商業立地の変化をもたらしてきた。

　小売業において流通資本（小売企業）の影響が大きくなってきたことを受けて，1990年代以降，イギリスでは「**新小売地理学（New Retail Geography）**」（Wrigley, N. and Lowe, M. ed., 1996）の考え方が提示された。そこでは商業立地について，流通資本の役割とともに，行政によるさまざまな規制・調整の枠組みとの相互作用の結果であるとみられている。

3 小売企業の出店地域の時代変化

　現代の商業立地を考えるにあたり，その変化の中心的な役割を担っているのは小売企業である。ここではまず総合スーパーを例として，小売企業による出店地域の時代変化とそれに影響を与えた政府による規制をみてみよう[1]。

　総合スーパーは，基本的に生活必需品を中心に扱っているが，初期においては，その地域における初めての大型店であることも多く，広い範囲からの利用があった。また，近年ではモール型ショッピングセンターの核店舗となることも多く，そのような店舗については比較的広い範囲からの利用がある。

　表10-1は，東海地方（愛知県・岐阜県・三重県）において，この地域の主要チェーン2社（ユニー，イオン）について総合スーパー業態の店舗の出店地域[2]がどのように変化してきたかを示している。

　1950年代に登場し，1960年代以降急成長した総合スーパーは，当初，既に多くの商店が立地していた大都市内部の商業地区と中小都市駅前に中層店舗を出店した。店舗規模も大きく，品揃えも豊富であり，当時としては大都市都心部の中心商業地区に次ぐ中心地への出店であったと考えられる。1974年には**大規模小売店舗法**（大店法）が施行されたが，引き続き中心市街地での出店も続き，加えて中小都市の郊外にも大規模な駐車場を備えた低層の店舗が出店されるようになった。

　ところが，1978年に大店法が規制強化の方向で改正（79年施行）されると，1980年代は，一転してこれまで出店の中心であった中心市街地での出店は大幅に減少し，中小都市郊外が中心となった。

　1990年代に入ると大店法は緩和の方向に転換し，2000年には大店法は廃止され，大規模小売店舗立地法（大店立地法）が施行された。引き続き中小都市郊外での出店が多いものの，再び大都市内部や中小都市駅前にも出店されるようになった。また, 町村部[3]での出店増加も特徴的である。人口規模でみると，より小規模な市町に，隣接する人口規模が大きい市町に立地しているよりも大規模な店舗が立地する事例がある。

　工場跡地や農地への出店も多く，都市内部スケールでみても，既存の商業中

表 10-1 東海地方におけるユニー，イオンの総合スーパー出店地域の時代変化

		1960年代以前	1970年代	1980年代	1990年代	2000年代
大都市 (名古屋市)	駅前	⊖	○⊖		■	○○
	旧市街地	⊖⊖⊖⊖⊖ ⊖	○⊖⊖⊖⊖ ⊖		■■■■◇ ◇	■■■◇
	郊外		⊖	○	■○	■◇○○
中小都市	駅前	⊖⊖⊖⊖⊖ ⊖⊖⊖⊖⊖ ⊖	○○○○○ ⊖⊖⊖⊖⊖ ⊖⊖⊖⊖⊖	○⊖⊖⊖⊖	■○	■◇◇◇◇ ○○
	旧市街地	⊖⊖	○⊖⊖⊖	○⊖	■■■■■	■◇
	郊外		○○○○○ ○○○○○ ⊖⊖⊖⊖⊖ ⊖⊖⊖⊖⊖	○○○○○ ○⊖⊖⊖⊖	■■■◇○ ○○○○ ○○○○ ○○○○	■■■■ ◇◇◇◇◇ ○○○○ ○○○○
町村部	駅前		⊖		◇	○
	旧市街地				■	
	郊外		⊖⊖⊖	○○○○	■■■◇○ ○○	■■■■◇ ○○○○

対象地域：愛知県，岐阜県，三重県
○は新規出店1店を示している．ただし，■は1990年代以降，工場跡地等に出店された店舗，◇は，建て替え，居抜き出店された店舗を示している．
＝：1990年代以降閉店された店舗．ただし，同じ場所で建て替えられた店舗もある．
1) それぞれの企業（企業グループ）の総合スーパー業態に該当する店舗について示した．ユニーは，2009年に食料品スーパーや小型総合スーパーを展開してきた子会社のユーストアを吸収合併したが，ユーストア出店分は含まれていない．イオン（旧ジャスコ）は直営店を対象とし，純粋持株会社化後についてはイオンリテールによる店舗を対象としている．両社とも1990年以前の店舗は1990年時点で存在していた店舗のみ記載している．1960年代と1970年代の店舗については，それぞれ合併してユニー，旧ジャスコ（イオン）になる以前からの店舗も含まれる．
2) 駅前は，JR東海（または国鉄），名鉄，近鉄の駅から300m以内．
3) 旧市街地＝1960年人口集中地区（DID）内．ただし，2) の駅前に該当する店舗は除く．駅前の店舗の中には1960年のDID外の店舗も少数ある．
4) 中小都市と町村部は，2000年時点のそれぞれ市と町村．
出典：東洋経済新報社『全国大型小売店総覧』，各社ニュースリリース，決算参考資料等より作成．

心とは異なる立地である。総合スーパーやモール型ショッピングセンターなども，商業集積として一つの中心地と考えるならば，その中心地の位置の変化が特徴的にみられた[4]。その意味では，中心市街地内の商店街の衰退は，中心地の階層関係の変化としてみることができるだろう。

4　商業立地の変化と中心市街地衰退

中心市街地の商業地区の相対的な重要性の低下は，需要分布の変化，つまり既成市街地の外延的拡大や郊外住宅地の開発によって生じた。さらに中心市街地への人口流入の減少により，中心市街地の人口は絶対的にも減少するようになった。これは生活必需品需要の減少につながる。

人口の郊外化に加えて，工場，商業施設などの郊外化も進んだ。産業の郊外化は就業場所の郊外化でもあり，自動車の普及による移動の自由度の高まりとも相まって通勤経路上での買い物場所も変化することになった。

前節でみたような出店地域の時代変化は，このような消費者分布と**消費者行動**の変化に対して，出店規制の枠組みの中での小売企業の対応の結果である。

図10-1に，総合スーパーの立地変化を模式的に示した。中心市街地の商業地区が担う小売機能の役割は，郊外化や移動手段の変化により，相対的に縮小した。こうした出店地域の特徴は1980年代ごろから出店が進んだ専門店チェーンについても同様で，駐車場を備えた店舗を，郊外，あるいは市街地の中でも既存の商店街とは別の場所に出店してきた。工場跡地などを利用して市街地内部でも大型ショッピングセンターが出店されることもあるが，これも既存の商店街との関連は少ない。中心市街地の商業地区の衰退は，単に個々の商店街の問題というわけではなく，消費者分布や移動手段の変化をはじめとする，より大きな枠組みの中で生じてきた。

5　重層的な店舗展開

生活必需品を扱いつつ比較的広い範囲からの利用もある総合スーパーの出店地域は時代ごとに大きく変化し，旧来の商店街立地とは異なっているが，小売企業グループ全体，あるいは個々の企業レベルでは，階層性を考慮した重層的

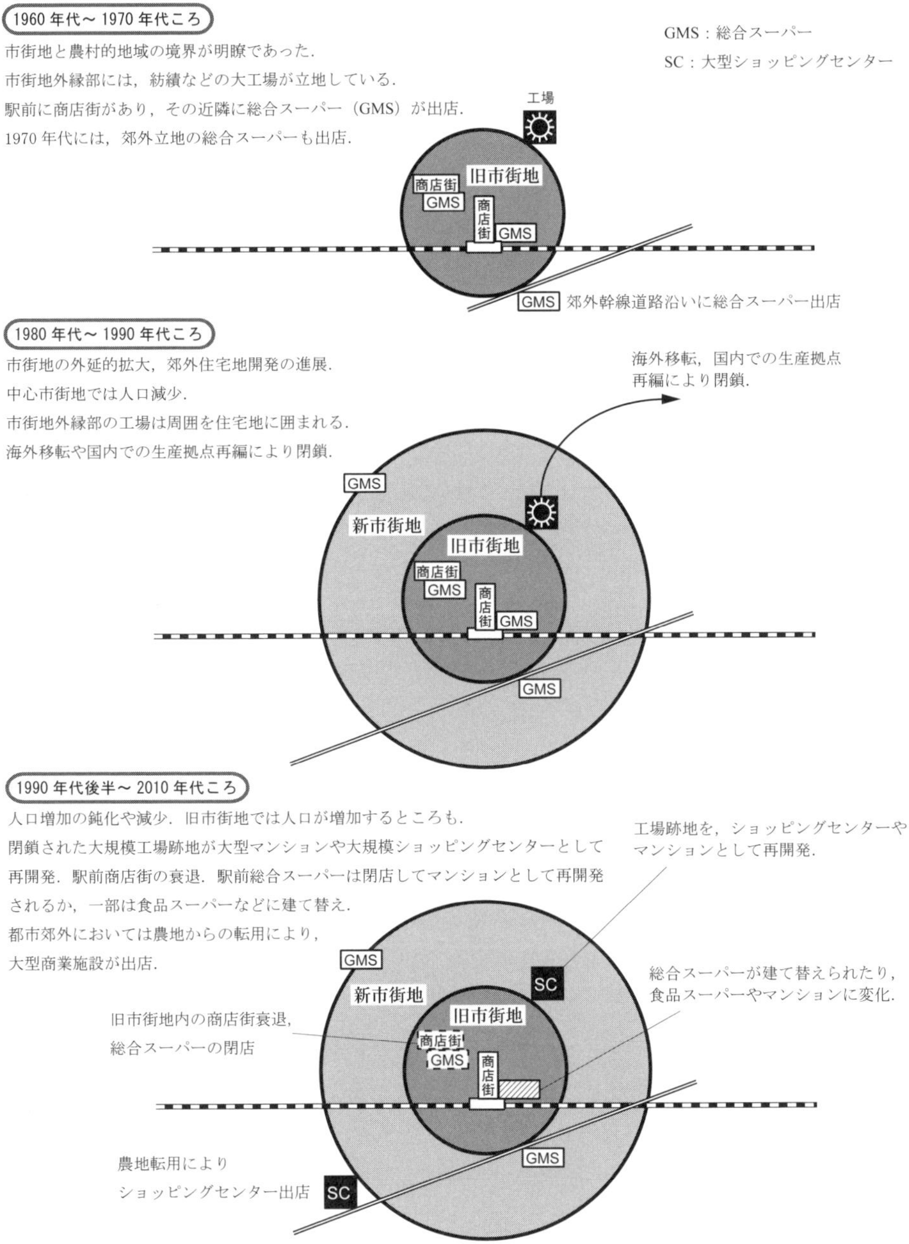

10 商業立地の刷新と中心市街地の衰退問題　133

1960年代〜1970年代ころ
市街地と農村的地域の境界が明瞭であった．
市街地外縁部には，紡績などの大工場が立地している．
駅前に商店街があり，その近隣に総合スーパー（GMS）が出店．
1970年代には，郊外立地の総合スーパーも出店．

GMS：総合スーパー
SC：大型ショッピングセンター

工場

商店街
GMS
旧市街地
商店街
GMS

GMS　郊外幹線道路沿いに総合スーパー出店

1980年代〜1990年代ころ
市街地の外延的拡大，郊外住宅地開発の進展．
中心市街地では人口減少．
市街地外縁部の工場は周囲を住宅地に囲まれる．
海外移転や国内での生産拠点再編により閉鎖．

海外移転，国内での生産拠点
再編により閉鎖

GMS
新市街地
旧市街地
商店街
GMS
商店街
GMS

GMS

1990年代後半〜2010年代ころ
人口増加の鈍化や減少．旧市街地では人口が増加するところも．
閉鎖された大規模工場跡地が大型マンションや大規模ショッピングセンターとして
再開発．駅前商店街の衰退．駅前総合スーパーは閉店してマンションとして再開発
されるか，一部は食品スーパーなどに建て替え．
都市郊外においては農地からの転用により，
大型商業施設が出店．

工場跡地を，ショッピングセンターや
マンションとして再開発．

旧市街地内の商店街衰退，
総合スーパーの閉店

総合スーパーが建て替えられたり，
食品スーパーやマンションに変化．

GMS
新市街地
SC
旧市街地
商店街
GMS
商店街

農地転用により
ショッピングセンター出店　SC

GMS

図10-1　総合スーパーの立地変化の模式図（伊藤作成）

表 10-2　小売企業グループによる食料品に関する重層的な店舗展開の例

商圏の広さ	業態	2 大小売企業グループによる主な店舗ブランド[1]	
		イオン	セブン・アンド・アイ
広い↕狭い	百貨店（の食料品売場）	－	「西武百貨店」,「そごう」,「ロビンソン」
	大型ショッピングセンター（の食料品売場）	「イオンモール」内の「イオン」	「アリオ」内の「イトーヨーカドー」
	総合スーパーの食料品売場	「イオン」	「イトーヨーカドー」,「ザ・プライス」
	食料品スーパー	「マックスバリュ」	「食品館イトーヨーカドー」,「ザ・ガーデン自由が丘」[2]
	都市型小型スーパー	「まいばすけっと」	－
	コンビニエンスストア	「ミニストップ」	「セブン・イレブン」

注 1) 首都圏での主な業態について，各グループの主な店舗ブランドを示した．
　 2)「ザ・ガーデン自由が丘」は高級スーパーであり，一般的な食料品スーパーより商圏は広いと考えられる．
出典）各社ホームページより伊藤作成．

な出店が行われている側面がある．

　大手小売企業グループをみてみると（表 10-2），たとえば食料品を扱う業態について，複数の小売業態の店舗を組み合わせることで重層的な店舗展開[5]を進めている．総合スーパーを核店舗としつつ多様な大型・小型の専門店を備え広域から集客するモール型ショッピングセンターから，大型総合スーパー，小型総合スーパー，食料品スーパー，コンビニエンスストアと店舗規模が小さくなるとともに商圏も狭くなる．食料品以外に，家電，衣料品，書籍，雑貨等の小売チェーンでも，それぞれの業態での重層的な店舗展開がみられる．

　ただし，このような流通資本による重層的な店舗展開は，基本的に企業の出店戦略によるものであり，個別企業（グループ）で市場全体に対して不足なく供給するものではない．また，さまざまな小売企業の店舗網の集合としてみても必ずしも市場全体をカバーしているわけではない．

　図 10-2 は，食料品を扱う店舗の重層的立地のイメージである．多くの企業の店舗展開や独立小売店の立地の重なりにより商業立地は構成され，時間の経過とともに，それぞれの企業や店舗の判断により出店や閉店がなされる．その

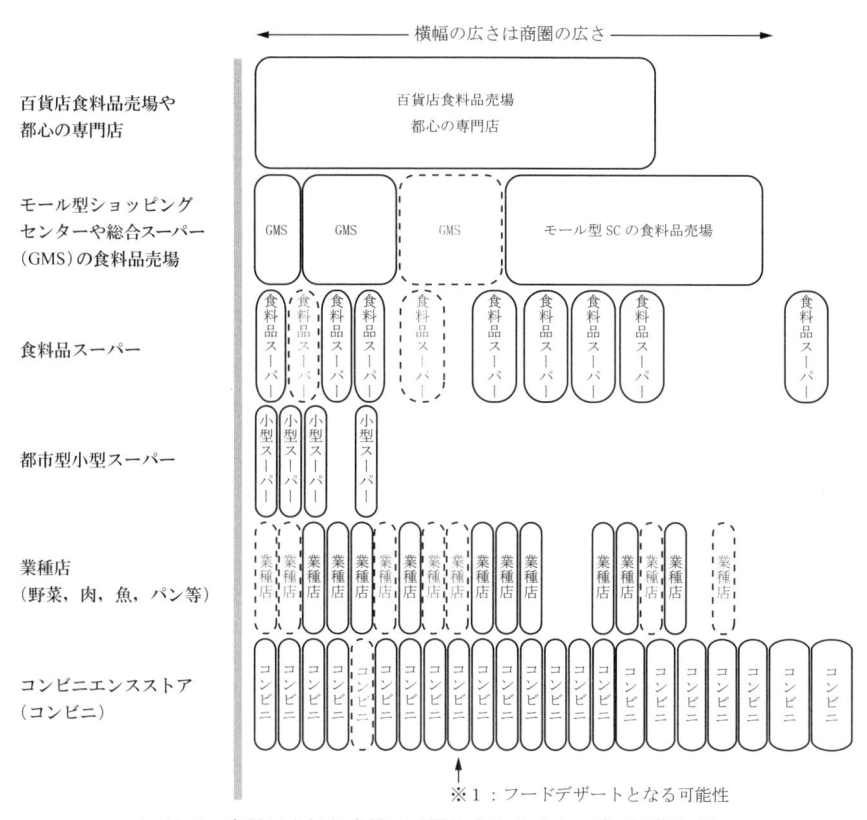

10 商業立地の刷新と中心市街地の衰退問題　135

図10-2　食料品を扱う店舗の重層的立地のイメージ（伊藤作成）

※1：フードデザートとなる可能性

※百貨店食料品売場やモール型ショッピングセンターの食料品売場は，食料品のみの買い物ではなく，多目的な買い物の一部として利用されることが多い．
※破線は閉鎖店舗を示す．ある店舗が閉鎖した場合，商圏が隣接する店舗の商圏が拡大することによりカバーされることもあるが，その点は表現していない．
※それぞれの店舗の横幅は，商圏の広さをイメージしている．同じ業態でも，人口密度，その店舗利用者の交通手段，競合店の立地状況により商圏の広さが異なる．
※同業態における商圏の重複は示していないが，それぞれの業態での空白部分は，その業態でカバーしていない部分があることを表している．

結果として，消費者にとって利便性が高まる場合もあれば，利便性が低くなる場合もある．

　1990年代以降の規制緩和は，大型店の大量出店，大規模化をもたらし，多くの消費者に新たな魅力を提供した。一方，結果的に出店時期が古く，大型店

としては相対的に小規模となった総合スーパーの閉店につながった。その多くは，中小都市駅前や旧市街地に立地していた店舗である（前掲表10-1）。商店街の衰退に加えて，こうした中心市街地での総合スーパーの閉鎖も，買い物弱者・買い物難民，**フードデザート**（食の砂漠）問題につながった面があろう。

フードデザートとは，良質で安価な生鮮食料品を入手することが困難な地域である[6]。都市内部は一般に店舗も多いと考えられるが，特に生鮮食料品を扱う店舗が減少し，交通弱者と呼ばれる自動車を利用しない高齢者の買い物が不便になった[7]。図10-2の中で，たとえば※1の部分は，近隣の総合スーパーや食料品スーパーが閉店し，商店街の縮小も進んだ場合である。これらの状況が重なった場合，時間と移動のコストをかければ他の地域の店舗にアクセスできるが，日常的には選択肢が大きく限定される。店舗配置が変化していなくても，消費者側のモビリティが低下した場合にも同様の問題が生じる。

そのような状況の中，2006年の都市計画法などの改正により大規模集客施設の設置が抑制される方向に転換したこと，中心市街地での人口増加の傾向もみられること，そして商店街が衰退してしまったことなどを背景として，2000年代半ば以降，さまざまな業態において「小型店」や「小商圏市場」が注目されるようになった（川端基夫，2008；兼子 純，2011）。食料品を扱う小売企業でも，コンビニエンスストアと同程度の店舗スペースで比較的豊富な食料品を販売する都市型小型スーパー[8]の出店が進んでいる。これらはまだ首都圏の一部地域での展開にとどまっているが，地方都市や郊外住宅地にまで展開が進むかどうか注目される。

中心地理論との関連でみると，階層性がなくなったのではなく，大型店の出店や閉店，商店街の衰退などにより供給拠点の位置が変化したこと，移動可能性まで含めた消費者分布との不一致が一部にみられることが課題となっている。

6　都市構造と商業立地

2006年の都市計画法などの改正では，大規模小売店舗を含む大規模集客施設（＝延べ床面積1万m²超）の郊外立地をこれまで以上に制約する内容となっている。日本の総人口が減少に転じ，高齢化がますます進展する中で，郊外開発

を抑制し，**コンパクトシティ**あるいは集約型都市と呼ばれる都市構造を目指していく方向性が示されている。これはこの数十年間の日本の都市の変化からは大きな転換を意味している。

　そのような環境の中で，都市構造・大都市圏構造とも関連して，中心市街地に関連する範囲での商業立地についての検討課題としては，次のようなことがある。

　まず，フードデザート問題に現れているように，必要な財をどのように空間的に不足なく供給していくかということである。土屋　純（2011）が指摘するように規範的流通空間という見方でも考えていく必要があるだろう。この点で重層的な店舗展開や小型店の存在は一つのポイントになる。

　次いで，大型店立地をどのように考えるかである。大規模集客施設の郊外立地は抑制される方向にあるが，それには該当しないものの商業の空間構造に大きな影響がある大型店は少なくない。また，現状として自動車を利用する郊外住民にとって郊外型大型店の利便性も高い。大型ショッピングセンターは，交通弱者にとってのアクセシビリティや長期的に見た場合の継続性などに課題はあるものの，バリアフリーなどの快適性，商品の品揃えなど充実した面も多い。

　これらは，いずれも商業立地の階層性に関連する内容である。根田克彦（2008）は，中心商業地とその他の商業地が補完しあう理想的な小売業の空間構造の構築について考えていく必要があることを指摘している。

　最後に，商業立地や中心市街地の方向性については，店舗のライフサイクルや変化の時間スケール，さらには，土地利用や商業立地の変化には不可逆的な面があることや，立地の慣性も考慮に入れて考えていく必要があるだろう。どのような商業立地，都市構造・大都市圏構造であるのが望ましいのか，全体像についてのさらなる議論の必要性があるといえよう。

（伊藤健司）

注
1) 詳しくは，伊藤健司（2007）を参照。
2) 中心市街地をどのくらいの範囲と考えるかについても，さまざまな見方があるが，ここではおおよそ1960年代頃までに既に市街地化されていた地域としておきたい。表10-1ではおおよそ「駅前」と「旧市街地」が該当する。

3) 市町村合併が進み，現在では市部になっているところもある．
4) クリスタラー（1969，訳書 pp.105-169）は，人口や中心的な財，交通などの変化による動態的側面も検討している．
5) 土屋　純（1995）は，生協を事例に階層的な店舗展開や消費者への商品供給を「空間の組織化」と表現した．
6) フードデザート問題については，「特集　食の砂漠：フードデザート」『地理』2010年8月号を参照．岩間信之編（2011）では，フードデザート問題は，①社会・経済環境の急速な変化の中で生じた「食料品供給体制の崩壊」と②「社会的弱者の集住」という二つの要素が重なったときに発生する社会問題としている（p.1）．
7) 岩間信之編（2011）によると，高齢化の進展，単身高齢者・高齢者のみ世帯の増加，公共交通機関の減少なども理由としてあげられる．
8) 日経 MJ 2009年6月14日付け，日経 MJ 2012年2月8日付けなど．

演習課題

① 都市圏あるいは大都市圏を事例として，大型ショッピングセンターの立地と市町村人口規模にどのような関係があるか調べてみよう．
② 生鮮食料品（野菜，肉，魚など）を購入することができる店舗について，その立地，品揃え，価格，アクセスなどについて調べてみよう．

入門文献

1　奥野隆史・高橋重雄・根田克彦（1999）『商業地理学入門』東洋書林．
2　箸本健二（2001）『日本の流通システムと情報化』古今書院．
3　荒井良雄・箸本健二編（2004）『日本の流通と都市空間』古今書院．
4　石原武政・矢作敏行編（2004）『日本の流通100年』有斐閣．
5　Berry, B. J. L.（1967）*Geography of Market Centers and Retail Distribution*. Prentice-Hall．［ベリー著，西岡久雄・鈴木安昭・奥野隆史訳（1972）『小売業・サービス業の立地－市場センターと小売流通－』大明堂］．

1は，商業地理学全般についてわかりやすく解説した入門書．2は，情報化に伴う日本の流通システムの変化を紹介している．3は，都市と商業との関係について，多様な業態を取り上げている．4は，商品別・業態別に日本の流通の歴史を総括的にまとめている．5は，中心地理論の解説とともに，小売業の立地への現代的適用について説明がなされている．

11 創造性と文化産業の立地
── アニメ産業を例に ──

1 社会的存在感を増す文化産業

　日本では，2000年代に入ってから，文化的要素が商品価値の中核を占める産業であり，特定都市への顕著な集積もみられる文化産業[1]への注目が集まるようになった。そして同時並行的に，文化を生み出す源泉でもある**創造性**が涵養される地域的環境の整備も，重要な政策課題として浮上してきた。

　映画，テレビ，音楽などの文化産業は，数十年来の歴史があるにもかかわらず，近年になるまで，文化的影響力についてはともかく，経済的影響力については軽視されてきたといってもよく，地理学が積極的に取り上げてきた産業ではない。それにもかかわらず，1990年後半頃から，地理学者など立地論や地域経済に関心を持つ者の間では，文化産業への関心が高まってきた。

　創造性に関する研究は，産業論に留まらない広がりを持ち，都市論や文化政策論などとも深い関わりを持つ。しかし，地理学では，蓄積が進んでいるイノベーション研究の文脈を中心に創造性への言及がみられる一方で，創造性という概念が包含する多様な文脈を結果的に等閑視している。**文化産業**は，文化性と経済性の微妙な均衡下で成立しているため，一般的な産業以上に多岐にわたる社会的要素の影響を無視できない。ゆえに，創造性に関する議論の多様性も視野に入れねば，文化産業への理解が一面的なものに留まるだろう。

　本章では，文化産業が社会的存在感を増してきて，地理学の研究対象として取り上げられるようになった背景を解説するとともに，創造性の意義を広汎に紹介する。その上で地理学，特に立地論が，創造性の涵養や文化産業の立地と

いった研究課題に対して成しうる貢献を探り，その到達点と課題を検証する。

2　文化産業が注目される理由

　文化産業の社会的重要性への認知が進むようになってきた要因として，微視的には，イギリスにおける「クール・ブリタニア政策」[2]や，ナイ（Nye, J. S. Jr., 2004）による「ソフト・パワー」[3]論の登場によって，日本政府が知的資産や文化的影響力の意義に対する認識を深め，文化産業へ政策の焦点を当てるようになったことがある[4]。一方，日本に視野を限定せずに，より巨視的にみれば，中国などの新興国の隆盛と軌を一にして，製造業における量産工程の継続立地の困難性増大に直面した先進国が，サービスや知的資産を核とする産業構造への転換を迫られたことがある。つまり，**脱工業化**の帰結としての知識・サービス経済化である。

　よく知られているように，製造業では，製品量産費用の高低ではなく，生み出される知識の質が決定的な立地因子となる研究開発機能が，先進国に残りやすい。そして**文化製品**は，著作権などで守られる知識の集合体であるため，生産活動の特性に，製造業の研究開発活動と共通する点が多い。それゆえ，文化産業も新しい先進国型の産業として期待されており，先ほど言及したクール・ブリタニア政策も，この産業構造変化を踏まえて誕生している。

　したがって，地理学においては，日本よりも早い時期に製造業の海外移転に直面した欧米を中心に，まずイノベーション研究が活性化し，次いで 1990 年代後半頃より，文化産業研究の蓄積が進むようになった。こうした経緯から明らかなように，地理学の文化産業研究における研究関心・概念・方法などは，主としてイノベーション研究の延長線上にある（半澤誠司, 2010）。

　そのため地理学は，創造性を，イノベーションの源泉としてのみ重視して，より広い文脈には関連づけてこなかった。しかし，他分野に目を転ずると，創造性は，都市論あるいは経済論の鍵概念にもなっている。

3　都市の創造性

　いち早く脱工業化が進んだ欧米諸国においては，すでに 1970 年代の段階で，

失業者や貧困層の増大に直面し，都市の荒廃という社会問題を抱えていた。この事態に対処する都市再生施策は，当初は福祉サービス的対処の色彩が強かったが，1980年代には，文化施設の建設や文化事業の振興を通じて経済を活性化し，**都市再生**を目指す動きが顕著になり，芸術や文化産業を活用する**文化戦略**を通じた都市間経済競争が，現在に至るまで続いている[5]。

また，1990年代以降，ハコモノ行政的施策への反省を踏まえた文化政策が，福祉・医療・教育などの公共政策分野との連携を深めて，経済的側面に留まらない多面的な都市政策へとつながるようにもなった（後藤和子，2005）。このような経緯を経て，創造性を活用した都市政策の学問的支柱である「**創造都市**」論が誕生し[6]，横浜，金沢，神戸などの日本の都市においても，創造都市的な文化政策が実施されている。

創造都市論が，創造性を種々の都市的課題を解決する鍵とみなし，多様な利害関心を内包しているのに対して，2000年代になり注目を集めている，フロリダの「**創造的階級**」に関する議論は，経済的側面を重視した都市論でもあり，都市に注目した経済論でもある（Florida, R., 2002）。彼は，経済力の源泉は創造性にあるとして，創造性を発揮して経済的価値を生み出す人々を創造的階級と呼んだ。そして，創造的階級を誘引する都市的環境である多様性を実現する寛容性の重要性を説いた。

4 立地論的視点からの貢献－アニメ産業を例に－

地理学は，以上の議論に対して一定の貢献をしたが，その方向性を主導したとまではいえない[7]。しかし，そうであるからこそ，立地論的視点を踏まえた研究が，現在の研究潮流に寄与できる余地も大きい。具体的には，詳細な産業分析を踏まえて，文化産業と地域の関係性や，創造性が発揮できる地理的環境を明らかにすることである。

創造都市論にせよ，創造的階級論にせよ，創造性の働きを強調するあまり，個々の文化産業の内実について十分な注意が払われていない。ある地域において，たとえ豊潤な創造性を有する個人が集まったり，あるいは個人の創造性を涵養する地理的環境が存在したりしても，そこに立地する文化産業が，創造的

な製品を生み出して，経済的な成果を達成できるとは限らない。むしろ，文化産業に典型的な分業体制が，個人の創造性を抑制する働きをしばしばもたらすため，そうならないような産業構造と，それを支える地理的条件を探求せねばならない（半澤誠司，2010）。こうした立地論的視点からの研究の進展は，他分野の研究者からも望まれており[8]，創造性や文化産業を対象にして，地理学が最も貢献できる領域といえよう。

　地理学における，日本の文化産業を対象にした研究をみても，立地論的研究が中心となっている[9]。立地論の典型的な分析対象は，制作（生産）工程，取引関係，労働市場といった要素であり，それらが，文化産業の企業立地行動にも大きな影響を与えるとともに，創造性が発揮される条件を左右している。

　特に，技術的要因が基礎となる制作（生産）工程の特性は，一般的に取引関係や労働市場の性質を規定する前提にもなるため，文化産業の立地を検討する上で，丁寧に把握すべき要素である。本章では，比較的研究蓄積が進んでいるアニメ産業を事例に，その制作（生産）工程を確認した後，取引関係と労働市場がどのように変遷し，立地を形成してきたかをみていくことで，立地論に基づく文化産業分析の実際を理解しよう[10]。

　まず，アニメ制作工程の流れを図 11-1 に示した[11]。ここで留意したいのは，アニメ制作へのコンピュータ技術の適応（**デジタル化**）によって，制作工程の特性が変化し，アニメ産業の立地もまた転換期を迎えている点である。ここでいうデジタル化とは，伝統的な制作手法であるセルアニメ（アナログ）方式でいう「トレス」から「編集」に至る工程における，コンピュータ技術の利用を主に意味し，それによって工程が大幅に簡略化された。この方式は 1997 年から本格的に推進され，2002 年頃にはほぼすべてのアニメーション制作がデジタル化した。

　一方で，どちらの方式であろうとも，労働集約的特徴は変わらない。アナログ制作に比べて一定の効率化が進んだデジタルアニメ制作であっても，必要な人員数は，声優を除いて，テレビシリーズで 150 〜 200 名程度，映画で 240 〜 300 名程度にのぼる（表 11-1）。30 分〜 1 時間程度の長さの実写テレビシリーズが，俳優を除いた場合，最大で百数十名ではあるが，場合によっては数名で

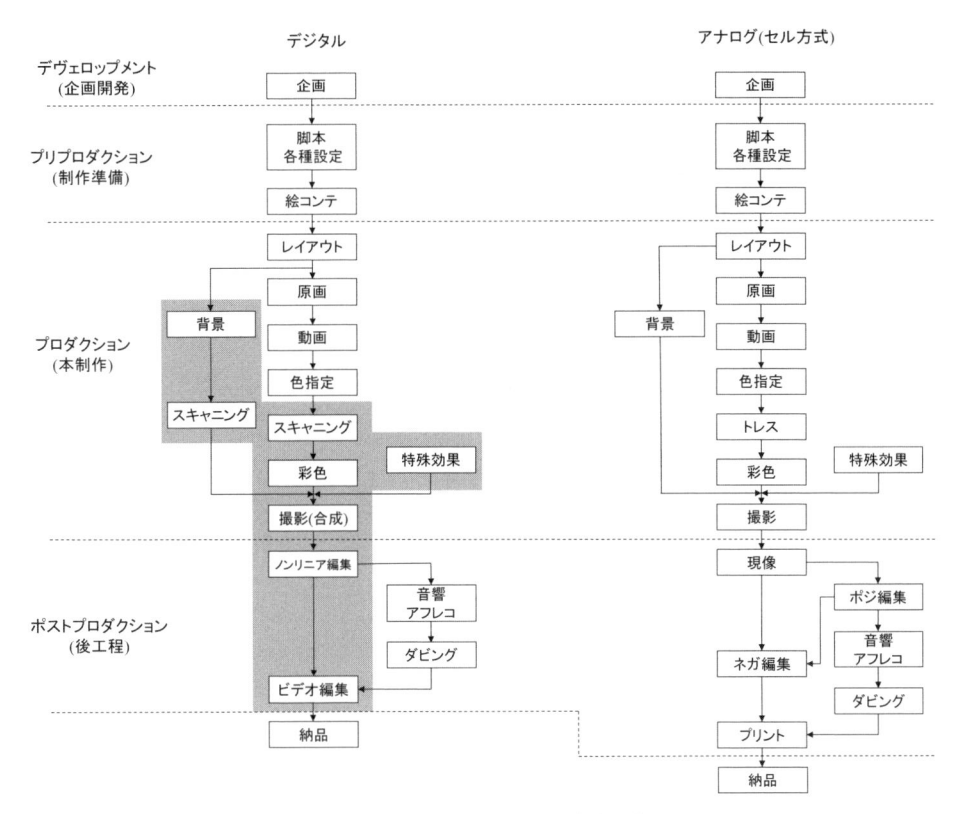

11 創造性と文化産業の立地   143

図11-1　2Dアニメーション制作工程

注）工程図は資料によって若干の相違があり，各検査工程など本図において一部省略した工程もある。また，企業によって各工程の呼び方が違う場合もあるため，本図は大まかな流れを示していると理解されたい。

出典）・デジタルコンテンツ業雇用高度化懇談会編（2007）『デジタルコンテンツ業の雇用高度化を目指して－デジタルコンテンツ業雇用高度化懇談会　報告書－』デジタルコンテンツ業雇用高度化懇談会．
・アニメ人材育成・教育プログラム製作委員会編（2008a）『アニメの教科書－第1編「日本のアニメ産業」』アニメ人材育成・教育プログラム製作委員会．
・アニメ人材育成・教育プログラム製作委員会編（2008b）『アニメの教科書－第2編「アニメの制作」』アニメ人材育成・教育プログラム製作委員会．
・神村幸子（2009）『アニメーションの基礎知識大百科』グラフィック社．

表 11-1　アニメーション制作人員数

工　程	職　種	人　数 テレビシリーズ	人　数 映　画
脚本	シナリオライター	3～5人	
絵コンテ	ディレクター	5～8人	1人
レイアウト	原図マン	3～10人	3～11人
演出確認 <	ディレクター	5～8人	1人
	演出助手	2～4人／作品	チーフ1人＋補助1～2人
作画監督修正	作画監督	6～8人	チーフ1人＋補助1～2人
原画	原画マン	3～10人	50人＋α
作画監督修正	作画監督	6～8人	チーフ1人＋補助1～2人
色指定	色指定・美術監督	1人	1人
動画	動画マン	30～40人	40～50人
彩色	彩色	30～40人	40～50人
仕上検査 特殊効果 >	仕上検査	4～5人	4～5人
背景原図	美術デザイナー	3～4人	10～15人
背景原図	背景作画マン	20～30人	40～50人
撮影	撮影	10～15人	30～40人
編集	編集	2～3人	2～3人
アフレコ <	音響スタジオ	6～10人	6～10人
	声優	随意	随意
ダビング	ポスプロ	6～10人	6～10人
合　計		150～200名程度	240～300名程度

出典）鷲谷正史（2004）『コンテンツ・プロデュース機能の基盤強化に関する調査研究　アニメーション制作』http://www.meti.go.jp/policy/media_contents/downloadfiles/producer/New_Folder/3/03-17.pdf，18頁の資料6を筆者改変（2012年9月10日最終確認）

制作可能であるのに対して（半澤誠司, 2006, pp.43-44），アニメ制作には，つねに著しく多い人員数が必要とされるのである。

　アニメ制作工程と，それへのデジタル化の影響を，合わせて簡単に説明しよう。まず，「企画」から「レイアウト」工程までにおいて，ビジネス展開と作品の大まかな方向性や，画面の構図やキャラクターの位置や大体の演技が決定される。これらの工程においては，たとえフリーランサーを使っていたとしても，作業場を貸し出したりして，元請会社の関与が大きい分野である。またこれらの工程では，プロデューサーや監督などの間での綿密な対面接触が，作品

に対する共通理解の構築などのために必要不可欠となっている。

　ここまでの工程がいわば設計に当たる。これ以降の工程が実際の制作作業であり，数多くの下請会社が関与する。「原画」と「動画」工程において，映像に動きを与えるための画が大量に制作されるものの，絵コンテから動画に至る各工程では紙に鉛筆などで絵が手描きされているため，アナログ制作とデジタル制作に相違はなく，効率化は進んでいない[12]。生産物が，データではなく紙という物体であるため，アナログ時代から企業間の物流も現物運搬が基本である。

　明らかに作業の性質が大きく変わったのは，動画以降の工程である。紙に描かれた動画に対して，色を塗ったり，画面効果を付けたりして，撮影用素材に加工する作業を「仕上げ」という。アナログ制作では「色指定」「トレス」「彩色」「特殊効果」工程の，デジタル制作では「色指定」「スキャニング」「彩色」「特殊効果」工程の総称である。「色指定」には両制作法で大きな相違はないものの，アナログ制作では，それ以降の工程ごとに専門の機材を用いていた。しかしデジタル制作では，「スキャニング」以降の工程にコンピュータを利用する。

　原画と動画が，主に登場人物などの動きのあるものを描く画であるのに対して，「背景」工程では，動きのない舞台を描く画（背景画）が制作され，それ専門の背景会社が主に担当する。この工程では，2009年時点で，昔ながらの絵の具による紙への手描き制作もある一方で，コンピュータ上での制作も進んでいる。デジタル化への過渡期といえるが，デジタルデータによる納品は既に主流になってきている。

　ここまでに制作された物品もしくはデータを合わせるための工程が「撮影」であり，アナログ制作もデジタル制作も，その後の工程で各種調整や音声との合成などの後処理が行われる。そして，アナログ制作ではやはり工程ごとに専門の機材が使用されるが，デジタル制作では，工程ごとに必要なソフトや周辺機器などに違いはあるが，コンピュータという意味では同一の機材による作業に変化し，専用の機材を揃える必要性が薄れ，一定の技術基盤が共通化して工程間の垣根が薄れる結果となった。このように，「仕上げ」以降の工程においてデジタル化が進捗し，ほとんどがコンピュータ上での作業になったことが，

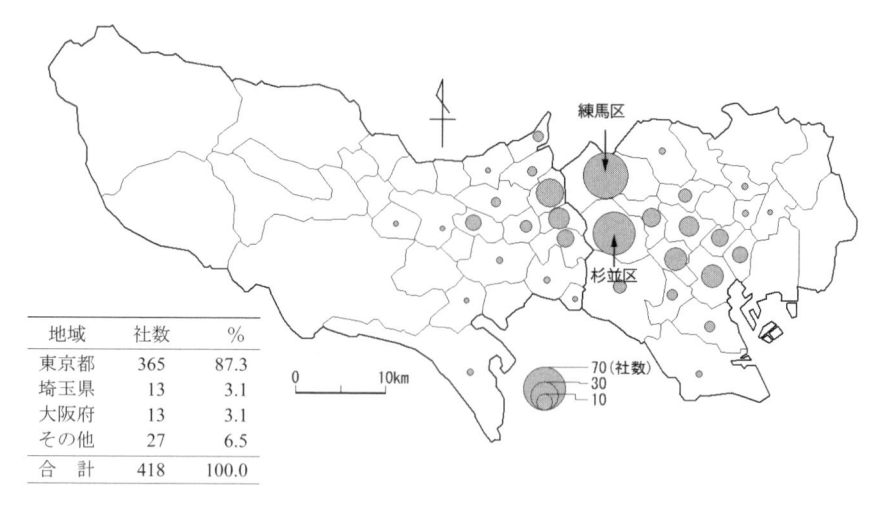

地域	社数	%
東京都	365	87.3
埼玉県	13	3.1
大阪府	13	3.1
その他	27	6.5
合　計	418	100.0

図11-2　アニメーション会社の立地
出典）日本動画協会『日本のアニメ制作会社の分布2011年版』により作成。
http://www. aja. gr. jp/data/doc/seisakugaisya-0428. pdf（2012年6月13日最終確認）

2000年代に顕著となった生産技術の変化である。

こうした元々のアナログ工程およびデジタル工程の特性は，次のような立地の形成と変遷につながった。日本のアニメ会社の分布をみると，418社中365社（87.3%）が東京都に立地しており，なかでも練馬区（79社）と杉並区（70社）に顕著なように，東京西北部に集積傾向を示している（図11-2）。

この産業集積の形成過程は，テレビシリーズアニメが始まった1960年代前半にまで遡る。それまでの，映画が中心的市場であった時代には，大手企業がすべての人材を自社内に雇用し，1カ所で制作を進めていた。ところが，映画に比べて作品周期が短く市場予測が難しい上に，短期間での制作が求められるテレビシリーズアニメの開始によって，市場の不確実性は増大した。それゆえ，各企業が人材を内部に抱えることによる硬直性を避けるため，1960年代に制作会社の**垂直分割**が進展し，各工程に特化した中小零細企業が多数乱立するようになった。また，特段の設備が必要なく自宅で作業できる工程を担当する労働者においては，企業に所属しないフリーランサーとなる者が一般化した。

こうした垂直分割が可能であった背景には，各工程の専門性が高く，工程ご

とに制作される物品も異なっていたがゆえに，同一企業内に存在しなければ作業に支障を来すほど密接な一貫工程は少なく，工程間の独立性が高かったためである。この結果として，基本的に毎週1本放送されるテレビシリーズは，映画に比べて非常に短期間での制作も必須であるため，各制作会社やフリーランサー間の物流と情報交換における時間短縮につながる近接性が重視され，産業集積の形成につながった。

アニメ産業の基盤は中小零細企業やフリーランサーに支えられており，作品の性質に合わせて関与する企業や労働者が入れ替わるため，固定的ではない取引関係が無数に存在する。したがって，たとえ現在直接取引がない相手であっても，飲み会などの非公式な接触による情報収集や信頼の醸成は欠かせない。取引の新規開始もしくは再開に際して，会社同士の付き合いというより，こうした属人的付き合いが土台になるため，多くの制作会社とフリーランサーが存在している東京においてこそ，人的つながりが維持あるいは発生しやすく，産業集積強化へとつながる。

産業集積が東京西北部で発達した理由は，産業草創期の大手企業である「東映動画（現東映アニメーション）」や「虫プロダクション」が偶然当地に立地していたためであり，アニメ会社への作品制作発注元になるテレビキー局が東京に存在しているのも，また重要な立地要因であった。

しかし近年になって，制作工程のデジタル化を背景に，立地傾向に若干の変化がみられる。デジタル化の効果は，工程間の垣根を低くして，内製を容易にするだけではなく，生産性の向上にもつながる面がある。一方，消費者が作品により高い質を求めるようになったため，現状の制作手法ではデジタル化の恩恵が受けられない「原画」や「動画」工程では，逆に生産性が低下するようになった。この結果，技術職は出来高制が主流であるため，画を描く職であるアニメーターを中心に労働環境の悪化も顕著になってきており，創造性への悪影響も懸念され，対応策が求められている。

内製の容易化によって一拠点内で現実的に担当し得る作業が増加したことに加え，現物を運搬する必要のある物品ではなくインターネットを用いたデータ交換が進んだ工程もあるため，近隣に豊富な取引先が立地する必要性は以前よ

り薄れた。したがって，集積内よりは良好な人材育成環境が期待できる地方への企業立地例もいくつか存在し，地方分散の萌芽もみられる[13]。

　以上の例からも明らかなように，立地論が主たる分析の対象としてきた，生産工程，取引関係，労働市場といった要素は，文化産業の企業立地行動にも大きな影響を与えるとともに，創造性が発揮される条件を左右している。

5　立地論と都市論の新たな融合

　ここまでみてきたように，文化産業と創造性に関する研究潮流に対して，立地論は重要な貢献をできるとはいえ，地理学の一分野である強みを十分に活用できていないきらいは否めない。なぜならば，創造性を生かした都市再生や，フロリダが提起した創造的人材はどのような地域を好むのかといった問題に関しては，都市論つまり都市地理学的知見が欠かせないにもかかわらず，立地論と都市論の融合がほとんど進んでいないからである。その一因は，特に日本においては，このような研究潮流に関心が薄いといわざるを得ない都市地理学の現状にある[14]。また，立地論の側の責任を問うならば，日本に限らず狭い意味での産業論に終始しがちで，本章で紹介してきた広汎な文脈から文化産業研究を位置づける努力の不足があり，筆者自身の反省点でもある。

　本件に関して地理学が果たすべき役割は，立地論の長所である地域的視点を備えた産業構造把握を進めつつ，都市論的観点からの研究を活性化させ，両者の研究成果を融合させることである。そして改めて，創造的な地域とは何であり，いかなる仕組みで成立しうるのかを解明し，本章で述べてきた先進国に共通する社会的課題へ応えていくべきであろう。

（半澤誠司）

注
1) 文化産業とほぼ同義であるが，若干の相違もある用語として，「創造産業」や「コンテンツ産業」がある。それぞれの用語の定義や背景については，田中秀幸（2009）「コンテンツ産業とは何か―産業の範囲，特徴，政策」（出口　弘・田中秀幸・小山友介編『コンテンツ産業論―混沌と伝播の日本型モデル―』東京大学出版会，pp.113-157）を参照。
2) クール・ブリタニア政策とは，イギリスのブレア政権下で1997年から始まった政策であ

り，イギリスのブランド化と創造産業の振興に務めた．
3) ソフト・パワーとは，軍事力や経済力などハードパワーとは異なり，自らが望むことを他者が進んで行動するように仕向ける，ある国の文化的・政治的・思想的魅力などを意味する．
4) たとえば，2002年に発足した知的財産戦略会議（現在は知的財産戦略本部に衣替えをしている）が同年にまとめた知的財産戦略大綱では，日本の経済競争力強化の観点から，コンテンツ産業について言及されている．知的財産戦略会議（2002）『知的財産戦略大綱 http://www.kantei.go.jp/jp/singi/titeki/kettei/020703taikou.html#1-1（2012年6月12日最終確認）．また2004年6月には，「コンテンツの創造，保護及び活用の促進に関する法律」が成立した．
5) 欧米の都市と文化戦略の歴史については以下を参照のこと．
　河島伸子（2009）『コンテンツ産業論－文化創造の経済・法・マネジメント』ミネルヴァ書房，pp. 21-26.
　河島伸子（2011）「都市文化政策における創造産業－発展の系譜と今後の課題」『経済地理学年報』57, pp. 295-306.
6) 創造都市論の代表的著作としては，たとえば，以下がある．
　Landry, C. (2000) *The Creative City : A Toolkit for Urban Innovators.* London : Earthscan.［ランドリー著，後藤和子訳（2003）『創造的都市－都市再生のための道具箱－』日本評論社］.
　佐々木雅幸（2012）『創造都市への挑戦－産業と文化の息づく街へ－』岩波書店．
7) たとえば，Florida, R. (2002) は，Scott, A. J. (2000) *Cultural Economy of Cities.* London : Sage，などの，地理学者による成果を参照していない．
8) 後藤和子（2005）pp.203-236, 佐々木雅幸（2012）pp.299-301.
9) たとえば，以下のような研究がある．
　原　真志（2010）「グローバル競争時代における日本のデジタルコンテンツ産業集積の競争優位とイノベーションの方向性－SDガンダムフォースプロジェクトを事例に」『経済地理学年報』51, pp. 368-386.
　古川智史（2010）「クリエイターの集積におけるネットワーク構造－大阪市北区扇町周辺を事例に」『経済地理学年報』56, pp. 88-105.
　増淵敏之（2010）『欲望の音楽－「趣味」の産業化プロセス』法政大学出版局．
10) 本章の記述は，以下に基づいている．
　半澤誠司（2001）「東京におけるアニメーション産業集積の構造と変容」『経済地理学年報』47, pp. 56-70.
　半澤誠司（2013）「デジタル技術の発展は文化的多様性への福音か？－アニメ産業における産業構造変化とデジタル化の関係性－」（河島伸子・生稲史彦編『変貌する日本のコンテンツ産業－創造性と多様性の模索－』ミネルヴァ書房）pp.69-96.
　山本健太（2007）「東京におけるアニメーション産業の集積メカニズム－企業間取引と労働市場に着目して－」『地理学評論』80, pp. 442-458.
11) 3DCGアニメについては，説明を省略した．
12) 一部の企業では，タブレット上で原画や動画を作成しているが，日本企業では未だ限定的である．

13）高橋光輝（2011）によると，比較的有名な企業が立地する場所としては，白石市，富山市，京都市，徳島市などがある。
14）海外に目を転ずれば，地理学においても，都市論的立場から創造性などについて論じる研究は少なからず存在する。以下の文献を参照。
　水野真彦（2010）「2000年代における大都市再編の経済地理－金融資本主義，グローバルシティ，クリエイティブクラス－」『人文地理』62, pp.426-444.

演習課題

① 文化産業がどこに立地しているか，『経済センサス』を使って，都道府県別，あるいは各都道府県内の市町村別に比較してみよう。
② 都市部の再開発事業では，どのような文化施設がどのような経緯で設置されているのか，調べてみよう。

入門文献

1　河島伸子（2009）『コンテンツ産業論－文化創造の経済・法・マネジメント』ミネルヴァ書房.
2　新宅純二郎・田中辰雄・柳川範之（2003）『ゲーム産業の経済分析－コンテンツ産業発展の構造と戦略』東洋経済新報社.
3　佐々木雅幸（2012）『創造都市への挑戦－産業と文化の息づく街へ』岩波書店.
4　Landry, C. (2000) *The Creative City : A Toolkit for Urban Innovators*. London : Earthscan.［ランドリー著，後藤和子訳（2003）『創造的都市－都市再生のための道具箱』日本評論社］.
5　Florida, R. (2002) *The Rise of the Creative Class*. New York : Basic Books.［フロリダ著，井口典夫訳（2008）『クリエイティブ資本論』ダイヤモンド社］.

1は，コンテンツ産業各部門の特徴や政策について，幅広く紹介している。2は，ゲーム産業の歴史，産業特性，ビジネスモデルを分析している。3は，創造都市について，各地の事例を交え，わかりやすく解説がなされている。4は，イギリスの創造都市の話題を中心に，都市政策のあり方を考える上で参考になる。5は，経済発展における創造性の重要性や，その担い手であるクリエイティブクラスの特性に焦点を当てている。

12 少子高齢化社会と福祉サービスの立地

1 超高齢社会と介護サービス

　日本における少子化・超高齢社会の到来は，社会保障の諸領域でさまざまな対策を迫っている。このうち，高齢期人口の絶対的増加は介護需要の拡大をもたらし，高齢者介護の問題が広く国民的課題となっている。高齢者向けの福祉サービスには，社会の需要が増大し多様化していく中で，多種多様なサービスが含まれ，高齢者介護の中核的枠組みをなす**介護保険制度**の下には，30種類以上の個別具体的なサービスが用意されている。

　また，**人口減少社会**に入った日本において，少子化対策は重要な政策課題と位置づけられている。出生数や出生率の向上をもたらす条件は多様であり，単一の方策で解決できないことは既によく知られているが，施設立地との関連では，扶養者である親の就業を支援する保育サービスの重要性は小さくない。

　本章では，現下の日本を特徴づける少子高齢化社会における福祉サービスの立地をめぐり，高齢者向けの中核的なサービスとして位置づけられる介護福祉施設サービス[1]の場となる特別養護老人ホームの立地動向とその問題点を主にみていき，併せて保育所の立地についても概観する。

2 特別養護老人ホームの概要

　特別養護老人ホームとは，65歳以上の常時介護が必要な高齢者の入所施設であり，1963年の老人福祉法施行とともに制度化された。施設系サービスの代表である特別養護老人ホームは，自宅など居宅での生活を前提とする居宅系

表 12-1　主な高齢者向け福祉施設の概要

	施設数	定員（人）	利用者数（人）	稼働率（%）
特別養護老人ホーム [1]	6,198	427,203	420,328	98.4
老人保健施設 [2]	3,500	319,052	291,931	91.5
介護療養型医療施設 [3]	2,252	99,309	92,708	93.4
グループホーム [4]	9,292	136,845	132,069	96.5
養護老人ホーム [5]	964	66,239	62,075	93.7
軽費老人ホーム [6]	2,095	88,059	83,098	94.4
有料老人ホーム [7]	3,400	176,935	140,798	79.6

2008年10月1日現在．稼働率（%）は，利用者（在所者）数を定員で除した値．
出典：1）～4）は厚生労働省「平成20年介護サービス施設・事業所調査」より作成．
1）は地域密着型介護老人福祉施設（小規模特養）を含む．4）の施設数は同上調査では重複数の確認できない介護予防認知症対応型共同生活介護事業所を含まない．
5）～7）は同「平成20年社会福祉施設等調査」の「第1表　総括表」より作成．

（在宅系）サービスを重視する今日においても，**高齢者福祉サービス**の全体的な枠組みの中で，次のような理由から，依然として重要な存在である．

第1に，30種類を超える介護保険サービスのうち，特別養護老人ホームを提供の場とする「介護福祉施設サービス」に最も多額のサービス給付が注がれ，全体の2割近くを占めている．第2に，主な高齢者向け福祉施設と比較しても，表12-1に示すとおり，受け入れ可能な定員・利用者数のいずれの面においても特別養護老人ホームは他を大きく上回る存在となっている[2]．また，受け入れ可能な定員に占める利用者（在所者）数の割合は98.4％に達し，実態としては常に満員の状態である[3]．すでによく知られているように，特別養護老人ホームへの入所希望者は非常に多く，空きが発生するのを待つ待機者が各施設で恒常的に発生している[4]．

特別養護老人ホームの設置・運営主体は，原則として地方公共団体（都道府県・市区町村・一部事務組合・広域連合など）または社会福祉法人に限られている．言い換えれば，一般の民間企業や団体・個人などが自由に設置・運営することは制度的に認められていない．その理由として，特別養護老人ホームには，営利目的ではない社会福祉事業としての理念に基づく安定的・永続的な運営が求められる点が挙げられる．また，高齢者介護に関する知識・技術を習得

した専門職を常時雇用しながら施設内での24時間・365日のサービス提供が必要となるため，その物的な基盤としての建物とそれが立地する用地の確保や財務の安定性が重視される[5]。

2008年10月現在，設置主体別の構成割合は，社会福祉法人が91.5％，市区町村が5.5％，一部事務組合・広域連合が2.0％，都道府県が0.7％，その他（日本赤十字社・社会福祉協議会）が0.3％となっている[6]。

3 特別養護老人ホームの立地格差

特別養護老人ホームは，国が示す「特別養護老人ホームの設備及び運営に関する基準」によって，入所者1名当たりの居室，食堂，機能訓練室などの共有スペースの面積，廊下の幅などについて一定以上の広さを確保することが最低基準として定められている。そのため，必然的に一定の大きさの建物およびそれを含む用地を必要とする。また，国による基準はあくまで最低基準であり，その基準を満たすだけでは，利用者および施設職員にとって快適性や機能性の面で必ずしも十分とはいえず，最低基準を上回る広さになりやすい。

少なくとも数十人の高齢者を受け入れ，その中で職員が介護従事者としてサービスを提供する空間を建築物として確保することが求められるため，一般に地価の高い都市部においては，用地の確保や施設設置に関するコストが高くなり，利用を望む高齢者が多い割には供給不足になりがちである。逆に，非都市部では用地の確保も比較的容易であり，施設整備が早くから進んだ町村部も多い。そのため，65歳以上人口当たりの入所定員を地域別にみると，都市部で低く，非都市部で高いことが一般的な性質として指摘できる。

こうした施設立地の地域差は，比較的マクロなスケールにおいても同様の傾向を示す。図12-1は，都道府県別にみた特別養護老人ホームの整備状況（2008年10月現在[7]）を，整備率として把握したものである。ここで整備率とは，各県の入所定員の合計をその65歳以上人口で除し，100を乗じた値である。

これをみると，全国の整備率が約1.50であるのに対して，島根（2.16），石川（2.08），福井（2.06）を筆頭に，東北から北陸・山陰地方など日本海側を中心とした非大都市圏諸県で高い値となっている。逆に，千葉（1.20）や神奈川

154　第Ⅱ部　立地論の応用

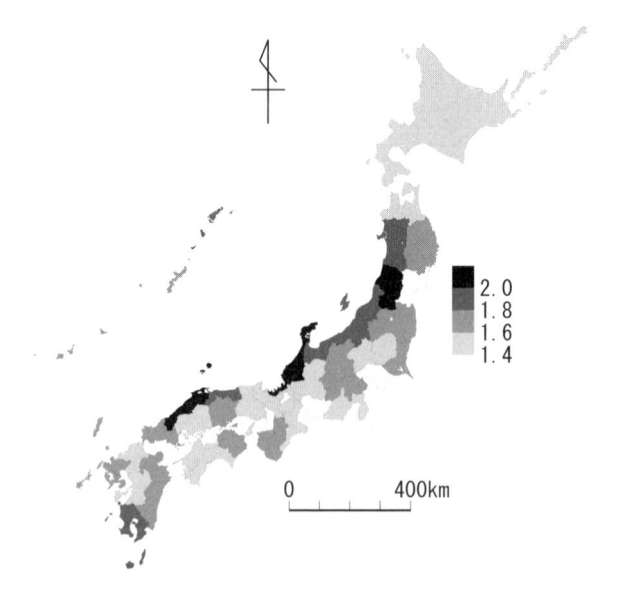

図 12-1　都道府県別にみた特別養護老人ホームの整備率（2008 年 10 月現在）
整備率＝入所定員÷65 歳以上人口× 100
出典：「平成 20 年　介護サービス施設・事業所調査」より作成．

（1.26），東京（1.29），埼玉（1.38）などの首都圏のほか，宮城（1.29）および愛知（1.29）で低い水準にとどまり，さらに大阪（1.38）や福岡（1.42）がこれに続き，大都市圏の各都府県で整備率の低さが目立っている。島根県と千葉県の間には，およそ 1.8 倍の格差が生じている。

　こうした整備率の地域格差はどのように評価すべきであろうか。原則的に，特別養護老人ホームの入所申込先は，施設の所在地に関わらず，自由に選ぶことができる[8]。一方で，多くの入所希望者は，住み慣れた居住地から近い施設を好むことが一般的である。その結果，高齢者人口の割に施設整備が遅れているため入所定員が相対的に少ない都市部の地域では，待機者も多く，入所の実現可能性が低くなりがちである[9]。入所待ちの期間に家庭での介護状況や病院など他施設での受け入れ態勢が十分でなくなった場合は，近接性よりも早期の入所達成を優先せざるを得ない。結果として，前住地から遠隔ではあるが，非都市部に立地し，空きが比較的生じやすい施設への長距離の移動を伴う入所を

決断することも多い．逆に，整備率の高い非都市部では，相対的に多くの入所希望者が前住地に近い施設への入所を実現する可能性が高く，家族らにとっても，面会や日常的な世話などを目的とした施設訪問に容易な環境を確保しやすい．

ただし，非都市部についてやや詳しくみると，市町村間での立地格差が指摘できる．人口規模の小さな町や村では65歳以上人口の絶対数が少ないため，ひとたび施設が設置されれば整備率は高くなることが多いが，対照的に，後述するような要因から，近隣の町村は特別養護老人ホームが1カ所も立地しない未整備状態である場合も珍しくない[10]．

この場合，未整備状態の町や村の高齢者は，特別養護老人ホームの利用に当たって，必然的に他市町村に立地する施設への入所を迫られることとなる．ここで問題となるのは，それら未整備町村の住民にとって，入所先選択に関わる施設情報の入手がより困難となることであり，それゆえ入所先の決定に際し，結果として行政や専門職の誘導が強く働きがちであり，生活の場となる施設を選ぶことへの積極性や自主性が弱くなる傾向が指摘されている（杉浦真一郎，2004，2005：pp.237-238）．

1つの市町村内に特別養護老人ホームが1カ所も立地しない未整備状態の問題は，近年の**市町村合併**による領域再編の結果，数の上では減少しているものの，新たな自治体領域内での**施設立地格差**が合併によっては解消されないのが実情である（杉浦真一郎，2009）．

4　施設整備をめぐる制度と立地

現在のような超高齢社会において社会的な需要が増大しつつあるとはいえ，特別養護老人ホームの整備と立地には，上述した設置・運営主体の面だけでなく，財政面およびそれと関連して地理的な面でも制約が課されてきた．

財政的な面では，国や地方自治体（主に都道府県）の予算制約から逃れることはできないほか，介護保険制度下では，特別養護老人ホームが建設されることによって，立地する地域（特に当該および近隣市区町村）の住民による入所者増に伴い，介護保険給付費が上昇する可能性が指摘されている．これは，第

1号被保険者（65歳以上の住民）が負担する介護保険料の上昇を招くため，保険財政を預かる保険者（市区町村）にとって大きな問題となる．

　以上のような予算上の制約や介護保険財政への悪影響を考慮するため，特別養護老人ホームの整備計画には，市町村・**老人福祉圏域**（市区町村を構成単位として都道府県の領域をいくつかに分けた区域）・都道府県といった各空間スケールで，参酌標準（計画策定時に考慮すべきとして国が地方自治体に対して示す施設整備の量的基準）に照らして定員が過剰にならないように調整する仕組みがこれまで設けられてきた．

　1990年代後半には，国による政策（**新ゴールドプラン**）として，特別養護老人ホームについては全国で29万人分の定員を2000年3月末までに確保することが目標とされ，地方自治体ごとの整備目標としては，各地域の「65歳以上人口の1％強」の定員を確保するとされた．ただし，小規模な自治体（町村部等）では30人ないし50人といった定員を満たすほどの需要が十分にないことを念頭に，「広域施設であるので，人口が数万人以下の市町村にあっては，共同利用，管外施設利用等の目標で差し支えないこと」とされていた．同時に，都道府県の策定する老人保健福祉計画では，老人保健福祉圏域（現在は老人福祉圏域）ごとに整備目標（定員）が掲げられた．

　介護保険制度が導入された2000年度以降は，新ゴールドプランの後継として「ゴールドプラン21」が策定され，特別養護老人ホームは2000年代前半の5年間で36万人分にまで増加することが目標とされた．同時に，3年間を1つの事業期間と定める介護保険における第1期（2000～2002年度）の参酌標準は，特別養護老人ホームについては，65歳以上人口100人当たりで概ね1.36相当とされ，続く第2期（2003～2005年度）では同じく1.5との値が示された．

　第3期（2006～2008年度）および第4期（2009～2011年度）では，参酌標準の示し方が従来と大きく異なっている．第5期事業期間の終了する2014年度の各市町村における施設・居住系サービス[11]の利用者数の合計が当該市町村の要介護2以上の認定者数に対して37％以下となることを目標とするとされ，施設・居住系サービスのうち特別養護老人ホームのみの基準は明確でなくなった．

こうした量的な制限は「総量規制」と一般に呼ばれたが，国による規制・制度改革の一環として，2010 年 6 月 18 日閣議で，「介護施設等の総量規制を後押ししている参酌標準の撤廃」が規制改革事項として挙げられ，介護保険制度上の第 5 期（2012 ～ 2014 年度）事業期間から，各種施設の整備計画は「各都道府県が地域の実情に応じて策定可能とする」との対処方針が示された。ただし，（小規模特別養護老人ホームを除く一般の）特別養護老人ホームに関していえば，都道府県が 3 年ごとに策定する介護保険事業支援計画における老人福祉圏域ごとの整備定員が計画に達している圏域については，新設・増設を問わず，介護保険事業所としての指定を知事が拒否できるとされる[12]。小規模特別養護老人ホームについても，当該市区町村長が同様に事実上の拒否権を持っている。

これは，一般の特別養護老人ホームについていえば，一つの圏域内で特定の市町村に偏って立地し，未整備町村が多く残る状態の場合であっても，当該圏域全体として上記のような計画上の定員に達していれば，それ以上の追加的整備は事実上不可能となることを意味している。言い換えれば，既存施設には一種の既得権があり，結果として，それ以後に設置される施設によって過度な競争関係が生じない仕組みが構築されている。

一般に特別養護老人ホームは，いったん特定の場所に整備されると，以後数十年にわたって存続し，消滅することはほとんどない[13]。その背景には，特別養護老人ホームが多くの公費を投入して建設されることが多いため，その長期にわたる有効活用が求められる点のほか，施設の消滅は，入所者に他施設への転居を迫ることになり，その心身に著しい悪影響を及ぼしやすいため極力避けるべきとの考え方が根強いからである。ひとたび設置され，入所者を受け入れている施設が安定的に入所者や収入を確保できないような状態になることは政策的に好ましくなく，新たな施設の参入によって既存施設が淘汰される事態は想定されていない。既存施設の安定的・継続的運営を通じた利用者保護の面があるとはいえ，こうした点は一般の企業立地とは大きく異なる特徴であり，質的競争が生じにくい構造が残っている。

5 特別養護老人ホームの整備をめぐる今後の展望

　待機者数の多さから，特別養護老人ホームの整備を求める声は依然として強い。近年は，経済政策の観点からも雇用・需要創出の面で医療・介護分野への期待は大きいとされ，その基盤整備に注目が集まっている。上述の参酌標準および総量規制の撤廃も，広くは経済対策との関連性が考慮されている。こうした中で，今後の施設整備はどのように進められるのであろうか。

　グループホームなど小規模で要件の厳しくない施設については，総量規制の緩和とともに，大都市圏を中心に参入を希望する事業者が再び増える可能性はある。しかし，特別養護老人ホームの新設には，比較的小さい定員50人規模でも，少なくとも数億から十億円程度の資金が必要となる。そのため，介護保険財政への負担を懸念するだけでなく，一般会計において財政難に苦しむ都道府県や市町村が補助金を十分に支出できない一方で，設置・運営主体となる社会福祉法人の側も，公的融資機関からの借入を含むにせよ，自己資金で費用の大半を調達できるケースは多くない。

　実際に，**三位一体の改革**によって従来の国庫補助金の枠組みがなくなり，都道府県に一般財源化されて以降，全国の特別養護老人ホームの入所定員の増加率は低下傾向を示している[14]。また，2008年後半からの世界的な経済不況へ対応した国による緊急経済対策の一環として，「介護基盤の緊急整備」が2009年度の第一次補正予算から盛り込まれ，さまざまな財政措置を講ずることで特別養護老人ホームなどの整備の活発化が図られた。ところが，持ち出し分を考慮した都道府県が慎重な姿勢を示したため，期限の2011年度末までに厚労省の予算（基金）は消化しきれず，2012年度に持ち越しとなった。

　こうしたことから，今後の特別養護老人ホームの整備をめぐる対応は，都道府県によっても大きな違いが出てくる可能性があり，従来の都道府県間の整備率の違いが，拡大するのか縮小するのか注目される。参酌標準の撤廃と総量規制の緩和が進む中でも，非大都市圏の諸県では，財政的制約が大きいとすれば活発な整備は期待しにくい。大都市圏においては，都市的土地利用などの諸環境が従来から特別養護老人ホームの整備を難しくしてきたが，今後はいわゆる

団塊の世代が高齢期に入ることによって，整備率が全国水準と比較して相対的に一層低下する可能性も否定できない。

大都市圏の都府県では今後の高齢者人口の増加率が高いと予想されており，特に首都圏の各県では，2005年から2015年に65歳以上人口が平均で1.5倍程度にまでふくらむと言われている。特別養護老人ホームの入所者には前期高齢者は少ないため，団塊の世代が高齢期に入る2010年代前半に突如として現状を上回る入所困難が生じることはないにせよ，これら大都市圏の都府県においては，より中長期的な対策が避けられないであろう。

加えて今後重要なのは，多くの社会インフラと同様に，特別養護老人ホームについても老朽化した施設の**スクラップアンドビルド**が必要となる点であり，1960～70年代に整備された施設を中心に，すでにその動きは始まっている。既存施設の改築事業は，新規整備とは異なり，当該地域の入所定員を大きく増やすことがない中で，整備予算は新設の場合と同様に必要となる。入所者を抱えた状態での改築事業は実務的にも確実性が求められ，各都道府県・政令市では，新設による整備予算とのバランスに苦慮しながら対応していく場面が増加することが予想される。

6 保育サービスの立地

少子化問題への解決策は，国や地方自治体による行財政上の対策にとどまらず，雇用・就業環境や社会的文化的要素による影響が地域的特性を伴いながら生じていることを十分に踏まえつつ，取り組まれる必要がある。そうした多様な要素が複雑に関係する少子化の実情に対して，これまで子育て支援の観点から中心的施策として取り組まれてきたのが保育サービスであり，その具体的な受け皿が保育所である。保育所には近年のサービス需要の高まりを受けて，大都市圏地域を中心に，いわゆる認可外保育所として運営される施設もあるが[15]，ここでは中心的役割を担う認可保育所について概観する。

日本の認可保育所について，厚生労働省「社会福祉施設等調査」に基づき，1975年以降の推移をみると，**団塊ジュニア世代が小学校への就学を完了する**前後の1980年頃に，定員（216.9万人）および在所児数（199.6万人）がいっ

たんピークを迎えた。その後は次第に減少傾向を示し，定員は191.5万人（1998年）に，在所児数は167.6万人（1994年）にまで低下したが，それ以降は反転し，現在までほぼ一貫して増加している。厚生労働省資料によれば，2010年4月現在，認可保育所は全国に2万3,068施設あり，定員は215.8万人，在所児数は208.0万人にのぼる。

保育所の供給状況について都道府県間での差異を概観するため，児童数（人口）あたりの定員および在所児数で把握した。ここでは児童数の指標として，2008年10月人口推計における0～4歳人口で代替した。

表12-2をみると，児童数あたりの供給量が多いのは，福井のほか，鳥取，島根であり，全国平均の1.7～1.8倍程度の水準にあって最上位層を形成している。このほか，山梨，長野，石川，徳島，青森，佐賀などの諸県でも高い値が目立っている。これら地方圏の上位諸県と対照的に，首都圏など大都市圏では低水準にある。とりわけ神奈川は，全国平均に対して定員で0.18倍，在所児数で0.19倍であり，いずれも最下位にとどまり，次いで，宮城，大阪，兵庫が低い。

東京は，これら3府県や千葉，埼玉など大都市圏の府県よりもむしろ高水準にある。ただし，東京が全国平均に比べて低位（定員・在所児数ともに0.83倍）であることはいうまでもない。これら供給水準の低い都府県では私設保育施設（認可外保育施設）が企業などによって数多く供給されている実態もあるが，利用料金の面をはじめとして，認可保育所と同列に論じることは必ずしも適切でないだろう。

保育サービスは，少子化対策としての子育て支援の中核に位置づけられながらも，その供給不足によって，保育所への受け入れが達成できない待機児童を生んでいる。厚生労働省資料によれば，2010年4月現在，待機児童数は全国で2万6,275人にのぼり，3年連続の増加をみている。

特に首都圏（埼玉・千葉・東京・神奈川）と近畿圏（京都・大阪・兵庫）の7都府県で全国の待機児童数の84.1%を占めており，保育サービスの供給不足の問題は大都市圏に特徴的に現れている。大都市圏では久木元（2011）が整理しているように，子育ての中心的役割を担うことが多い女性の就業環境は，一

表 12-2　都道府県別にみた認可保育所の供給量（2008 年）

	0-4歳人口千人あたり比率（全国＝1.0）		順位（降順）			0-4歳人口千人あたり比率（全国＝1.0）		順位（降順）	
	定員	在所児数	定員	在所児数		定員	在所児数	定員	在所児数
北海道	0.50	0.46	40	45	滋賀県	0.95	0.96	23	23
青森県	1.37	1.42	8	5	京都府	0.59	0.55	35	35
岩手県	1.03	1.06	19	17	大阪府	0.45	0.47	45	44
宮城県	0.42	0.42	46	46	兵庫県	0.48	0.48	44	41
秋田県	1.21	1.24	13	9	奈良県	0.80	0.74	29	31
山形県	1.11	1.13	18	14	和歌山県	1.12	0.90	17	24
福島県	0.53	0.54	36	36	鳥取県	1.77	1.72	2	3
茨城県	0.85	0.89	27	25	島根県	1.72	1.80	3	1
栃木県	0.68	0.70	33	33	岡山県	0.49	0.47	43	43
群馬県	1.21	1.33	12	7	広島県	0.53	0.47	37	42
埼玉県	0.53	0.54	38	37	山口県	0.90	0.88	26	26
千葉県	0.50	0.49	41	39	徳島県	1.38	1.23	7	10
東京都	0.83	0.83	28	28	香川県	0.75	0.71	31	32
神奈川県	0.18	0.19	47	47	愛媛県	0.90	0.79	25	29
新潟県	1.18	1.06	15	16	高知県	1.18	0.96	14	22
富山県	1.22	1.14	11	13	福岡県	0.52	0.54	39	38
石川県	1.38	1.22	6	11	佐賀県	1.33	1.34	9	6
福井県	1.78	1.75	1	2	長崎県	0.99	1.01	21	20
山梨県	1.55	1.48	4	4	熊本県	1.02	1.08	20	15
長野県	1.45	1.27	5	8	大分県	0.73	0.76	32	30
岐阜県	1.16	1.03	16	18	宮崎県	0.97	1.01	22	21
静岡県	0.49	0.49	42	40	鹿児島県	0.77	0.84	30	27
愛知県	0.66	0.59	34	34	沖縄県	0.91	1.02	24	19
三重県	1.28	1.22	10	12	全国	1.00	1.00		

出典：厚生労働省「平成20年社会福祉施設等調査」，総務省「人口推計(2008年10月1日現在)」より作成．

部企業を除けば支援体制が全般的に弱く，また職住分離の都市空間構造の中で，長距離かつ公共交通中心の通勤を強いられている．同時に，世帯構造が核家族を中心としており，祖父母などからのインフォーマルな支援が得にくく，これらが公的な保育サービスへの需要を相対的に増加させている．

現在，鉄道事業者が駅前に保育施設を設置するなど，企業やNPOによる新

たな保育サービスの供給もみられるようになっている。しかし規制緩和によって，従来のような自治体および社会福祉法人だけでなく，株式会社などにも認可保育所の運営が可能とされて10年が経過した現在でも，新規参入は十分には進まず，全施設の1％程度に過ぎない。その背景には営利法人の経営破綻を懸念する自治体による独自のローカルな諸規制が残っていることが指摘され，待機児童の多い大都市自治体では見直しが始まっている[16]。**待機児童問題**の解消に向けては，それら諸規制を撤廃することも課題となるだろう[17]。

(杉浦真一郎)

注
1) 老人福祉法に規定される特別養護老人ホーム（入所定員が30人以上）を，介護保険法では「介護老人福祉施設」として扱い，その入所者に対して提供されるサービスは「介護福祉施設サービス」と呼称される。
2) 近年増加する有料老人ホームの立地については宮澤(2010)に詳しい。このほか，福祉施設とは異なるが，高齢者向けに特化した居住空間として，2009年3月現在，高齢者向け優良賃貸住宅(32,634戸)，高齢者専用賃貸住宅(29,766戸)，シルバーハウジング(22,985戸)などがあるが，その絶対数は少ない。なお，2011年10月に「サービス付き高齢者向け住宅」制度が導入されたことに伴い，高齢者向け優良賃貸住宅と高齢者専用賃貸住宅のほか，高齢者円滑入居賃貸住宅は廃止された。2012年8月現在，サービス付き高齢者向け住宅は全国に62,315戸の登録がある。
3) 稼働率が100％をわずかに下回るのは，利用者の死亡等による異動から次の入所者が決定して実際に入所するまで，わずかながら空きベッドが生じる日数があるためと考えられる。
4) 待機者数に関する調査が2009年に全国的に実施され，厚労省によるその集計結果（同年12月22日）によれば，入所定員とほぼ同じ42.1万人（実人員）に達している。ただし，入所の必要性の程度は待機者によってさまざまであることも指摘されている。
5) これら設置・運営主体をめぐる制約は，近年のさまざまな規制改革の対象の一つとして議論されてきたが，大きな変化には至っていない。規制緩和への慎重論として，たとえば，特別養護老人ホームをめぐる安易な事業の休止・転廃業は利用者や家族等への影響が甚大であり，民間企業などではそれを回避する条件が不透明であるとの見方が根強い。
6) ただし，単独または複数の地方公共団体が社会福祉法人を設立し，特別養護老人ホームを設置・運営する手法も広くみられる。
7) 特別養護老人ホームなどを対象とした「介護サービス施設・事業所調査」および養護老人ホームや保育所などを対象とする「社会福祉施設等調査」は，2008年度まで厚労省が都道府県・政令指定都市・中核市などを通じて実施しており，調査票の回収率は100％であった。ところが，2006年に成立したいわゆる市場化テスト法に基づき，2009～2011年度の

3年間は入札によって決定された民間企業1社が調査票の配布と回収を行った。その結果，2008年と比べて2009年調査の回収率は大きく下落し，2010年もさらに低下した。2008年と比べて2009年および2010年の集計結果が施設数・定員とも数字上は減少することとなったことから，本稿では全国的動向を把握する目的に鑑み，やや古いが2008年データを用いている。なお，2011年度調査の結果および回収率の動向が未公表のまま，2012年度以降分のこれら調査についても再び同一企業が落札者となることが決定されるなど，市場化テスト法の運用に関する妥当性が問われる事態となっている。

8)「地域密着型介護老人福祉施設入所者生活介護」の名称によって，介護老人福祉施設と同様のサービスが提供される小規模特別養護老人ホーム（定員30名未満）は，施設所在地（市区町村）の住民のみが利用可能とされることが多い。

9) ただし，新規入所者の決定方法については，従来は入所申込順（先着順）が一般的であったが，現在は，要介護度や家族等介護者や居住の状況等を一定の方法で得点化し，緊急性や必要性の高さを考慮する方式に変化している。このため，かつては数年待ちとも言われた大都市の施設でも，申込者の状況によっては速やかな入所実現が可能となる場合もみられる。

10) 1990年代を通じたゴールドプランおよび新ゴールドプランと呼ばれる基盤整備施策の結果，介護保険の始まった2000年4月現在で特別養護老人ホームが立地しない市部は皆無であったが，町村部では807町村（当時の全市町村数の24.8％，町村数の31.5％に該当）で未整備であった（杉浦，2002，2005：p.181）。

11) 介護保険の下で，従来の居宅系と施設系との中間的な性格を持ったサービスが登場しており，それらと従来からの施設系サービスとを一括して「施設・居住系サービス」と呼ぶ。特定施設入居者生活介護の場となる有料老人ホームや，認知症対応型共同生活介護の提供場所であるグループホームと呼ばれる小規模な居住型の施設が含まれる。

12) 老人福祉法に基づく特別養護老人ホームとしての要件を満たしても，介護保険法による事業者としての指定がなければ介護報酬の支払い対象にならないため，実質的に特別養護老人ホームとしての事業運営はできない。運営の見込みがない施設は，設立に際しての都道府県等による公的補助の対象にもならない。

13) 過去数十年間の特別養護老人ホームの歴史を振り返っても，不正会計が明るみになったことで事業停止となったケースが例外的にあるが，既存施設が消滅する事例は，古い時代に設置された県営施設の老朽化による撤退に代わって，民間の社会福祉法人がその受け皿として近接地において新たな特別養護老人ホームを設立するケースが主なものである。

14) 2001年から2006年までは対前年比の増加率が4.11～5.38％であったが，2007年は3.65％に，2008年は2.98％に落ち込んでいる。

15) 厚生労働省資料によれば，2009年3月末現在，認可外保育施設は全国に11,153施設あり，その入所児童数は約23.3万人であった。これらの数は，同年4月現在での認可保育所が22,925施設，在所児数が205.0万人であることに比べて少ないが，無視できる存在と言えない点には留意が必要であろう。

16) 日本経済新聞2011年5月23日付けによる。

17) 待機児童問題には次の点にも留意が必要である。第1に，待機者が多いので利用を諦め，サービスの利用申請に至らない保護者もいるため，それらは待機児童数に計上されない。第2に，東京23区など大都市圏では，保育所を増設したことで一時的に待機状態を解消しても，その増設が他の自治体からの利用希望者の流入を招き，翌年には再び待機児童を生む場合もみられる。

演習課題

① 「介護サービス施設・事業所調査」のデータから，いくつかの都道府県もしくは政令指定都市における特別養護老人ホームの整備率を比較し，地域差が生じた理由を考えてみよう。

② 身近な地域で，関心のある医療・福祉サービス施設を取り上げ，施設立地がどのようになっているか，調べてみよう。あわせて政策的課題を考えてみよう。

入門文献

1　白波瀬佐和子編（2006）『変化する社会の不平等－少子高齢化にひそむ格差』東京大学出版会.

2　杉浦真一郎（2005）『地域と高齢者福祉－介護サービスの需給空間』古今書院.

3　柏原士郎（1991）『地域施設計画論－立地モデルの手法と応用』鹿島出版会.

4　Pinch, S.（1997）*Worlds of Welfare : Understanding the Changing Geographies of Social Welfare Provision.* London, Routledge.［ピンチ著，神谷浩夫監訳（2001）『福祉の世界』古今書院］

5　Smith, D. M.（1979）*Where the Grass is Greener : Living in an Unequal World.* London, Penguin Books.［スミス著，竹内啓一監訳（1985）『不平等の地理学－みどりこきはいずこ』古今書院］.

1は，少子高齢化に伴う格差問題を幅広く解説した書。2は地理学的観点から高齢者福祉サービスの需要と供給を実証的に分析したもので，3は地域施設の分布の計量分析や立地計画について実証的に考察した専門書。4は，イギリスの研究者による福祉に関する地理学を幅広く取り上げた教科書。5は，貧困などの生活条件の地域的不平等の問題を取り上げた専門書。

13 環境問題と立地論

1 立地論の2つの切り口

　環境問題は，大気汚染や水質汚濁などの公害問題から，森林破壊や生態系の破壊などの自然破壊問題，砂漠化や気候変動など地球規模の環境危機にいたるまで，その問題群と空間スケールを，時代とともに拡張させてきた。こうした変化とともに，環境問題へのアプローチも**パラダイム転換**を遂げ[1]，研究成果も，環境経済学，環境社会学，環境倫理学など，環境関連の学問が発達し，細分化するとともに，膨大な量に達している。**環境経済学**に関わる理論的研究に限っても，植田和弘（1991）では，物質代謝論（玉野井芳郎など），環境資源論（Peskinなど），外部不経済論（Pigouなど），社会的費用論（Kappなど），経済体制論（宮本憲一など）という5つのアプローチが指摘されている[2]。

　そうしたなかで，環境問題に対する地理学からの研究成果は，必ずしも多くはない[3]。環境問題を中心的に取り上げた立地論の研究[4]もごくわずかだが，山名伸作（1972）『経済地理学』の冒頭の記述，「資本は自然と空間をいかに利用し，いかに処理するか，それによっていかなる問題が生じてくるかを追求することが，本書全体を通ずるわれわれの分析視角である」を手がかりに考えると，環境問題に対する立地論のアプローチには2つの切り口があるように思われる。

　すなわち，後者の空間利用は，土地利用，国土利用，市場地域といった問題を扱うのに対し，前者の自然利用は，これまでの生産過程における原料地や地代の問題のみならず，自然をめぐる立地主体間の関係，環境政策に関わる政府間関係をも含むものと考えたい[5]。そこで以下ではまず最初に，古典的立地論

が自然をどのように取り扱ってきたか，パラダイム転換の下での立地論はどうあるべきかを検討し，その上で，環境問題の歴史を振り返りながら，立地論との関係を整理し，最後に低炭素社会に向けた立地政策の意義と今後の課題を考えてみたい。

2 立地論と環境問題

2.1 立地論における自然の位置づけ

　まず，古典的立地論において自然がどのようにとらえられていたかを整理しておこう[6]。チューネンの農業立地論では中央の大都市を所与とし，それを取り巻く土地の豊度は一定とされ，位置がもっぱら問題とされ，よく知られているチューネン圏が摘出されている。ウェーバーの工業立地論では資源の不均等分布が前提とされ，原料所在地を所与の点として立地三角形が描かれている。また原料指数に表れているように，ウェーバーは，局地原料と普遍原料，純粋原料と重量減損原料など，原料の区分が立地に与える影響に着目していた。

　これに対し，クリスタラーの中心地理論，レッシュの経済立地論では，自然条件や人口分布に差異のない均質空間が前提とされ，異なる階次の財・サービスの到達範囲の重ね合わせの処理を通して，中心地の階層構造や市場空間の均等分割が明らかにされた。このように，それぞれの論者により前提条件が異なっており，共通する自然のとらえ方があるわけではないが，全体としては，自然条件の差異よりも，市場や原料産地からの位置や距離の差に重きを置いた議論がなされていたのである。

　もっとも，自然条件が立地に関わる場合とそうでない場合が，産業によって異なることはよく知られている。人工的な条件の下で産業活動が可能である工業や商業，サービス業に対して，農業では一定面積以上の広がりをもった土地を必要とし，農業収益も土地生産性や地形，気候，日照や温度などの気象条件によって左右される。温暖な気候を利用した暖地性輸送園芸や冷涼な気候を利用した高冷地輸送園芸などのように，自然条件を産地間競争に活用している事例は少なくない。

　こうした自然条件の差異が重要となる場合，資本は**地代**によってその差異を

処理してきたといってよい。古典派経済学者たちが，豊度の差異に着目し，主に小麦一作物の差額地代を論じてきたのに対し，チューネンの地代論は，資本投下がなされていない素地と複数作物を対象にした位置の差額地代第一形態を扱ったものと位置づけられる。

また，石炭産業や石油産業などの鉱業の立地をみていく場合も，地代が重要となる。矢田俊文（1975）は，位置と自然条件の違いによる差額地代と「絶対地代」部分を含む独占的利潤に注目し，日本の石炭産業のスクラップアンドビルドの過程を分析するとともに，「全体として虫喰い的な採掘が行なわれ，再採掘が著しく困難なかたちで劣等資源が放棄されていった」点を明らかにしている（p.20）。

これに対し，製造業の場合は，歴史的には落流などの水力利用工場に自然力の充用による差額地代が発生するといった事象が世界各地でみられるものの，一般的には自然条件による差異は，技術革新により克服され，均質化する傾向にあるとされている。しかしながら，「そこでしか製品が生産されない」という領域性や，技術革新や創造性が求められる機能において場所特殊性や地理的環境が重視されてくると，世界経済空間のなかで，特別の地代を発生する限定された場所を新たに想定することも必要になってこよう。

さらに今日では，手つかずの自然はほとんどみられない。灌漑施設の建設などの資本投下がなされ，「2次的自然」や「**人為的環境**」と呼ばれる自然が対象となっている。

また，現代都市では超高層ビルやタワー型マンションなど，垂直的土地利用が増えてきている。こうした「2次的自然」の場合には，追加投資と収益との関係が問題になる。スポット的な需給不均衡が価格の上昇，独占価格をもたらし，それが独占地代になり，しかもそうした位置や場所が人為的に創出される点に注意が必要である。不動産証券投資などのように，海外からのマネーフローによって当該土地市場が撹乱されることも少なくない。したがって，現代都市の都市地代論に当たっては，追加投資を含む位置の差額地代第2形態と独占地代の解明が必要といえよう。

2.2 自然・生態系の下での産業立地

これまでは，立地主体が自然条件の地域差をどのように扱ってきたかをみてきたが，環境に対するパラダイム転換の下で，自然・生態系と立地との関係をとらえ直すことが求められている。

玉野井芳郎は，著書『エコノミーとエコロジー』の中で，市場と工業を柱とする「狭義の経済学」ではなく，開放系を特性とする「生命系」の視座を有した「広義の経済学」の重要性を指摘するとともに，図 13-1 に示すように，社会の物質代謝が，既存の市場システムを越えて，自然・生態系との結びつきの上にとらえ直されねばならないと述べている。

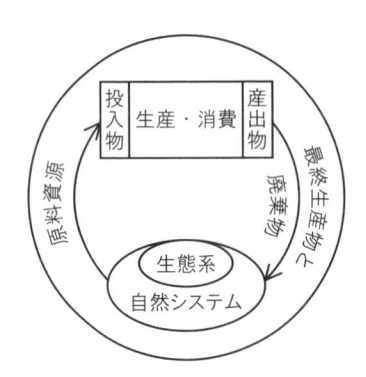

図 13-1 物質代謝と自然・生態系
出典：玉野井芳郎 (1978)，p.44.

ここで自然・生態系は，①低エントロピー[7]で開放定常系の世界，②地域ごとのまとまり（Lokalität）を示す個性的多様性，といった2つの特性をもつとされる。その上で，「生態系の特性にもとづいて，①コミュニティ（共同体），②行政システム，③産業構造と産業立地，という社会システムの3つの側面にわたって問題が広がってゆくように思われる」（p.57）と述べ，コミュニティの多層性とのかかわりを考慮しつつ，工業と農業との新たなかかわりにおける労働の組織化の役割（図 13-2）に注目し，産業構造の転換を伴う**地域主義**[8]

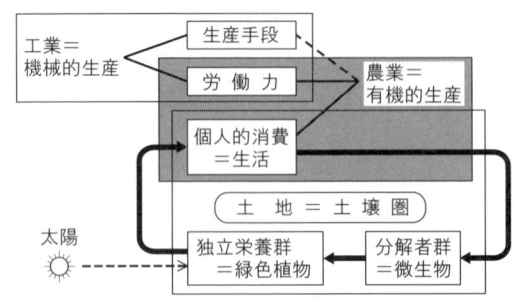

図 13-2 個人的消費過程と土地・農業・工業の関係
出典：玉野井芳郎 (1978)，p.71.

の再生を提起するのである。

　なお，玉野井の著書の第5章「ドイツ経済学の伝統－空間と地域主義－」では，ドイツの地理学者やクリスタラーの中心地論，チューネンの孤立国についても言及しつつ，地域主義の理論的基底を探っている。

　こうした生命系の議論が小さな地域における産業立地を重視したのに対し，森　晶寿（2008）は，地球規模における「**持続可能な発展**」に関する議論を取り上げ，「ニーズの世代間衡平性の確保」としてとらえる「**弱持続性**」パラダイムと，「環境保全を開発政策の中心に据え，環境持続性の枠内で開発を進めること」としてとらえる「**強持続性**」パラダイムとを対比させている（p.4）。

　前者の実現可能性をめぐっては，再生可能資源ないし人工資本による代替や技術進歩が問題になるが，これに関連して，「経済成長の初期段階では環境汚染や悪化は増えるが，ある所得水準を越えると経済成長は環境汚染や悪化を減少させる」という「**環境クズネッツ仮説**」が紹介されている。この仮説を裏付ける説明要因の1つに，汚染企業の外国移転があげられているが，環境規制の強弱による国際的立地調整の研究は今後の重要な研究課題といえよう。ただし，仮説自体については，「個別の汚染問題を空間的・時間的に問題を転嫁しただけの可能性」があり，「仮説の普遍性を説明できる要因は存在しない」（p.15）とされている。

　後者の維持すべき自然ストック水準，すなわち最適規模については，デイリー（Daly, H., 1996）の「経済の**スループット**，すなわち環境がもつ資源供給機能と廃棄物同化・吸収機能の両方が生態系の再生能力と吸収能力の範囲内に収まっていること」（p.16），あわせて環境への影響予想の困難性を考慮した最小安全基準などの**予防原則**の考えが紹介されている。

　こうした持続可能性を指標化する試みとしては，「**エコロジカル・フットプリント**（ecological footprint）」[9]などが提示されているが，実際の環境政策目標は両パラダイムの中間に設定され，しかも集積性・蓄積性汚染の未然防止などのために，複数の環境政策手段を組み合わせた「**ポリシー・ミックス**」が採られることが多い。このような環境政策とともに，産業界による各種の自発的取り組みや公的機関による認証制度などを踏まえながら，産業・企業の立地や

集積を検討していくことが重要になってきているといえよう。

3 環境問題の歴史的変遷と立地論

　冒頭で述べたように，環境問題の内容とその空間的スケールは，時代とともに変化してきた。その際，自然科学の発達によって，あるいはまた人々の問題意識や運動の高まりによって，環境問題がタイムラグをもって認識されたり，後になって異なる意味が付されることがある点に留意する必要がある。

　第2次大戦前の日本の環境問題としては，足尾銅山での**鉱毒問題**や日立銅山での煙害，東京での**地盤沈下**などが挙げられる。これらは非鉄金属企業や大都市工業の立地する局地的な問題として，特定の自然・社会・政治的コンテキストと主体間関係において，最近では記憶や環境学習の場としてとらえられる。

　戦後高度成長期の日本では，工場からの有害物質の垂れ流しにともなう健康被害や大気汚染など，**公害問題**が深刻となった。これらの問題は，水俣や四日市，神通川，阿賀野川など，特定企業の工場が立地する地域やコンビナート地域で発生した。そこでは，地域内に深く入り込み問題の本質を描き出していくアプローチとともに，マクロ的視点にたった産業立地と地域問題の発生メカニズムについての地域構造論からのアプローチが提示されてきた[10]。

　産業集積はイノベーションとの関係で最近の立地論における重要な課題であるが，かつては環境問題との関係で論じられることが多かった。すなわち，外部経済の存在によって集積が進行していくが，過集積の段階に達すると，地価上昇や混雑現象等の**外部不経済**によって費用増加が発生し，分散が生じるとされている。ただし，集積地域から近い地域への分散，より遠い地域への分散など，どのような分散が実現するかは，立地主体の意思決定や政策主体の分散政策などによって変わってくる。

　また，東京，大阪，名古屋の三大都市圏では，大手不動産資本による大規模住宅地開発が，新線沿線や公的ニュータウン周辺など特定地域に集中する傾向が強く，郊外**スプロール**とともに，緑の喪失，生態系の破壊が進行した。

　オイルショック後の低成長期に入ると，政府・地方自治体による公害規制，企業側による公害防止設備の導入等の公害対策も進み，特定の鉱工業都市より

もむしろ大都市圏地域における自動車の排気ガス等による健康被害や光化学スモッグ，ゴミ問題，生活環境の侵害などの**アメニティ問題**が取り上げられることが多くなった。**モータリゼーション**や都市における**ライフスタイル**，人々の環境意識の高まりが重視される一方で，東京一極集中や地方中枢都市の成長をもたらす**中枢管理機能**の集積やサービス業の立地が問題とされるようになってきた。生産機能の地方移転や海外移転により，大都市圏内では工場跡地がマンションやショッピングセンターになり，かえって緑地が減少したり，交通渋滞が発生し，環境負荷が増大する事態が起きている点にも注意が必要である。

　また地方圏では，半導体産業などのエレクトロニクス産業の立地が進む中で，なかなか目に見えない**ハイテク汚染**の危険性も指摘された。さらに，リゾート開発や水資源開発，**大型公共工事**にともなう環境破壊が進行したが，国やデベロッパー，建設会社などの開発側の論理，地元住民の論理との対抗関係に加えて，ナショナルトラスト運動など，自然環境を保全する観点からの広範な市民の反対運動が活発化した点も見逃せない。

　1980年代後半以降には，グローバル化の進展とともに，砂漠化や酸性雨，気候変動など，環境問題も国境を越える範囲で議論されることが多くなった。とりわけCO_2削減など地球温暖化問題への対応や生物多様性の問題をめぐって，各国間での議論や調整が求められるようになった。こうした環境問題のグローバル化に対して，グローバルな立地論の展開が必要となるが，多国籍企業の立地についてはある程度の研究蓄積はあるものの，環境問題との関係にまで言及したものは限られている。中国やインドなど，新興国での急速な工業化・都市化は，**過集積**にともなう環境問題を深刻化させているが，実態把握とともに，グローバルな立地競争問題や環境技術の移転などの観点からの議論の整理が必要であろう。

4　環境政策と立地論

　諸富　徹（2008）は，**環境政策**にとっての新しい課題として，「環境政策の分権化とグローバル化という2つの異なるベクトルを踏まえて，環境政策の政府間機能配分をどのように再構築し，政府間協力の枠組みを形成していくかと

いう点」を挙げ,「環境問題そのものが重層的な空間の広がりをもつのに対応して, 環境政策に関する政府機能とその権限も, a ローカル・レベル, b ナショナル・レベル, c グローバル・レベルの間で適切に配分され, 行使される必要がある」と述べている (p.126)。最後にこうした点を, 立地に関わる環境政策を取り上げ, 検討してみたい。

リデュース・リユース・リサイクルに関わる「**3R政策**」については, 外川健一 (2012) が詳しい。廃棄物の広域的な広域処理, リサイクルを可能とする多廃棄物利用型の**リサイクル**施設の建設と運営を中核とする「**エコタウン事業**」が1997年度より経済産業省および環境省によって推進されてきた。1997年度の長野県飯田市, 川崎市, 北九州市, 岐阜県を最初に, 2011年10月までに26地域が承認され, 補助対象施設数は56施設を数える (図13-3)。

旧産炭地域や鉱山地域, 鉄鋼や化学などの素材型重化学工業が集積するコンビナート地域が多くを占めている点が特徴的で, 北九州市では響灘の埋立地, 川崎市では京浜臨海部の工場跡地, 秋田県では鉱山跡地など, 土地の有効活用を進めるとともに, 四日市や水俣などのように都市や地域の性格を転換する上で, エコタウンが位置づけられている。補助対象施設としては, ペットボトルや廃プラスチックのリサイクル施設が全体として多い一方で, 北九州市では家電製品, OA機器, 蛍光管, 自動車リサイクル, 青森県や岩手県釜石市ではホタテ貝殻や水産加工廃棄物リサイクル, 富山市や岡山県では木質系廃棄物のリサイクルというように, 地域産業との関係によって特徴づけられる施設も少なくない。

21世紀に入り, 国の**産業立地政策**は大きな転換点を迎えた。1950年代からの工業の地方分散を進める諸政策を次々に廃止し,「産業クラスター計画」や「企業立地促進法」によって産業集積地域の高度化や国際競争力を高める戦略を採ってきた。そうした中で長期間維持されている数少ないものが,「**工場立地法**」である。工場立地法は, 公害問題が深刻化した1973年に施行され, 現在の工場の緑地面積率が施行時に比べ2倍以上に改善されるなど, 工場と周辺の生活環境との調和に大きな役割を果たしてきた。

長期間維持されてきたといっても,「工場立地法」は何度も改正されてきた。

図13-3 日本におけるエコタウン事業の展開
出典：経済産業省ウェブサイトより．(http://www.meti.go.jp/policy/recycle/main/3r_policy/policy/ecotown.html) (2012年2月29日閲覧)

改正を推し進めてきた論理は**規制緩和**と**地方分権**である．緑地および環境施設面積規制に関して，都道府県等が条例により全国一律の基準に変えて一定の範囲で決めることができる地域準則の導入など，緑地面積割合の緩和と自治体の裁量の範囲を拡げる改正がされてきた．

これに加えて，**メガソーラー**[11]などの太陽光発電施設については，工場立

地法の届出の対象外とする改正が 2012 年になされた。そこには，グローバル競争が激化する中で，国内産業立地を維持するために規制緩和と立地のスピードを上げたいとする，国と地元自治体の意向が反映されているとともに，公害の発生源から環境対応拠点へと工場をとらえ直していく新たな視点がみてとれる。

　また，2008 年秋のリーマンショック以降，アメリカのオバマ政権は「グリーンニューディール」を打ち出し，日本の民主党政権も「新成長戦略」において**グリーンイノベーション**を重要な柱に据えている。新たな成長産業として注目されているのは，太陽電池，電気自動車，LED などであり，これらの産業立地に対して，経済産業省では「低炭素型雇用創出産業立地推進事業等」を実施し，2009 年度～ 2012 年度までに約 1,540 億円を補助金として投じて，低炭素型産業の国内立地促進を図ってきた。

　図 13-4 は，過去 4 年間の交付件数を地方別および分野別にみたものである。2010 年度の補助金が 1,100 億円，153 件と多く，エコカーへの補助が多かった点を考慮する必要があるが，地方によって分野の特色がみてとれる。すなわち，中部はエコカー，近畿はリチウムイオン電池，九州は LED の占める割合が高く，関東と中国地方は，リチウムイオン電池とエコカー，東北はエコカーと太陽電池が多くなっていた。

　こうした地方別の特色を示しながら，リチウムイオン電池や電気自動車，LED などの製品や部材に関わる生産ラインの設備投資が実行に移され，地域経済への波及効果も期待されるが，それらはあくまで「点」としての設備投資に対する助成である。「点」としての個別企業の設備投資の連携を進めて「線」や「面」として産業集積地域の振興につなげていくためには，広域的な立地政策が必要になると思われる。

　2011 年 3 月 11 日に発生した東日本大震災・原発事故は，日本の国土政策，産業立地政策の根本的な見直しを迫るとともに，原子力発電所の立地，放射能汚染，自然エネルギーの活用など，環境問題と立地に関わる新たな検討課題を提起することになった [12]。

　自然エネルギーの活用をめぐっては，新たな産業の立地が注目される。太陽

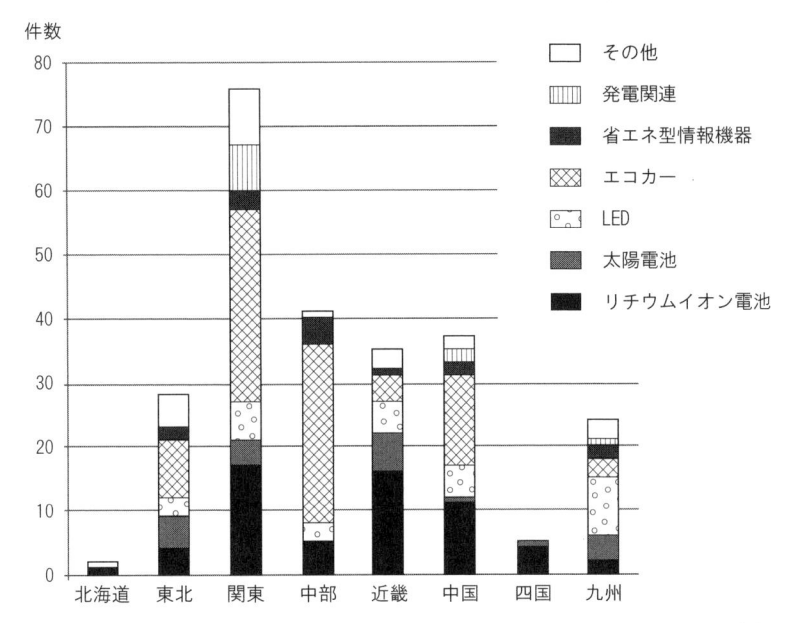

図13-4 低炭素型雇用創出産業立地推進事業費補助金の交付先（2009年～2012年）
注：ここでの地方区分は各地方経済産業局の管轄区域による．
出典：経済産業省資料より松原作成．

光発電の累積導入量は1997年から2004年まで日本が第1位であったが，2005年にドイツに抜かれ，以後導入量が急速に増大するなかで，ドイツ，スペイン，イタリアなどのヨーロッパ諸国との差が拡大してきている．太陽電池生産量世界一の座も，2008年には日本からドイツに，2010年には中国へとめまぐるしい変化を示している（海上泰生，2012）．

風力発電システムについても，導入が急速に進んでいる．このシステムは，ロータ系，伝達系と電気系，運転・制御系，支持・構造系から構成され，多くの電気機器と精密な機械部品と組立作業等の大量雇用が必要とされ，高い経済波及効果が期待される産業といえる[13]．日本国内では200社以上の企業がある程度の集積を形成しているといわれているが，デンマークのようなクラスターの形成は十分とはいえない（Cooke, P., 2010）．このほか，小水力発電に関しても，電気機械産業の新たな展開が期待される．

今後の経緯を注視していく必要があるが，2012年7月1日から再生可能エネルギーの全量買い取り制度が導入され，自然エネルギーを利用した発電が加速しつつある。とりわけ，メガソーラーと風力発電に関わる設備投資計画が大幅に増大してきている[14]。こうした自然エネルギーを活用した発電をめぐっては，今後，グローバル，ナショナル，そしてローカルな観点からの立地政策の議論が活発になされることが期待される。

（松原　宏）

注
1) 外川健一（2002）では，①1960年代後半までの「フロンティア経済学」から，ボールディング（Boulding, K. E., 1968）による「宇宙船地球号」の経済学の提唱とその後の「環境保護」，「資源管理」へのパラダイム転換，②人間中心の「シャロウ・エコロジー」に対して，全生命体平等主義を想定，多様性と共生の原理，地域の自律を主張する「ディープ・エコロジー」という環境倫理思想の登場，③1990年代以降の「持続可能な発展」の考え方の拡がりを指摘している。
2) 植田和弘（1991）環境経済論の課題（植田和弘・落合仁司・北畠佳房・寺西俊一編『環境経済学』有斐閣所収），玉野井芳郎（1978）『エコノミーとエコロジー』みすず書房，Peskin, H. M.（1981）National Income Acount and the Environment. *Natural Resources Journal*, 21-3, ピグウ著，気賀健三他訳（1965）『ピグウ厚生経済学』東洋経済新報社，カップ著，篠原泰三訳（1959）『私的企業と社会的費用』岩波書店，宮本憲一（1989）『環境経済学』岩波書店。
3) 浅野敏久（2008）『宍道湖・中海と霞ヶ浦－環境運動の地理学』古今書院，伊藤達也・淺野敏久編（2003）『環境問題の現場から－地理学的アプローチ』古今書院，杉浦芳夫編（2012）『地域環境の地理学』朝倉書店，外川健一（1998）『自動車産業の静脈部－自動車リサイクルに関する経済地理学的研究』大明堂など。
4) 村田喜代治（1975）『地域開発と社会的費用』東洋経済新報社など。
5) 「自然と人間との関係」については，「環境論的経済地理学」やディートリヒ（Dietrich, B.）の「相互作用論」など，1920年代，1930年代のドイツで盛んに議論された（国松久弥，1979；春日茂男，1986）。わが国でも，歴史の過程で質的に変化する「歴史的自然」を対象とする主張が提示されたりした（小原敬士，1936）。
　その後，第2次大戦をはさんで，地政学の台頭，地理決定論批判と両極端の議論が展開されていくが，ここでは川島哲郎（1952）による「自然的生産諸力」と「社会的生産諸力」に関する論考に着目したい。川島は，社会的生産諸力こそが生産諸力の本質的側面であり，生産諸力の進展とともに自然的条件が相対的に後退し，局地性からの解放へと至る点を強調している。また，自然的諸力の局地性は，生産諸力そのものの地域的構造に差異をもたらすとも指摘している。両者の相対的関係の変化および地域性に関する今日的再検討は，

意義あるものと思われる。
6) 以下の記述は,松原　宏(2006)『経済地理学』東京大学出版会の第1章による。
7) エントロピーは,熱力学系の中のエネルギーがどの程度一様に分布しているかの指標とされるが,ジョージェスク＝レーゲン(Geogescu-Roegen, N., 1971)は,「われわれの経済生活の全体は,低エントロピーを取入れることによって成立っている。すなわち,布,木材,陶磁器,銅などであり,これらは高度に秩序のある構造をもっている」(訳書 p.360),「経済過程は,低エントロピーの高エントロピーへの変換,言いかえれば,再帰不可能な廃物への変換,あるいははやりの言葉でいえば,環境汚染への変換から成っている」(訳書 p.364)と述べている。
8) ここで玉野井は,「地域主義とは,一定地域の住民が風土的個性を背景に,その地域の共同体にたいして一体感をもち,みずからの政治的・行政的自律性と文化的独自性を追求すること」(p.60)と述べている。
9) ワケナゲルとリース(Wackernagel, M. and Rees, W. E., 1996)によって提唱された。あるライフスタイルをとる集団が,その資源需要を満たし,同時にその生活からの廃棄物を吸収・同化するために,どの程度の生態学的に生産的な土地を必要とするかを測るものである。
10) 矢田俊文(1982)『産業立地と地域構造』大明堂。
11) 出力が1メガワット(1,000kW)以上の太陽光発電施設はメガソーラーと呼ばれているが,経済産業省によると,計画・建設中も含めて電力会社によるメガソーラーは25カ所(2012年2月時点),電力会社以外の一般企業や自治体によるメガソーラーは48カ所(2011年9月時点)を数えていた。
12) 原子力発電所の立地をめぐる問題については,アルドリッチ(Aldrich, D. P., 2008)などが詳しい。自然エネルギーの導入状況や政策の動向などについては,環境エネルギー政策研究所編(2012)が詳しい。
13) 風力発電の全世界累積導入量は,2008年末の120GWから2011年末に238GWへと急速に増大するなかで,上位3カ国の順位もアメリカ,ドイツ,スペインの順から,中国,アメリカ,ドイツの順に変更している。日本国内では,NEDOによると,2000年の259基,約144MWから2011年には1,870基,約2,556MWへと大幅に増えてきている。
14) 日本経済新聞社によると,全量買い取り制度が導入された2012年7月1日以降,メガソーラー計画が110件以上(合計130万kW強),風力発電が約20件(約75万kW)が計画されているとのことである(日本経済新聞2012年6月28日付け)。なお,メガソーラーは日照量の多い九州で,風力発電は北海道や東北で多く計画されている。

演習課題

① 環境問題の具体的事例を取り上げ，問題発生の経緯，地域的特徴，主体間関係，政策的対応などについて整理してみよう。

② 廃棄物処理やリサイクルについての具体的事例を探し出し，どのような仕組みで実際に行われているか，空間的スケールや実施主体，金銭的な負担額などを調べてみよう。

入門文献

1 諸富　徹・浅野耕太・森　晶寿（2008）『環境経済学講義』有斐閣．
2 植田和弘・落合仁司・北畠佳房・寺西俊一（1991）『環境経済学』有斐閣．
3 外川健一（2001）『自動車とリサイクル』日刊自動車新聞社．
4 玉野井芳郎（1978）『エコノミーとエコロジー』みすず書房．
5 伊藤達也・淺野敏久編（2003）『環境問題の現場から－地理学的アプローチ』古今書院．

1と2は，環境経済学全般に関する教科書。3は，環境問題・リサイクルに対する経済地理学からのアプローチを示した著書。4は，エントロピー概念を中心に，経済社会のあり方を論じた書。5は，環境問題に対する地理学からのアプローチを理解するのに適している。

終章 現代立地論の課題

　以上，第Ⅰ部では，立地論の基礎として，チューネンの農業立地論，ウェーバーの工業立地論，クリスタラー・レッシュの中心地理論といった古典的立地論の解説を行うとともに，現代立地論に発展させていく試みを紹介した。あわせて，近年注目を集めている都市と産業の集積論，空間経済学についても紹介を行った。第Ⅱ部では，立地論の応用として，立地調整，グローバリゼーション，地域イノベーション，商業立地と中心市街地問題，文化産業の集積，福祉サービスの立地，環境問題といった現代的な諸課題に対する立地論の適用可能性を検討した。

　ここでは最後に，現代立地論の今後の課題を指摘しておきたい。

1　立地論の対象とアプローチの拡張

　今後の課題として第1に，立地論の創造的発展を図り，現代経済社会への適用可能性を拡張していくことがあげられる。これまでの立地論では，農場や工場といった生産拠点，商業・サービス業施設などの財やサービスの供給拠点を主たる対象としてきた。また，現代都市の重要な機能である中枢管理機能については，オフィス立地論や都市システム論で取り上げてきた。

　これらに対し，企業の事業活動において重要性を増している拠点としては，研究所などの研究開発拠点（以下，R&D 拠点）があげられる。とりわけ，**グローバル R&D** については，国際経営学を中心に研究成果が蓄積されているが，R&D 拠点の集積や空間的分業など，経済地理学的研究は未解明な点が多い（鎌倉夏来・松原　宏，2012）。オフィス立地の場合は知識の輸送費の節約が問題にされたが，R&D 拠点の立地に関しては，知識フローの結合によっていかに

イノベーションを実現するかが問われてくる。

知識フローについては，第9章でもふれているが，R&D拠点の立地に関しては，企業がグローバル・ナショナル・ローカルといった空間スケールの異なる知識フローをどのように結合しているかが重要となる。知識フローの結合形態は，R（研究）とD（開発）とによって異なり，またRについても，基礎研究と応用研究によっても異なる。応用研究やDについては，一般的には生産拠点との地理的近接性が重要となり，基礎研究においては，大学などの研究機関との近接性や大都市圏における人材獲得が重要となる。

最近では，先端融合型の研究所が新設される傾向がみられ，そこでは異分野のR&D人材が一カ所に集結することによって，**シナジー効果**（相乗効果）をねらった新分野開拓，新製品開発が目指されている。さらに，**オープンイノベーション**の必要性が叫ばれているように，他の企業や研究機関との共同研究も積極的になされている。そこでは，つくばや京阪奈など，R&D機能の地理的集積や，地域イノベーションに関わる国や自治体の政策の役割が重要になってくる（松原　宏編，2013）。

また，それぞれの立地単位を別々に議論するだけにとどまらず，それらを結合させて，企業組織全体の立地論を組み立てていく必要がある。寡占企業の複数工場・複数企業の立地については，①市場分割・相互浸透型と②製品間・工程間空間分業型の2類型の存在を指摘した（図2-5，松原　宏，2006）。

とはいえ，複数工場間の関係についての理論・実証両面での検討は不十分である。バラッサ（Balassa, B., 1961）は，内部経済を「工場内の経済」と「**工場間の経済**」に分け，後者についても水平的結合と垂直的結合に分けて論じている。こうした議論を発展させていくことが重要となろう。

何度かの円高傾向の下で，日本企業の海外立地が進行し，国内製造業の空洞化が懸念されているが，国内外の「工場間の経済」が円滑に築かれているとすれば，むしろ競争力強化につながるとみることもできよう。需要が伸びる海外での市場立地型の現地生産は，企業の事業展開としては必要なものであり，少子高齢化の下で需要が低迷する国内での工場の機能を進化させ，「**マザー工場**」として活用しつつ，国内外の工場間のすみわけを追求することが重要である。

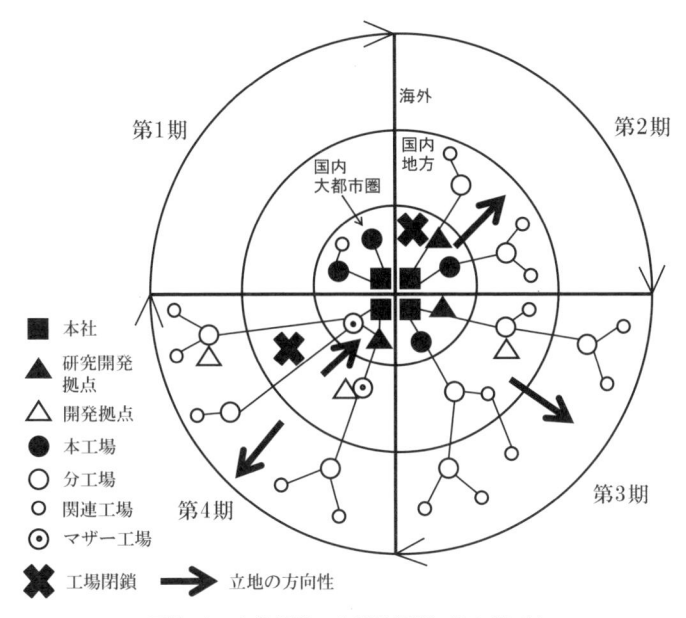

図終-1 企業組織の空間的展開（松原作成）
注：複数の日本企業の立地変化事例を参考にした．

　もっとも，最近の工場間の関係においては，「遠心力」とともに「求心力」も働いているように思われる（図終-1）。従来のような低賃金労働力を求めた外延的な生産拠点の立地は，現地での賃金上昇などにより転機を迎えている。グローバル競争の下で，新製品投入のスピードが重視され，本社とR&D，設計，試作，量産を行う国内生産拠点との地理的近接性が重要性を増している。

　「**共立地**」（co-location）という用語を最近欧米の論文でみかけることが多いが，概念規定は必ずしも明確ではなく，産業集積やクラスターと同一視する見方が少なくない[1]。産業集積やクラスターが，同一産業の企業間の関係を重視するのに対し，共立地の場合は同一企業内の事業所単位の近接立地を指すものと考えられる。ウェーバーの工業立地論では原料や製品といった物財の輸送費が，ヘイグのオフィス立地論では知識の輸送費と地代とのトレード・オフが，それぞれ強調されたが，共立地の世界では，新製品の投入に関わる研究開発やマーケティング要員が，本社・R&D・工場などの事業所単位間をスピィーディ

に移動すること，すなわちヒトの移動費・移動時間の節約が重要となる。共立地は，企業の国際競争力を左右するとともに，国内立地の可能性を拡げる効果を持っているといえよう。

ところで，このように立地論の対象を拡げていくとともに，**取引費用論**など制度的なアプローチや，社会的関係を重視する**社会経済学**のアプローチ，「**経路依存性**」などを指摘する進化論的アプローチなど，新たなアプローチを積極的に取り入れていくことも必要である[2]。

立地因子の議論において，ウェーバーは輸送費と労働費に注目したが，企業間関係や企業組織を対象とした立地論の展開に当たっては，立地点における費用構成要素に，外部化の場合は外部取引費用，内部化の場合は内部調整費用といった新たな費用を含ませて，理論を再構築していく試みが考えられよう。また，グローバル競争の下で，新製品の「世界同時立ち上げ」や「先行者利得」などが重視されてきているが，立地理論に時間概念を導入していくことも求められている。

さらに，チューネンやレッシュの立地論では**均質空間**を前提としていたが，制度や文化の違いによって差異化した市場空間を対象とする場合には，市場空間のしきりや企業の立地点は多くなり，企業間の立地競争の世界はより複雑になると考えられる。もっとも，交通・通信革命によって距離の制約や空間克服の困難性が低下し，輸送費のもつ意味合いが薄れてきた現在，産業の立地が前提とする空間は，全体としては均質空間に近づいているとみることもできる。しかしながら，そうした地域差のない世界が拡がれば拡がるほど，あらためて場所の差異が重要となってくる。このような局面も無視できない。

そうした差異は，経済的要因よりもむしろ，社会的・文化的・制度的要因によって規定されることが多く，それらは地域限定的，場所固着的であることが多い。「**制度的厚み**」の違いが，そこに立地する企業に特別の利潤をもたらし，そうした差異が技術革新や自由競争によって解消しえないとすれば，限定された空間が新たな集積地点として，グローバル化した経済空間の中で重要な意味を持つようになるだろう。経済地理学の「**制度的転回**」についてはさまざまなアプローチが指摘されているが[3]，制度あるいはまた文化的側面を考慮した立

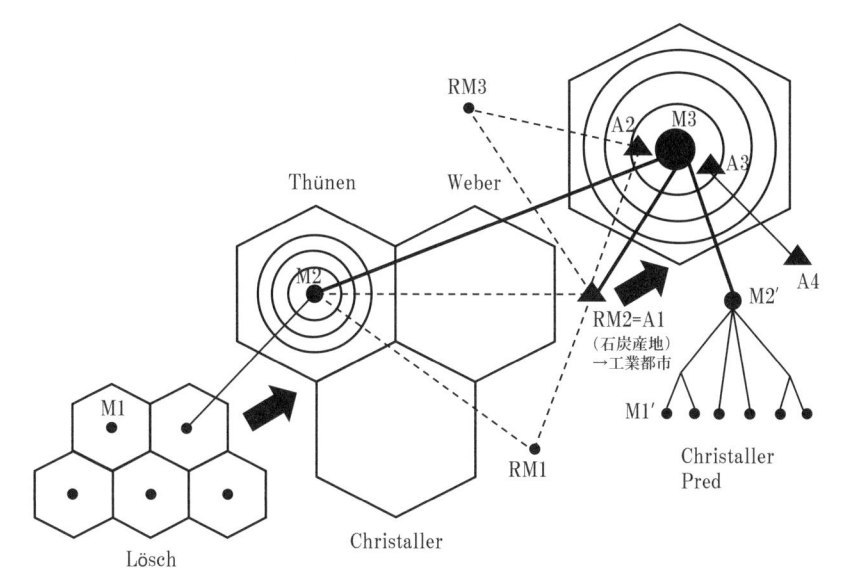

図終-2　立地理論の接合による地域構造発展モデル（松原作成）
注：Mは市場・都市，RMは原料産地，Aは産業集積を示す．

地論の議論も必要になってきているのである。

2　立地論の体系化

　立地論の対象やアプローチを多様化させていく一方で，立地論を体系化していくことも欠かせない。これまでにも，前提条件の制約を緩和していくものや，歴史的発展過程に対応させようとするものなど，古典的な立地論を統合する試みが，いくつか提示されてきた[4]。ここでは，産業構造や主導産業の交代を考慮しつつ，地域構造の歴史的形成過程を立地論者の諸理論を通じて明らかにし，あわせて立地論の体系化を考える試みを提示することにしよう（図終-2）。

　第1段階は，資本主義が成立・発展する以前の基礎的地域構造が形成される段階である。産業構造の面では，農業が支配的な社会で，都市と農村との対立が地域間関係の機軸となっていた時期である。ここでは，**局地的市場圏**の形成と農村工業の成立・発展をレッシュの理論によって[5]，また規模の異なる都市

の配列をクリスタラーの理論によって，そして大都市を市場として同心円状に拡がる農業地帯構造をチューネンの理論によって，それぞれ説明することができる。ただし，レッシュ，クリスタラー，チューネンの各モデルをいずれの順序で重ねていくかは，経済発展の軌道をどのように想定するかによって異なってくる[6]。

第2段階は，産業革命を通じて近代工業化が進み，産業資本主義が確立し，近代的地域構造が形成される段階である。近代工業の成長経路は，農村工業を核とするもの，都市工業を核とするものなど，必ずしも一様ではないが，注目すべき変化は，原料産出地に近代工業が牽引され，新たな工業都市が急成長し，工業地帯へと発展していく事態である。こうした事態は，まさにウェーバーがその工業立地論によって説明しようとしたものであり，繊維に代わり主導産業となる鉄鋼業は，市場と原料産地とでつくる**立地三角形**において，原料産地，とりわけ石炭産地に立地し，重化学工業地帯の核を形成していくのである。

第3段階は，自由競争に代わって寡占的大企業の市場支配が主要な産業部門で確立し，現代的地域構造が形成される段階である。主導産業が自動車や電機などの機械工業になり，工業立地は原料地への拘束から解放され，市場指向へと移っていき，首都を中心とした大都市が工業立地点として成長してくる。むしろ，工業に代わって本社や支社などの**中枢管理機能**の立地や**都市システム**が地域構造の重要な骨格をなすようになるが，これについてはクリスタラーもしくはプレッドの理論により説明が可能といえよう。また，首都などの大都市圏の内部では，都心と郊外の分離がみられ，都心から郊外にかけて同心円状に都市的土地利用が拡がる様子は，チューネンの理論を応用した**都市内部土地利用理論**により明らかにされる（図1-5参照）。

現代的地域構造においては，農業，工業，商業，サービス業など，複数の産業立地を総合的にとらえる必要がある。この点については，ウェーバーが「**立地層**」として全体の配置を論じている点が注目される（Weber, A., 1909）。そこでは農業層，農業指向的な工業層，工業指向的な工業層，中央の組織層，中央の（工業的）従属層が取り上げられ，相互の関係が論じられていた。もっとも，これらの「立地層」のみで説明するには無理があり，企業間関係や企業内

組織に着目した立地論やグローバル・ローカル関係論，立地調整論，情報や知識のフローなどに関する新たな理論を取り入れながら，立地論の体系化を進めていくことが必要となろう。

　カステル（Castells, M., 1989）は，1980年代以降の現代経済社会を「情報的発展様式」としてとらえ，情報技術革命の下で，高次意思決定中枢の集中と低次諸業務の分散が同時に進行していると指摘した。そして，それら組織諸単位を結ぶ情報フローを中心とした諸フローの空間を「**フローの空間**」と呼び，プレイスレスを特徴とする「フローの空間」の台頭により，物理的な隣接性・連続性で把握される「**場の空間**」の意味が止揚されると論じた。

　また，レギュラシオン理論の思考言語に依拠しながら，ハーヴェイ（Harvey, D., 1989）は，フォーディズムから「**フレキシブルな蓄積**」への移行を指摘し，その意味を論じている。こうした移行とともに，「時間－空間の圧縮」が急激に進んできたが，空間的障壁の崩壊は空間の重要性の低下を意味するものではない。「フレキシブルな蓄積」の状況での空間変容としてハーヴェイは，地理的な可動性と脱中心性，シリコンバレーやサードイタリー（第3のイタリア）などの「新しい産業集積」の出現，「世界都市」の台頭とグローバルな都市システムの再編成を指摘している。

　カステルの組織諸単位を「点」，それらを結ぶ「フローの空間」を「線」として，「点」と「線」が集積や圏域としての「面」を，あるいはまた都市システムや集積間ネットワークをいかに形成しているか，現代的な経済地理の布置をとらえていくことが重要であろう。現在起きている変化の局面を深く理解し，どのように説明することができるか，現代立地論の発展をふまえ，理論体系のさらなる発展を図っていくことが求められている。

3　立地政策への関与

　第3に，立地政策に関わる議論を深め，現代立地論の成果や新たな立地政策論の成果を，現実の政策に反映させていくことも重要である。立地調整や地域イノベーション，環境問題等を視野に入れた新たな立地・配置の考え方など，立地論が政策面で貢献できる可能性はますます大きくなっていくものと思われ

1950・60年代 臨海部における重化学工業の推進	1970・80年代 地方分散の促進・均衡ある発展	1990年代 空洞化防止と新規成長分野の発展促進	2001年〜 競争力のある地域産業・企業の発展支援
太平洋ベルト地帯構想 工業等制限法 (2002年廃止) 新産業都市建設促進法 工業整備特別地域促進法 (2001年廃止)	工業再配置促進法 (2006年廃止) 工場立地法 テクノポリス法 頭脳立地法 (2005年廃止) 地方拠点法	地域産業集積活性化法 (2007年廃止) ↓ 新事業創出促進法 ↓ 中小企業新事業活動促進法	産業クラスター計画 (2001年度〜) 知的クラスター創成事業 (2002年度〜11年度) 企業立地促進法 (2007年〜)

図終-3　日本における産業立地政策の変遷
出典：経済産業省資料より作成．

る。立地政策は，政策空間のスケールに対応して重層的にとらえられるが，以下では，全国的な立地政策と地方自治体による立地政策とを取り上げることにしたい。

まず，日本の産業立地政策について，歴史的変遷を概観し，立地論との関係をみてみよう（図終-3）。第2次大戦後の高度成長期においては，新産業都市や工業整備特別地域に代表される拠点開発方式による工業拠点整備が進められた。オイルショック後の1980年代以降は，技術立国路線に基づき，テクノポリスセンターやリサーチパーク，ソフトパーク，オフィスアルカディアなどの産業基盤整備がなされ，ハイテク工業，ソフトウェア，オフィス機能といった産業・機能の地方分散政策が採られてきた。

こうした地方分散政策の理論的背景としては，ペルー（Perroux, F., 1955）の「成長の極」理論があげられる[7]。そこでは**推進力工業**の立地とその誘導効果が強調される。ここで推進力工業とは，成長率が高く，影響力の非常に大きい産業部門を指し，そうした推進力工業が規模の内部経済を実現することにより，他産業に対して費用削減効果を発揮し，他産業を牽引し，外部経済を創出していくとしている。また，工業複合体の形成を重視している点も特徴的であり，基

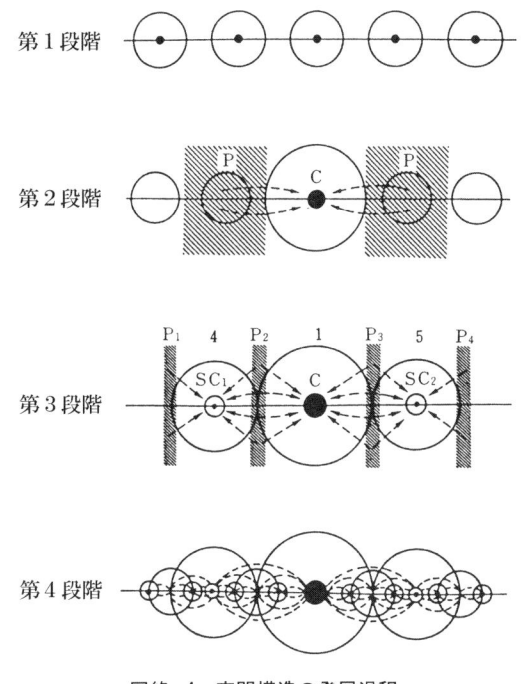

図終-4 空間構造の発展過程
注：Cは中心，Pは周辺，SCはサブセンターを示す．
出典：Friedmann（1966），p. 36.

軸工業の成長や寡占的な競争による活力の創出，地域的な異業種集積のメリットが指摘されている．

こうした「成長の極」を，国土空間のいかなる位置に創出していくかが問題となる．フリードマン（Friedmann, J., 1966）は，多極分散型の国土空間が形成される過程を図示している（図終-4）．

その第1段階は，独立した地域中心が分立している前産業段階の状況を示している．第2段階は初期工業化の段階で，工業化の中心に周辺から労働力などが集められ，中心・周辺関係が形成されている．経済発展が進んだ第3段階になると，周辺の核となる地点に「成長の極」が政策的に創出され，中心や新たな周辺との各種のフローを通じてサブセンター（SC1，SC2）が形成される．

さらに発展した段階が第4段階であり，機能的に独立した中心地を起点とした交流関係が活発となり，多極分散型の地域システムが形成される状況となっている。こうした発展段階は理念的で楽観的すぎるものの，「成長の極」の政策的配置によって多極分散型のシステムが形成されてくる可能性を示している。

21世紀に入った日本では，グローバル化，人口減少，財政危機といった経済社会の変化の下で，産業立地政策は大きな転期を迎えている（図終-3）。2001年には新産業都市建設促進法および工業整備特別地域整備法が，2002年には工業等制限法が廃止された。2005年には中小企業新事業活動促進法にかつてのテクノポリス法や頭脳立地法を含んだ新事業創出促進法が統合され，2006年には工業再配置促進法が廃止になった。工業の地方分散政策から，地域経済の自立と国際競争力のある新産業の創造，産業集積を柱にした政策に重点が移されるようになってきたのである。

2001年から「産業クラスター計画」（経済産業省），2002年から「知的クラスター創成事業」（文部科学省）が始動した。これらのクラスター政策の理論的背景には，第5章で取り上げたポーターのクラスター論がある[8]。産業クラスターの育成にとって重要なポイントは，ポーターが『国の競争優位』で示した「ダイヤモンドモデル」である。企業戦略および競争環境，要素条件，関連産業・支援産業とともに需要条件がそこでは重視されているが，それらの4点に対応した政府の政策は，競争を阻害する障壁の撤廃，専門的な教育・研修制度の創設や輸送・通信その他のインフラの整備，クラスター参加者を集めるフォーラムの後援，規制の緩和や製品認定サービスなどがあげられている。

しかし，2009年の行政刷新会議の「事業仕分け」により，文部科学省の「知的クラスター創成事業」は廃止と決定された。経済産業省の「産業クラスター計画」も2010年度以降，国の予算は投ぜられなくなり，「自律発展期」に入ったとされる。

日本のクラスター政策が早くも見直し局面に入るなかで，産業集積政策の柱を成しているのは「企業立地促進法」である[9]。同法の基本計画同意地域は日本列島を覆い尽くす勢いで広がり，2012年4月時点で198計画を数えるまでになった。そこには地方分権の下での中央と地方との新たな関係がみられる。

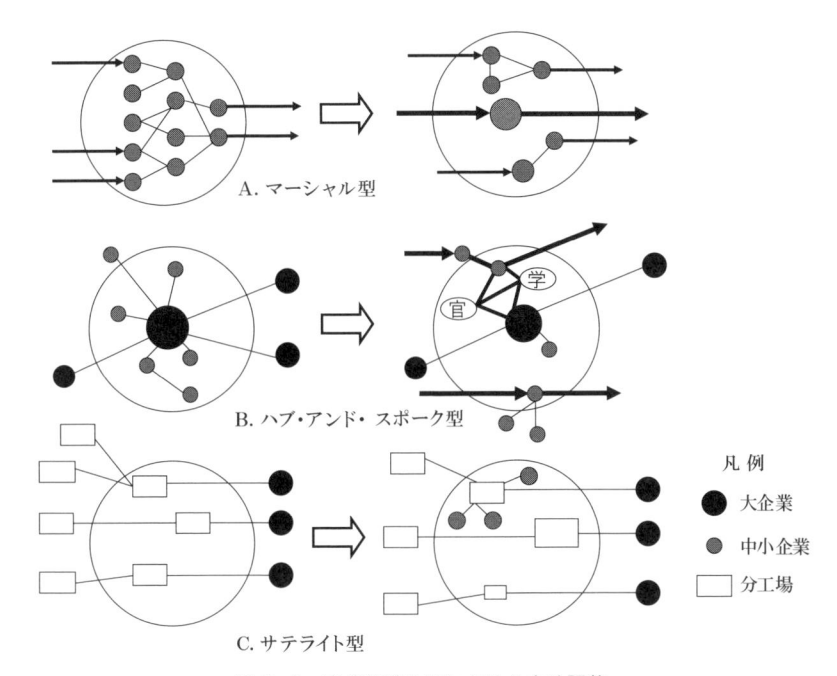

図終-5　産業集積地域における立地調整
出典：左側はMarkusen（1996）が描いた図，右側は変化を考慮して松原が作成したもの．

すなわち，新産業都市やテクノポリス地域などのように指定地域の選定というプロセスがなく，要件を備えていればどこでも同意地域となりうるのである。

「企業立地促進法」では，「地域の特性を活かした個性ある産業集積の形成」が目指され，地方自治体による産業立地政策の真価が問われている。そうした集積地域のあり方を考える上で，マークセン（Markusen, A., 1996）による産業地域の類型化と論者が加筆した図が参考になる（図終-5）。

図中の「**マーシャル型産業地域**」は，中小企業の水平的結合関係によって特徴づけられるもので，日本では大田区や東大阪の大都市型産業集積，各地の地場産業地域が該当する。「**ハブ・アンド・スポーク型地域**」は，大企業と関連下請企業群からなるもので，豊田や日立などの企業城下町が，また「**サテライト型産業地域**」は，地域内よりも外部の本社や同一企業の他の工場との関係が密接である「**分工場経済**」で，テクノポリス地域などが該当する。

グローバル競争が激化する中で，これらの産業地域はそれぞれ変化を迫られている。たとえば「マーシャル型産業地域」では，海外からの競合品の輸入や地域企業の海外進出によって，中小企業間の淘汰・差別化が進んできており，集積全体の活力が弱体化している地域が少なくない。また，「ハブ・アンド・スポーク型地域」では，大企業の多くが海外での現地生産を進め，国内工場の縮小・閉鎖を進めている。これらの地域では，地域に根ざした企業家群の存在が，地域の自立にとってますます重要になってきている。地域本社企業の技術開発力と新事業の展開，グローバルなネットワークの構築が求められており，そうした企業を資金面・人材面・技術面で支援する体制や制度の充実が必要になっている。

　これに対し，「サテライト型産業地域」では，工場閉鎖や従業員の削減をいかに抑え，分工場と地元の中小企業との関係をどのように深めていくかが重要となる。量産拠点の海外移転が進む中で，国内の分工場を「**マザー工場**」として位置づけ，量産技術の維持や工程革新を目的として研究開発機能をもたせたり，海外からの研修生の受け入れ拠点としての機能を付与したりするケースが少なくない。こうした「**分工場経済**」の進化過程にも注目して，地域の自立発展戦略を考えていくことも大切である。

　2008年秋に発生したリーマンショックと世界同時不況，2011年3月11日に発生した東日本大震災と原発事故，同年8月以降の「超円高」によって，国内での工場立地件数は過去最低水準にあり，「企業立地促進法」を取り巻く状況は厳しいものがある[10]。工場の閉鎖が相次ぐ状況下では，企業誘致よりもむしろ企業の撤退をいかに防ぐか，既存工場の地域定着と機能高度化をどう進めるか，さらには工場跡地の活用をどう図るか，といった課題について議論されることが多くなってきた。

　図終-6は，工場跡地活用の枠組みを示している。工場の診断から始まって，工場の立地調整の特徴を把握し，閉鎖の類型化を考慮しつつ，跡地活用の方向性を探っていくことが重要となろう（松原　宏，2012）。閉鎖工場の跡地利用を検討する際には，当該工場の担当製品や機能の特徴，設備の老朽化や従業員の年齢構成，周辺環境などを把握するとともに，なぜ工場が閉鎖されたのか，

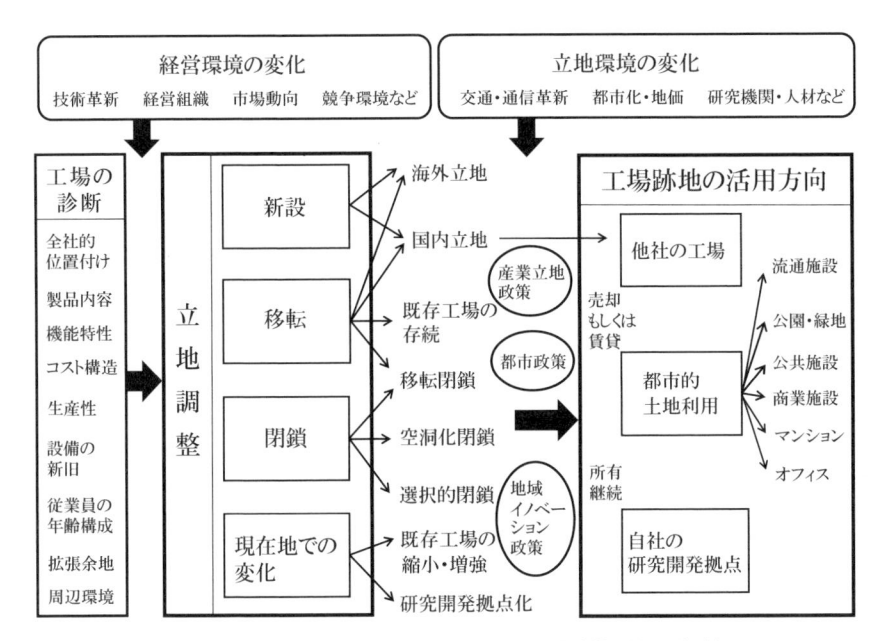

図終-6 企業の立地調整と工場跡地利用の方向性（松原作成）

こうした点の理解が欠かせない．図では，工場閉鎖を「移転閉鎖」と「空洞化閉鎖」，「選択的閉鎖」の3つに分け，それぞれに対応した工場跡地利用の方向性を示した．

人口減少社会に突入し，大型店の統廃合が相次ぐなかで，都市的土地利用への転換が難しくなるとともに，大都市圏と地方圏では，跡地活用の可能性も異なる．地方圏では，集積地域の高度化計画などでの位置づけにより，新成長産業関連分野などの工場を呼び込むことが求められる一方，大都市圏では，工場跡地利用の新たな選択肢として，研究開発機能への再投資を促す政策が重要になってきているように思われる．

以上，本章では，立地論の対象とアプローチの拡張，立地論の体系化，立地政策への関与といった3点にわたり，立地論の理論・政策両面での課題を中心に述べてきた．立地の実態分析に関する課題をあげる紙数は尽きてしまったが，

本書の冒頭に記したように，現実の立地をみつめ考えていくことに立地論の魅力があり，そこにこそ立地論が発展していく原動力があるといえる。

（松原　宏）

注
1) 榊原清則 (2005) では，米国半導体メーカーのインテルの実験が紹介されているが，立地共有という表現が使われ，研究・開発・生産を同一場所で行うことをさしていた。Karlsson, C. ed. (2008a) では，co-location に関する研究成果が紹介されている。
2) 水野真彦 (1999) は，新制度派経済学としてウィリアムソン (Williamson, O. E., 1975)，社会経済学の "embeddedness" アプローチとしてグラノヴェッター (Granovetter, M., 1985)，進化経済学としてネルソン・ウィンター (Nelson, R. and Winter, S., 1982) の研究を代表的なものとしてあげている。
3) Martin, R. (2000) は，①取引費用を削減し経済的効率性を増大させる点に力点を置く合理的選択アプローチ，②経済が社会に埋め込まれている点を強調する社会学的アプローチ，③進化経済学やレギュラシオン理論を含む歴史的アプローチの3つに制度的分析を分けて，紹介をしている。
4) ディッケン・ロイド (Dicken, P. and Lloyd, P. E., 1992) は，同質の等方性空間からスタートし，原料，資本，労働などの生産諸要素の地域差を順次導入する形で立地論を説明している。そこでは，レッシュ，クリスタラー，チューネン，ウェーバーの順で，それぞれの立地論者のモデルが登場する。

　柳井雅人 (1997) は，生産様式の歴史的発展方向に対応した地域構造の変遷を，各生産様式における主導工業の立地形態を説明する立地モデルをもとに説明している。すなわち，小営業・単純協業段階においてはレッシュ型，マニュファクチュア段階においてはクリスタラー型，産業資本主義段階においてはウェーバー型，独占資本主義成立段階および現代資本主義段階においてはグリーンハット型（現代資本主義段階ではマッセイ型が加わる）の立地パターンがそれぞれ卓越すると指摘している。
5) 大塚久雄 (1962) は，中世末期のイギリスにおける「封建制危機」の下で，「農村地帯のあちらこちらに，農民と入り交じって各種の手工業者たちが定住し，その中心には市場が立ち，こうして大きくとも数ヶ村程度の規模で，多かれ少なかれ自給自足への傾向を示す一種の商品経済にもとづく独自の再生産圏」が登場してきた点をとらえ，これを「局地的市場圏」と呼んだ。こうした農村工業の出現と市場圏の設定は，レッシュの著書の第2編「経済地域」の議論によって理論的に説明されると思われる。

　なお大塚は，中世都市における「前期的資本」（商人）の活動と，農村地域における農民・手工業者による「局地的市場圏」の形成を対比し，後者を資本主義発展の起点と位置づけたが，最近では「都市」と「農村」を対立的にとらえるのではなく，地域の中での両者の関係を具体的に明らかにしようとする研究が増えている。こうした点の学説史は，馬場哲・小野塚知二 (2001) で整理されている。

6) 中世都市の分布（クリスタラー体系）を歴史的前提とするか,「局地的市場圏」から「地域的市場圏」への拡大と大都市の形成（レッシュからクリスタラーへの展開）を理論的に説明するか, あるいはまたアイザード（Isard, W., 1956）が指摘しているように, 2つの孤立した都市圏を想定したチューネンのモデルの上に, レッシュ体系を重ね, 地域間交易と各都市地域間の専門化を導きだし, さらに資源分布の均等という仮定をゆるめることにより, ウェーバー理論の重要な要素を追加して取り入れるなど, いくつかの方法が考えられる。

7) 成長の極は必ずしも空間的な特定地点を指すものではない。これに明確な空間的視点を入れた見解として成長中心地分析（growth center analysis）の発展がみられる。「成長の極」理論については, 太田　勇（1973）や柳井雅人（1990）を参照されたい。

8) 「産業クラスター」の政策論的検討については, Enright, M. J.（2000）, Karlsson, C. ed.（2008a, b）, OECD（2011）などでなされている。Fornahl, D., Henn, S. and Menzel, M.-P. eds.（2010）では, クラスターの創発について, クラスター連鎖や政策波及に関する興味深い研究成果が収録されている。また, Martin, R. L. and Sunley, P.（2011）では, クラスター進化についての「八の字型モデル」が提示され, クラスターの創発から成長, 成熟化といった単純なライフサイクルモデルを超え, 多様な軌跡から構成されるクラスターの進化が描かれている。

9) 1997年に産業の空洞化, とりわけ既存の産業集積地域における基盤的技術の空洞化に対処するために,「地域産業集積法」が策定され,「特定産業集積地域」に対する支援がなされてきたが, これに代わり2007年に「企業立地促進法」が策定された。そこでは, 個性ある産業集積の形成・高度化, 迅速な企業立地の促進とともに, 広域連携による拠点整備が重点項目に挙げられている。新しいスキームに基本計画の策定, 地域産業活性化協議会の設置とともに, 地方ブロック単位での関係省連絡会が設けられている。

　同意地域の設定については, 西南日本で「全県1地域」が, 東北日本で「県内分割」が多いという地域差はあるものの, 依然として県が主導する側面が強く, 関西に比較的多い「一市単独」, 大都市圏に多い「広域連携」は, 相対的に少なくなっている。なお2008年には,「農商工等連携促進法」が制定されるとともに,「企業立地促進法」が改正され, 農商工連携が加えられた。

10) 「企業立地促進法」をめぐっては,「地域密着型・ボトムアップ型」と「国際競争力重視・トップダウン型」との関係をどう扱うかが, 1つの論点になろう。一方で経済産業省では,「新成長戦略」の下,「低炭素型雇用創出産業立地推進事業」や「国内立地推進事業費補助金」などにより多額の予算を投じて, 低炭素型産業等の国内立地促進やサプライチェーンの強靱化を図ってきた。ただし, これらの補助金は, あくまで「点」としての設備投資に対する助成であり,「点」としての投資を「面」としての産業集積地域振興にいかにつなげるかが重要だと思われる。

演習課題

① これまでに習った立地論の前提条件や問題設定，立地モデルの特徴をまとめてみよう。その上で，立地論の統合が可能かどうか，可能であるとしたら，どのように統合できるか，考えてみよう。
② 立地政策の具体的事例を取り上げ，その効果や問題点をあげてみよう。

入門文献

1　西岡久雄（1968）『経済立地の話』日経文庫.
2　松原　宏編（2012）『産業立地と地域経済』放送大学教育振興会.
3　矢田俊文編（1990）『地域構造の理論』ミネルヴァ書房.
4　矢田俊文・松原　宏編（2000）『現代経済地理学－その潮流と地域構造論－』ミネルヴァ書房.
5　Armstrong, H. W. and Taylor, J.（1993）*Regional Economics and Policy*. 2nd edition. Harvester Wheatsheaf.［アームストロング・テイラー著，坂下　昇監訳（1998）『地域経済学と地域政策』流通経済大学出版会］.

1は，立地論の基礎と立地政策をわかりやすく解説した入門書。2は，産業立地と地域経済とともに地域政策の理論や実際についての解説もなされている。3は，地域構造論の概説書であるとともに，立地論や開発経済論などの基礎理論が解説されている。4は，ハーヴェイやカステル，リピエッツなど，欧米での空間論・集積論等を解説した書。5は，地域政策の理論についての解説とイギリスの地域政策についての紹介が詳しい。

文献一覧

相川哲夫（2009）「テーアとチューネンをめぐる古典研究の伝統と挑戦」『農業経済研究』81：155-166.

青木外志夫（1960）「工業集積利益について－経済地理理論的研究－」『経済学研究（一橋大学）』4：259-321.

青野寿彦（1986）「経済的中枢管理機能の地域構造の形成と変動」（川島哲郎編『経済地理学』朝倉書店）168-195.

浅野敏久（2008）『宍道湖・中海と霞ヶ浦－環境運動の地理学－』古今書院.

阿部和俊（1991）『日本の都市体系研究』地人書房.

阿部和俊（1996）『先進国の都市体系研究』地人書房.

荒井良雄・箸本健二編（2004）『日本の流通と都市空間』古今書院.

石倉洋子ほか（2003）『日本の産業クラスター戦略』有斐閣.

石﨑研二（1995）「クリスタラーの中心地理論の配置原理に関する一考察－供給原理から一般化最大カバー問題へ－」『地理学評論』68A：579-602.

石原武政・矢作敏行編（2004）『日本の流通100年』有斐閣.

石丸哲史（2000）『サービス経済化と都市』大明堂.

伊丹敬之・松島　茂・橘川武郎編（1998）『産業集積の本質』有斐閣.

伊藤健司（2007）「市場の多様化と商業立地の多極化」（林　上編『現代都市地域の構造再編』原書房）51-80.

伊藤達也・浅野敏久編（2003）『環境問題の現場から－地理学的アプローチ－』古今書院.

伊藤久秋（1940）『ウェーバー工業立地理論の研究』叢文閣.

伊藤久秋（1970）『ウェーバー工業立地論入門』大明堂.

稲垣京輔（2003）『イタリアの起業家ネットワーク』白桃書房.

今川拓郎（2003）「集積のメカニズム－新しい空間経済モデル－」『経済セミナー』580：115-121.

岩間信之（2011）：『フードデザート問題－無縁社会が生む「食の砂漠」－』農林統計協会.

植田和弘・落合仁司・北畠佳房・寺西俊一編（1991）『環境経済学』有斐閣.

江澤譲爾（1954）『工業集積論』時潮社.

太田　勇（1973）「英語文献を中心としてみた成長の極理論」『地理学評論』46：684-693．

大塚久雄（1962）「資本主義発展の起点における市場構造－経済史からみた『地域』の問題－」（『大塚久雄著作集』第5巻）24-45．

大西　隆（1992）『テレコミューティングが都市を変える』日経サイエンス社．

小川秀樹（1998）『イタリアの中小企業』日本貿易振興会．

奥野隆史・高橋重雄・根田克彦（1999）『商業地理学入門』東洋書林．

小田宏信（2005）『現代日本の機械工業集積』古今書院．

小原敬士（1936）『社会地理学の基本問題』古今書院．

海上泰生（2012）「環境・新エネルギー産業における中小企業の役割と参入の特徴－太陽電池・風力発電機関連産業等の事例研究－」『日本政策金融公庫論集』15：1-28．

柏原士郎（1991）『地域施設計画論－立地モデルの手法と応用－』鹿島出版会．

春日茂男（1982）『立地の理論（上・下）』大明堂．

春日茂男（1986）『経済地理学の生成』地人書房．

春日茂男・藤森　勉編（1991）『人文地理ゼミナール 新訂 経済地理 II 工業』大明堂．

加藤和暢（1990）「農業地帯と過疎問題」（矢田俊文編『地域構造の理論』ミネルヴァ書房）169-179．

加藤和暢（2000）「M．ポーター－国と地域の競争優位－」（矢田俊文・松原　宏編『現代経済地理学』ミネルヴァ書房）240-259．

加藤和暢（2011）「サービス経済化の地理学をめざして」『経済地理学年報』57：320-335．

加藤幸治（2011a）『サービス経済化時代の地域構造』日本経済評論社．

加藤幸治（2011b）「サービス消費機会の地域的格差」『経済地理学年報』57：277-294．

兼子純（2011）「ホームセンター・家電量販店の『小商圏市場』」『地理』56（2）：42-49．

金田昌司（1971）『経済立地と土地利用』新評論．

鎌倉　健（2002）『産業集積の地域経済論－中小企業ネットワークと都市再生－』勁草書房．

鎌倉夏来・松原　宏（2012）「多国籍企業によるグローバル知識結合と研究開発機能の地理的集積」『経済地理学年報』58：118-137．

川島哲郎（1952）「自然的生産諸力について－ウィットフォーゲル批判によせて－」『経済学年報（大阪市立大学）』2：59-95．

川島哲郎（1992）地域経済（大阪市立大学経済研究所編『経済学辞典（第3版）』岩

波書店）866-867.
河島伸子（2009）『コンテンツ産業論－文化創造の経済・法・マネジメント－』ミネルヴァ書房.
河島伸子（2011）「都市文化政策における創造産業－発展の系譜と今後の課題－」『経済地理学年報』57：295-306.
川西正鑑（1939）『工業立地の研究』日本評論社.
川端基夫（2008）『立地ウォーズ』新評論.
環境エネルギー政策研究所編（2012）『自然エネルギー白書2012』七つ森書館.
菊田太郎（1933）『生産立地論大要』古今書院.
木地節郎（1975）『小売商業の集積と立地』大明堂.
清成忠男・橋本寿朗編（1997）『日本型産業集積の未来像』日本経済新聞社.
久木元美琴（2011）「変わりゆく都市空間と子育て」『地理』56（5）：38-47.
国松久弥（1971）『都市地域構造の理論』古今書院.
国松久弥（1979）『経済地理学説史』古今書院.
経済企画庁総合計画局編（1989）『東京の世界都市化と地域の活性化』大蔵省印刷局.
合田昭二（2009）『大企業の空間構造』原書房.
国土交通省国土計画局（2009）『平成20年度本社機能の移転に関する調査報告書』.
国土庁計画・調整局監修・オフィス分散研究会編（1989）『脱東京戦略－オフィスの地方分散－』ぎょうせい.
児島賢治（1980）「コミュニケーションと管理機能の立地」『大分大学経済論集』32-5：56-76.
後藤和子（2005）『文化と都市の公共政策』有斐閣.
近藤章夫（2007）『立地戦略と空間的分業－エレクトロニクス企業の地理学－』古今書院.
近藤康男（1974）『チウネン孤立国の研究』（近藤康男著作集第1巻）農山漁村文化協会.
榊原清則（2005）『イノベーションの収益化』有斐閣.
坂本英夫（1990）『農業経済地理』古今書院.
サクセニアン，A．（2000）「シリコンバレーと台湾新竹コネクション－技術コミュニティと産業の高度化－」（青木昌彦・寺西重郎編『転換期の東アジアと日本企業』東洋経済新報社）311-354.
佐々木公明・文　世一（2000）『都市経済学の基礎』有斐閣.
佐々木雅幸（2012）『創造都市への挑戦－産業と文化の息づく街へ－』岩波書店.
佐藤泰裕・田渕隆俊・山本和博（2011）『空間経済学』有斐閣.
白波瀬佐和子編（2006）『変化する社会の不平等－少子高齢化にひそむ格差－』東京大学出版会.

新宅純二郎・天野倫文編（2009）『ものづくりの国際経営戦略－アジアの産業地理学－』有斐閣．
新宅純二郎・田中辰雄・柳川範之（2003）『ゲーム産業の経済分析－コンテンツ産業発展の構造と戦略－』東洋経済新報社．
杉浦章介（2003）『都市経済論』岩波書店．
杉浦真一郎（2002）「介護保険制度施行時における特別養護老人ホームの立地格差－1990年代の整備施策に着目して－」『人文地理』54：1-23．
杉浦真一郎（2004）「特別養護老人ホームの立地と入所先選択をめぐる現実と理想的条件－岐阜県東濃老人保健福祉圏域を事例として－」『地理科学』59：1-25．
杉浦真一郎（2005）『地域と高齢者福祉－介護サービスの需給空間－』古今書院．
杉浦真一郎（2009）「合併地域における介護保険の事業特性に関する旧市町村間の差異－『介護保険事業状況報告』による保険者別データの比較から－」『地理学評論』82：188-211．
杉浦芳夫（2003）「ワイマール期ドイツのクリスタラー」『人文地理』55：407-427．
杉浦芳夫編（2012）『地域環境の地理学』朝倉書店．
鈴木洋太郎（1994）『多国籍企業の立地と世界経済』大明堂．
鈴木洋太郎・佐藤彰彦・桜井靖久（2005）『多国籍企業の立地論』原書房．
鈴木洋太郎（2009）『産業立地論』原書房．
外枦保大介（2012a）「進化経済地理学の発展経路と可能性」『地理学評論』85：40-57．
外枦保大介（2012b）「企業城下町中核企業の事業再構築と地方自治体・下請企業の対応－神奈川県南足柄市を事例として－」『経済地理学年報』58：1-16．
高橋孝明（2003）「経済活動の地理的分布パターンと一国の厚生」（山崎福寿『都市再生の経済分析』東洋経済新報社）281-316．
高橋光輝（2011）「アニメーションにおける人材育成」（高橋光輝・津堅信之『アニメ学』NTT出版）253-284．
田北廣道（1987）「中世都市史の研究方法としての『中心地』論の意義と限界」『福岡大学商学論叢』32-3：35-68．
田中秀幸（2009）「コンテンツ産業とは何か－産業の範囲，特徴，政策－」（出口弘・田中秀幸・小山友介編『コンテンツ産業論－混淆と伝播の日本型モデル－』東京大学出版会）113-157．
田辺健一編（1982）『日本の都市システム－地理学的研究』古今書院．
玉野井芳郎（1978）『エコノミーとエコロジー』みすず書房．
田村大樹（2000a）「A．プレッド－都市システム論－」（矢田俊文・松原　宏編『現代経済地理学』ミネルヴァ書房）104-127．

田村大樹（2000b）『空間的情報流と地域構造』大明堂.
田村大樹（2004）「空間克服と空間的フロー」（柳井雅人編『経済空間論―立地システムと地域経済―』原書房）17-23.
土屋　純（1995）「生協の商品供給にみる空間の組織化―コープこうべの場合―」『人文地理』47：291-305.
土屋　純（2011）「ライフラインとしての大型店・コンビニ」第58回経済地理学会大会ラウンドテーブル「東日本大震災の復旧・復興と経済地理学の課題」配付資料.
東京都企画審議室（1989）『一極集中と東京問題』東京都.
東京都企画審議室（1990）『業務機能の分散可能性に関する調査報告書』東京都.
東京都産業労働局（2003）『企業の本社機能変容とその影響に関する調査報告』東京都.
外川健一（1998）『自動車産業の静脈部』大明堂.
外川健一（2001）『自動車とリサイクル』日刊自動車新聞社.
外川健一（2002）「環境問題―リサイクル事業の立地―」（松原　宏編『立地論入門』古今書院）118-129.
外川健一（2012）「資源問題と廃棄物問題」（中藤康俊・松原　宏編『現代日本の資源問題』古今書院）149-172.
富田和暁（1991）『経済立地の理論と実際』大明堂.
富田和暁（2006）『地域と産業―経済地理学の基礎―（新版）』原書房.
中島　清（1980）「チューネン農業立地論の地代論的考察」『経済地理学年報』26（1）：73-107.
西岡久雄（1963）『立地と地域経済』三弥井書店.
西岡久雄（1968）『経済立地の話』日経文庫.
西岡久雄（1976）『経済地理分析』大明堂.
西村睦男（1977）『中心地と勢力圏』大明堂.
西村睦男・森川　洋編（1986）『中心地研究の展開』大明堂.
日本電気社史編纂室編（1980）『日本電気最近十年史―創立八十周年記念―』.
根田克彦（2008）「日本における『小売業の地理学』の研究動向とその課題」『地理空間』1（2）：128-141.
野澤一博（2012）『イノベーションの地域経済論』ナカニシヤ出版.
野中郁次郎・竹内弘高（1996）『知識創造企業』（梅本勝博訳）東洋経済新報社.
箸本健二（2001）『日本の流通システムと情報化』古今書院.
箸本健二（2002）「流通革命―コンビニエンスストアの立地戦略―」（松原　宏編『立地論入門』古今書院）98-107.
馬場　哲・小野塚知二（2001）『西洋経済史学』東京大学出版会.
馬場敏幸（2005）『アジアの裾野産業』白桃書房.

林　上（1991）『都市の空間システムと立地』大明堂.
林　上（2012）『現代都市地理学』原書房.
原　真志（2010）「グローバル競争時代における日本のデジタルコンテンツ産業集積の競争優位とイノベーションの方向性－SDガンダムフォースプロジェクトを事例に－」『経済地理学年報』51：368-386.
半澤誠司（2001）「東京におけるアニメーション産業集積の構造と変容」『経済地理学年報』47：288-302.
半澤誠司（2006）『日本における映像系コンテンツ産業の分業と集積』東京大学大学院総合文化研究科博士学位論文.
半澤誠司（2010）「文化産業の創造性を昂進する集積利益に関する一考察」『人文地理』62：318-337.
半澤誠司（2012）「デジタル技術の発展は必ず文化的多様性に寄与するのか？―アニメ産業を事例に―」（河島伸子・生稲史彦編『変貌するコンテンツ産業』ミネルヴァ書房）.
日野正輝（1996）『都市発展と支店立地』古今書院.
藤川昇悟（1999）「現代資本主義における空間集積に関する一考察」『経済地理学年報』45：21-39.
藤本隆宏（2003）『能力構築競争－日本の自動車産業はなぜ強いのか－』中央公論新社.
古川智史（2010）「クリエイターの集積におけるネットワーク構造－大阪市北区扇町周辺を事例に－」『経済地理学年報』56：88-105.
米花　稔（1949）『経営位置の研究』厳松堂書店.
増淵敏之（2010）『欲望の音楽－「趣味」の産業化プロセス－』法政大学出版局.
松原　宏（1988）『不動産資本と都市開発』ミネルヴァ書房.
松原　宏（1990）「大都市圏と地帯構成」（矢田俊文編『地域構造の理論』ミネルヴァ書房）158-168.
松原　宏（1999）「集積論の系譜と『新産業集積』」『東京大学人文地理学研究』13：83-100.
松原　宏（2006）『経済地理学－立地・地域・都市の理論－』東京大学出版会.
松原　宏（2007）「知識の空間的流動と地域的イノベーションシステム」『東京大学人文地理学研究』18：22-43.
松原　宏（2012）「日本企業の立地調整と工場跡地利用」『不動産研究』54（4）：3-12.
松原　宏編（1998）『アジアの都市システム』九州大学出版会.
松原　宏編（2002）『立地論入門』古今書院.
松原　宏編（2009）『立地調整の経済地理学』原書房.
松原　宏編（2012）『産業立地と地域経済』放送大学教育振興会.

松原　宏編（2013）『日本のクラスター政策と地域イノベーション』東京大学出版会.
水野　勲（2009）「『新しい経済地理学』と地理的モデリングの問題」『地域と環境』8・9：19-30.
水野真彦（1999）「制度・慣習・進化と産業地理学」『経済地理学年報』45：120-139.
水野真彦（2010）「2000年代における大都市再編の経済地理－金融資本主義，グローバルシティ，クリエイティブクラス」『人文地理』62：426-444.
水野真彦（2011）『イノベーションの経済空間』京都大学出版会.
宮坂正治（1965）『不完全競争企業の経営政策』森山書店.
宮澤　仁（1998）「東京中野区における保育所へのアクセス可能性に関する時空間制約の分析」『地理学評論』71A：859-886.
宮澤　仁（2010）「東京大都市圏における有料老人ホームの立地と施設特性」『E-journal GEO』4：69-85.
宮町良広（2012）「グローバリゼーションと立地」（松原　宏編『産業立地と地域経済』放送大学教育振興会）114-135.
宮本憲一（1989）『環境経済学』岩波書店.
村田喜代治（1958）『経済地理学序説』創造社.
村田喜代治（1975）『地域開発と社会的費用』東洋経済新報社.
本木弘悌（2007）「イタリアものづくりの都市を訪ねて9　繊維産業のまちプラート」『地理』52（3）：98-99.
森　晶寿（2008）「持続可能な発展と環境経済学」（諸富　徹・浅野耕太・森　晶寿『環境経済学講義』有斐閣）3-22.
森川　洋（1974）『中心地研究』大明堂.
森川　洋（1980）『中心地論Ⅰ』大明堂.
森川　洋（1998）『日本の都市化と都市システム』大明堂.
森川　洋（1999）「ドイツにおける都市ネットワーク計画の概要と問題点」『人文地理』51：49-71.
諸富　徹・浅野耕太・森　晶寿（2008）『環境経済学講義』有斐閣.
矢田俊文（1975）『戦後日本の石炭産業』新評論.
矢田俊文（1982）『産業立地と地域構造』大明堂.
矢田俊文（1986）「産業構造の展開と経済の地域構造」（川島哲郎編『経済地理学』朝倉書店）15-40.
矢田俊文編（1990）『地域構造の理論』ミネルヴァ書房.
矢田俊文・松原　宏編（2000）『現代経済地理学－その潮流と地域構造論－』ミネルヴァ書房.
柳井雅人（1990）「集積論と『極』の形成」（矢田俊文編『地域構造の理論』ミネルヴァ

書房）110-119.
柳井雅人（1997）『経済発展と地域構造』大明堂.
山口岳志編（1985）『世界の都市システム』古今書院.
山口不二雄（1982）「立地論ノート」『法政大学文学部紀要』28：57-100.
山﨑　朗（1999）『産業集積と立地分析』大明堂.
山﨑　朗編（2002）『クラスター戦略』有斐閣.
山崎　健（2001）『大都市地域のオフィス立地』大明堂.
山田浩之・徳岡一幸編（2007）『地域経済学入門［新版］』有斐閣.
山名伸作（1972）『経済地理学』同文館.
山本健兒（1994）『経済地理学入門』大明堂.
山本健兒（2005a）『産業集積の経済地理学』法政大学出版局.
山本健兒（2005b）『経済地理学入門－地域の経済発展－［新版］』原書房.
山本健太（2007）「東京におけるアニメーション産業の集積メカニズム－企業間取引と労働市場に着目して－」『地理学評論』80：442-458.
與倉　豊（2006）「産業集積論を巡る主流派経済学および経済地理学における議論の検討－新しい空間経済学の成果を中心に－」『経済地理学年報』52：283-296.
與倉　豊（2008）「経済地理学および関連諸分野におけるネットワークをめぐる議論」『経済地理学年報』54：40-62.
與倉　豊（2009a）「イノベーションの空間性と産業集積の継続期間」『地理科学』64：78-95.
與倉　豊（2009b）「産学公の研究開発ネットワークとイノベーション－地域新生コンソーシアム研究開発事業を事例として－」『地理学評論』82：521-547.
若杉隆平・伊藤萬里（2011）『グローバル・イノベーション』慶應義塾大学出版会.
渡辺幸男（2011）『現代日本の産業集積研究』慶應義塾大学出版会.

Abe, K.（2004）Major Cities and the Urban System of Japan from the Standpoint of Large Private Firms' Head and Branch Offices,『経済地理学年報』50：139-161.
Abo, T. ed.（2007）*Japanese Hybrid Factories : A Comparison of Global Production Strategies.* Basingstoke : Palgrave Macmillan.
Aldrich, D. P.（2008）*Site Fights : Divisive Facilities and Civil Society in Japan and the West.* Ithaca : Cornell Univ. Press.［アルドリッチ著，リンダマン香織・大門信也訳（2012）『誰が負を引きうけるのか－原発・ダム・空港立地をめぐる紛争と市民社会－』世界思想社］
Alexander, I.（1979）*Office Location and Public Policy.* London : Longman.［アレキサンダー著，伊藤喜栄・富田和暁・池谷江里子訳（1989）『情報化社会のオフィス立地』

時潮社]

Alonso, W. (1964) *Location and Land Use.* Cambridge, Mass. : Harvard Univ. Press. [アロンゾ著, 大石泰彦監訳・折下　功訳 (1976)『立地と土地利用』朝倉書店]

Armstrong, H. W. and Taylor, J. (1993) *Regional Economics and Policy.* 2nd ed. New York : Harvester Wheatsheaf. [アームストロング・テイラー著, 坂下　昇監訳 (1998)『地域経済学と地域政策』流通経済大学出版会]

Armstrong, R. (1972) *The Office Industry.* Harvard, New Jersy : The MIT Press.

Asheim, B., Coenen, L. and Vang, J. (2007) Face-to-face, Buzz, and Knowledge Bases : Sociospatial Implications for Learning, Innovation, and Innovation Policy, *Environment and Planning C* 25 : 655-670.

Balassa, B. (1961) *The Theory of Economic Integration.* Homewood, Illinois : Richard D. Irwin. [バラッサ著, 中島正信訳 (1963)『経済統合の理論』ダイヤモンド社]

Baldwin, R. *et al.* (2003) *Economic Geography and Public Policy.* Princeton : Princeton Univ. Press.

Bathelt, H., Malmberg, A. and Maskell, P. (2004) Clusters and Knowledge : Local Buzz, Global Pipelines and the Process of Knowledge Creation, *Progress in Human Geography* 28 : 31-56.

Batten, D. F. (1995) Network Cities : Creative Urban Agglomerations for the 21st Century, *Urban Studies* 32 : 313-327.

Becattini, G., Bellandi, M. and Propris, L. eds. (2009) *A Handbook of Industrial Districts.* Cheltenham : Edward Elgar.

Berry, B. J. L. and Garrison, W. L. (1958) A Note on Central Place Theory and the Range of a Good, *Economic Geography* 34 : 304-311.

Berry, B. J. L. (1959) Ribbon Developments in the Urban Business Pattern, *Annals of the Association of American Geographers* 49 : 145-155.

Berry, B. J. L. (1961) City Size Distributions and Economic Development, *Economic Development and Cultural Change* 9 : 573-687.

Berry, B. J. L. (1967) *Geography of Market Centers and Retail Distribution.* Englewood Cliffs, N.J.: Prentice Hall. [ベリー著, 西岡久雄・鈴木安昭・奥野隆史共訳 (1972)『小売業・サービス業の立地』大明堂]

Berry, B. J. L. , Parr, J. B. *et al.* (1988) *Market Centers and Retail Location : Theory and Applications.* Englewood Cliffs, N. J. : Prentice Hall. [ベリー・パルほか著, 奥野隆史・鈴木安昭・西岡久雄共訳 (1992)『小売立地の理論と応用』大明堂]

Bhagwati, J. N. (2004) *In Defense of Globalization.* New York : Oxford Univ. Press. [バグワティ著, 鈴木主税・桃井緑美子訳 (2005)『グローバリゼーションを擁護する』

日本経済新聞社]

Boshma, R. A., and Martin, R. (2010) The Aims and Scope of Evolutionary Economic Geography. In *Handbook on Evolutionary Economic Geography,* eds. Boschma, R. A. and Martin, R. , 3-39, Cheltenham : Edward Elgar.

Boulding, K. E. (1968) *Beyond Economics : Essays on Society, Religion, and Ethics.* Ann Arbor : Univ. of Michigan Press. [ボールディング著, 公文俊平訳 (1975)『経済学を超えて』学習研究社]

Bourne, L.S. and Simmons, J.W. eds. (1978) *Systems of Cities : Readings on Structure, Grouth, and Policy.* Oxford : Oxford Univ. Press.

Bourne, L.S., Sinclair, R. and Dziewonski, K. eds. (1984) *Urbanization and Settlement System : International Perspectives.* Oxford : Oxford Univ. Press.

Brakman, S. and Garretsen, H. (2003) Rethinking the 'New' Geographical Economics, *Regional Studies* 37 : 637-648.

Brinkmann, Th. (1922) *Die Oekonomik der landwirtschaftlichen Betriebes, Grundriss der Sozialökonomik* 7. Abt. Tübingen: J. C. B. Mohr. [ブリンクマン著, 大槻正男訳 (1969)『農業経営経済学＜改訳版＞』地球社]

Bunnell, T. G. and Coe, N. M. (2001) Spaces and Scales of Innovation, *Progress in Human Geography* 25 : 569-589.

Camagni, R. (1991) Local 'Milieu', Uncertainty and Innovation Networks. In *Innovation Networks : Spatial Perspective,* ed. Camagni, R., London : Belhaven Press.

Camagni, R. (1993) From City Hierarchy to City Networks, In *Structure and Change in the Space Economy,* eds. Laksmanan, T. R. and Nijkamp, P., 66-88, Berlin : Springer.

Capello, R. (2000) The City Network Paradigm : Measuaring Urban Network Externalities, *Urban Studies* 37 : 1925-1945.

Castells, M. (1989) *Informational City.* Oxford : Blackwell.

Chamberlin, E. H. (1933) *The Theory of Monopolistic Competition.* Cambridge, Mass. : Harvard Univ. Press. [チェンバリン著, 青山秀夫訳 (1966)『独占的競争の理論』至誠堂]

Chandler, A. D. (1962) *Strategy and Structure : Chapters in the History of the Industrial Enterprise.* Cambridge, Mass. : The MIT Press. [チャンドラー著, 三菱経済研究所訳 (1967)『経営戦略と組織』実業之日本社]

Chisholm, M. (1966) *Geography and Economics.* London : G. Bell & Sons. [チサム著, 村田喜代治訳 (1969)『地域と経済理論』大明堂]

Christaller, W. (1933) *Die zentralen Orte in Süddeutschland.* Jena : G. Fischer. [クリスタラー著, 江澤讓爾訳 (1969)『都市の立地と発展』大明堂]

文献一覧　205

Clark, G. L.（1998）Stylized Facts and Close Dialogue : Methodology in Economic Geography, *Annals of the Association of American Geographers* 88 : 73-87.
Clark, G. L., Feldman, M. P. and Gertler, M. S. eds.（2000）*The Oxford Handbook of Economic Geography*. Oxford : Oxford Univ. Press.
Clark, G. L. and Wrigley, N.（1997）Exit, the Firm and Sunk Costs : Reconceptualizing the Corporate Geography of Disinvestment and Plant Closure, *Progress in Human Geography* 21 : 338-358.
Coleman, J. S.（1988）Social Capital in the Creation of Human Capital, *American Journal of Sociology* 94 : 95-120.［コールマン著，金子　淳訳（2006）「人的資本の形成における社会関係資本」（野沢慎司編『リーディングスネットワーク論』勁草書房）205-241］
Combes, P.-P. *et al.*（2008）*Economic Geography : The Integration of Regions and Nations*. Princeton : Princeton Univ. Press.
Cooke, P.（1992）Regional Innovation Systems : Competitive Regulation in the New Europe, *Geoforum* 23 : 365-382.
Cooke, P.（2010）Jacobian Cluster Emergence : Wider Insights from 'Green Innovation' Convergence on a Schumpeterian 'Failure', In *Emerging Clusters : Theoretical, Empirical and Political Perspectives on the Initial Stage of Cluster Evolution*, eds. Fornahl, D., Henn, S. and Menzel, M.-P., 17-42, Cheltenham : Edward Elgar.
Cooke, P. *et al.* eds.（2011）*Handbook of Regional Innovation and Growth*. Cheltenham : E. Elgar.
Cooke, P., Heidenreich, M. and Braczyk, H.-J. eds.（2004）*Regional Innovation Systems*. 2nd ed. London : Routledge.
Daly, H.（1996）*Beyond Growth : The Economics of Sustainable Development*. Boston : Beacon Press.［デイリー著，新田　功ほか訳（2005）『持続可能な発展の経済学』みすず書房］
Daniels, P. W. ed.（1979）*Spatial Patterns of Office Growth and Location*. Chichester［Eng.］; New York : Wiley.
Dicken, P. and Lloyd, P. E.（1972）*Location in Space*. 3rd ed. London : Harper & Row.［ディッケン・ロイド著，伊藤喜栄監訳（2001）『改訂版　立地と空間（上・下）』古今書院］
Dicken, P.（1992）*Global Shift : The Internationalization of Economic Activity*. 2nd ed. New York : The Guilford Press.［ディッケン著，宮町良広監訳（2001）『グローバル・シフト（上・下）』古今書院］
Dicken, P.（2010）*Global Shift : Mapping the Changing Contours of the World Economy*.

6th ed. London : Sage.

Dixit, A. K. and Stiglitz, J. E.（1977）Monopolistic Competition and Optimum Product Diversity, *American Economic Review* 67 : 297-308.

Dunn, E. S.（1954）*The Location of Agricultural Production*. Gainsville : Univ. of Florida Press.［ダン著，阪本平一郎・原納一雅共訳（1960）『農業生産立地理論』地球出版］

Dunning, J. H.（1993）*Multinational Enterprises and the Global Economy*. Reading : Addison-Wesley.

Duranton, G. and Rodríguez-Pose, A.（2005）Guest Editorial : When Economists and Geographers Collide, or the Tale of the Three Lions and the Butterflies, *Environment and Planning A* 37 : 1695-1705.

Enright, M. J.（2000）The Globalization of Competition and the Localization of Competitive Advantage : Policies towards Regional Clustering, In *The Globalization of Multinational Enterprise Activity and Economic Development*, eds. Hood, N. and Young, S., 303-331, London : Macmillan.

Estall, R. C. and Buchanan, R. O.（1973）*Industrial Activity and Economic Geography*. 3rd ed. London : Hutchinson.［エストール・ブキャナン著, 小杉　毅・辻　悟一訳（1975）『工業立地論－工業活動と経済地理学－』ミネルヴァ書房］

Florida, R.（2002）*The Rise of the Creative Class*. New York : Basic Books.［フロリダ著，井口典夫訳（2008）『クリエイティブ資本論』ダイヤモンド社］

Florida, R.（2008）*Who's Your City?*. New York : Basic Books.［フロリダ著，井口典夫訳（2009）『クリエイティブ都市論－創造性は居心地のよい場所を求める－』ダイヤモンド社］

Fornahl, D., Henn, S. and Menzel, M.-P.（2010）*Emerging Clusters : Theoretical, Empirical and Political Perspectives on the Initial Stage of Cluster Evolution*. Cheltenham : Edward Elgar.

Freeman, C.（1987）*Technology Policy and Economic Performance : Lessons from Japan*. London : Pinter.［フリーマン著, 大野喜久之輔監訳（1989）『技術政策と経済パフォーマンス－日本の教訓－』晃洋書房］

Friedmann, J.（1966）*Regional Economic Development : A Case Study of Venezuela*. Cambridge, Mass. : The MIT Press.

Friedman, T. L.（1999）*The Lexus and the Olive Tree : Understanding Globalization*. London : Harper Collins.［フリードマン著，東江一紀訳『レクサスとオリーブの木－グローバリゼーションの正体－』草思社］

Friedman, T. L.（2005）*The World is Flat : A Brief History of the Twenty-first Century*. New York : Farrar, Straus and Giroux.［フリードマン著, 伏見威蕃訳（2006）『フラット化

する世界』日本経済新聞社]

Fröbel, F., Heinrichs, J. and Kreye, O. (1977) The Tendency Towards a New International Division of Labor, *Review* 1 (1).

Fujita, M. , Krugman, P. and Venables, A. J. (1999) *The Spatial Economy : Cities, Regions, and International Trade*. Cambridge, Mass.: The MIT Press. [藤田昌久・クルーグマン・ベナブルズ著, 小出博之訳 (2000)『空間経済学-都市・地域・国際貿易の新しい分析-』東洋経済新報社]

Fujita, M. and Krugman, P. (2004) The New Economic Geography : Past, Present and the Future, *Papers in Regional Science* 83 : 139-164.

Fujita, M. and Thisse, J.-F. (2002) *Economics of Agglomeration : Cities, Industrial Location, and Regional Growth*. Cambridge : Cambridge Univ. Press.

Geogescu-Roegen, N. (1971) *The Entropy Law and the Economic Process*. Cambridge, Mass.: Harvard Univ. Press. [ジョージェスク=レーゲン著, 高橋正立ほか共訳 (1993)『エントロピー法則と経済過程』みすず書房]

Gertler, M. S. (2008) Buzz without Being There : Communities of Practice in Context, In *Community, Economic Creativity, and Organization*, eds. Amin, A. and Roberts, J., 203-226, Oxford : Oxford Univ. Press.

Glaeser, E. L., Kallal, H. D., Scheinkman, J. A. and Shleifer, A. (1992) Growth in Cities, *Journal of Political Economy* 100 : 1126-1152.

Goddard, J. (1975) *Office Location in Urban and Regional Development*. London : Oxford Univ. Press.

Grabher, G. (1993) The Weakness of Strong Ties : The Lock-in of Regional Development in Ruhr Area. In *The Embedded Firm; On the Socioeconomics of Industrial Networks*. ed. Grabher, G.,255-277, London : Routledge.

Granovetter, M. (1973) The Strength of Weak Ties, *American Journal of Sociology* 78 : 1360-1380. [グラノヴェター著, 大岡栄美訳 (2006)「弱い紐帯の強さ」(野沢慎司編『リーディングスネットワーク論』勁草書房) 123-158]

Granovetter, M. (1985) Economic Action and Social Structure : The Problem of Embeddedness, *American Journal of Sociology* 91 : 481-510.

Greenhut, M. L. (1956) *Plant Location in Theory and Practice*. Univ. of North Carolina Press. [グリーンハット著, 西岡久雄監訳 (1972)『工場立地 (上・下)』大明堂]

Grigg, D. B. (1984) *An Introduction to Agricultural Geography*. London : Hutchinson. [グリッグ著, 山本正三ほか訳 (1986)『農業地理学入門』原書房]

Haig, R. M. (1926) Toward an Understanding of the Metropolis, *The Quarterly Journal of Economics* 40 : 402-434.

Håkanson, L.（1979）Toward a Theory of Location and Corporate Growth. In *Spatial Analysis, Industry and Industrial Environment*. Vol. 1, *Industrial Systems*. eds. Hamilton, F. E. I. and Linge, G. J. R., 115-138, Chichester : Wiley.

Hall, P. A. and Soskice, D. eds.（2001）*Varieties of Capitalism : The Institutional Foundations of Comparative Advantage*. Oxford : Oxford Univ. Press.［ホール・ソスキス著, 遠山弘徳ほか訳（2007）『資本主義の多様性－比較優位の制度的基礎』ナカニシヤ出版］

Harvey, D.（1989）*The Condition of Postmodernity*. Oxford : Basil Blackwell.［ハーヴェイ著, 吉原直樹監訳（1999）『ポストモダニティの条件』青木書店］

Helpman, E. and Krugman, P.（1985）*Market Structure and Foreign Trade*. Cambridge, Mass. : The MIT Press.

Henderson, J. V., Kuncoro, A. and Turner, M.（1995）Industrial Development in Cities, *Journal of Political Economy* 103 : 1067-1090.

Hoover, E. M.（1937）*Location Theory and the Shoe and Leather Industries*. Cambridge, Mass.: Harvard Univ. Press.［フーヴァー著, 西岡久雄訳（1968）『経済立地論』大明堂］

Hoover, E. M.（1948）*The Location of Economic Activity*. New York : McGraw-Hill.［フーヴァー著, 春日茂男・笹田友三郎共訳（1970）『経済活動の立地』大明堂］

Hotelling, H.（1929）Stability in Competition, *Economic Journal* 39 : 41-57.

Hymers, S.（1972）The Multinational Corporation and the Law of Uneven Development. In *Economics and World Order*, ed. Bhagwati, J. W., London : Macmillan.［ハイマー著, 宮崎義一編訳（1979）『多国籍企業論』岩波書店］

Isard, W.（1956）*Location and Space-Economy*. Cambridge, Mass. : The MIT Press.［アイザード著, 木内信蔵監訳（1964）『立地と空間経済』朝倉書店］

Johnston, R. J.（1991）*Geography and Geographers : Anglo-American Human Geography since 1945*. 4th ed. London : Edward Arnold.［ジョンストン著, 立岡裕士訳（1997・1999）『現代地理学の潮流（上・下）』地人書房］

Jones, J.（2005）*Multinationals and Global Capitalism : From The Nineteenth to The Twenty First Century*. Oxford: Oxford Univ. Press.［ジョーンズ著, 安室憲一・梅野巨利訳（2007）『国際経営講義－多国籍企業とグローバル資本主義－』有斐閣］

Kapp, K. W.（1950）*The Social Costs of Private Enterprise*. Cambridge, Mass : Harvard Univ. Press.［カップ著, 篠原泰三訳（1959）『私的企業と社会的費用』岩波書店］

Karlsson, C. ed.（2008a）*Handbook of Research on Cluster Theory*. Cheltenham : Edward Elgar.

Karlsson, C. ed.（2008b）*Handbook of Research on Innovation and Clusters*. Cheltenham : Edward Elgar.

Kawamura, T. (2011) *Hybrid Factories in the United States : The Japanese-Style Management and Production System under the Global Economy.* Oxford : Oxford Univ. Press.

Knox, P. L. and Taylor, P.J. eds. (1995) *World Cities in a World-System.* Cambridge : Cambridge Univ. Press.［ノックス・テイラー共編，藤田直晴ほか訳 (1997)『世界都市の論理』鹿島出版会］

Krugman, P. (1979) Increasing Returns, Monopolistic Competition, and International Trade, *Journal of International Economics* 9 : 469-479.

Krugman, P. (1980) Scale Economies, Product Differentiation, and the Pattern of Trade, *American Economic Review* 70 : 950-959.

Krugman, P. (1991a) *Geography and Trade.* Cambridge, Mass. : The MIT Press.［クルーグマン著，北村行伸・高橋 亘・姉尾美起訳 (1994)『脱「国境」の経済学』東洋経済新報社］

Krugman, P. (1991b) Increasing Returns and Economic Geography, *Journal of Political Economy* 99 : 483-499.

Krugman, P. (1998) What's New about the New Economic Geography?, *Oxford Review of Economic Policy* 14 (2) : 7-17.

Krugman, P. (2000) Where in the World is the 'New Economic Geography'?. In *The Oxford Handbook of Economic Geography*, eds. Clark, G. L., Feldman, M. P. and Gertler, M. S. 49-60, Oxford : Oxford Univ. Press.

Krumme, G. (1969) Notes on Locational Adjustment Patterns in Industrial Geography, *Geografiska Annaler* 51B : 15-19.

Landry, C. (2000) *The Creative City : A Toolkit for Urban Innovators.* London : Earthscan.［ランドリー著，後藤和子訳 (2003)『創造的都市―都市再生のための道具箱―』日本評論社］

Lashingsky, A. (2012) *Inside Apple : How America's Most Admired and Secretive-company Really Works.* Grand Central Pub.［ラシンスキー著，依田卓巳訳 (2012)『インサイド・アップル』早川書房］

Lee, C. *et al.* eds. (2000) *The Silicon Valley Edge.* Stanford : Stanford Univ. Press.［リーほか編著，中川勝弘監訳 (2001)『シリコンバレー―なぜ変わり続けるのか―』日本経済新聞社］

Lipietz, A. (1985) *Mirages et Miracles.* Paris: La Decouverte.［リピエッツ著，若森章孝・井上泰夫訳 (1987)『軌跡と幻影』新評論］

Lösch, A. (1940) *Die raumliche Ordnung der Wirtschaft.* Jena : G. Fischer.［レッシュ著，篠原泰三訳 (1991)『経済立地論＜新訳版＞』大明堂］

Marchionni, C. (2004) Geographical Economics versus Economic Geography : Towards a

Clarification of the Dispute, *Environment and Planning A* 36 : 1737-1753.
Markusen, A. R. (1996) Sticky Places in Slippery Space : A Typology of Industrial Districts, *Economic Geography* 72 : 293-313.
Marshall, A. (1890) *Principles of Economics*. London: The Macmillan Press. [マーシャル著, 馬場啓之助訳（1966）『経済学原理』東洋経済新報社（原書初版 1890）]
Marshall, A. (1923) *Industry and Trade*. 4th ed. London : Macmillan and Co. [マーシャル著, 永澤越郎訳（1986）『産業と商業 2』岩波ブックサービスセンター]
Martin, R. (1999) The New 'Geographical Turn' in Economics : Some Critical Reflections, *Cambridge Journal of Economics* 23 : 65-91.
Martin, R. (2000) Institutional Approaches in Economic Geogarphy. In *A Companion to Economic Geography*, eds. Sheppard, E. and Barnes, T. J., 77-94, Oxford : Blackwell.
Martin, R. and Sunley, P. (1996) Paul Krugman's Geographical Economics and Its Implications for Regional Development Theory : A Critical Assessment, *Economic Geography* 72 : 259-292.
Martin, R. and Sunley, P. (2003) Deconstructing Clusters : Chaotic Concept or Policy Panacea?, *Journal of Economic Geography* 3 : 5-35.
Martin, R. and Sunley, P. (2006) Path Dependence and Regional Economic Evolution, *Journal of Economic Geography* 6 : 395-437.
Martin, R. and Sunley, P. (2011) Conceptualising Cluster Evolution : Beyond the Life-Cycle Model?, *Papers in Evolutionary Economic Geography* 11/12 : 1-46.
Massey, D. (1984) *Spatial Divisions of Labour*. London : Methuen. [マッシィ著, 富樫幸一・松橋公治訳（2000）『空間的分業』古今書院]
McCann, P. (2001) *Urban and Regional Economics*. Oxford : Oxford Univ. Press. [マッカン著, 黒田達朗・徳永澄憲・中村良平訳（2008）『都市・地域の経済学』日本評論社]
McCann, P. (2005) Transport Costs and New Economic Geography, *Journal of Economic Geography* 5 : 305-318.
Meyer, D. R. (1980) A Dynamic Model of the Integration of Frontier Urban Places into the United States System of Cities, *Economic Geography* 56 : 120-140.
Muth, R. F. (1969) *Cities and Housing : The Spatial Pattern of Urban Residential Land Use*. Chicago : Univ. of Chicago Press. [ミュース著, 折下　功訳（1971）『都市住宅の経済学』鹿島出版会]
Nelson, R. and Winter, S. (1982) *An Evolutionary Theory of Economic Change*. Cambridge, Mass. : Harvard Univ. Press. [ネルソン・ウィンター著, 後藤　晃・角南　篤・田中辰雄訳（2007）『経済変動の進化理論』慶應義塾大学出版会]

Nourse, H. O. (1968) *Regional Economics*. New York : McGraw-Hill. [ナース著, 笹田友三郎訳 (1971)『地域経済学』好学社]

Nye, J. S. Jr. (2004) *Soft Power : The Means to Success in World Politics*. New York : Public Affairs. [ナイ著, 山岡洋一訳 (2004)『ソフト・パワー― 21世紀国際政治を制する見えざる力―』日本経済新聞社]

OECD (2007) *Competitive Regional Clusters : National Policy Approaches*. Paris : OECD.

OECD (2011) *Regions and Innovation Policy*. Paris : OECD.

Ohlin, B. (1933) *Interregional and International Trade*. Cambridge, Mass. : Harvard Univ. Press. [オリーン著, 木村保重訳 (1970)『貿易理論』ダイヤモンド社]

Owen-Smith, J. and Powell, W. W. (2004) Knowledge Networks as Channels and Conduits : The Effects of Spillovers in the Boston Biotechnology Community, *Organization Science* 19, 549-583.

Palander, T. (1935) *Beiträge zur Standortstheorie*. Uppsala : Akademisk Avhandling. [パランダー著, 篠原泰三訳 (1984)『立地論研究 (上・下)』大明堂]

Park, S. O. (1996) Networks and Embeddedness in the Dynamic Types of New Industrial Districts, *Progress in Human Geography* 20 : 476-493.

Perroux, F. (1955) Note on the Concept of Growth Poles, (translated by Gates, L. and Mcdermott, A. M., 1970) In *Regional Economics*, ed. Mckee, D. L., New York : The Free Press.

Peskin, H. M. (1981) National Income Acount and the Environment, *Natural Resources Journal* 21 : 511-537.

Pigou, A. C. (1920) *The Economics of Welfare*. London : Macmillan. [ピグウ著, 気賀健三他訳 (1965)『ピグウ厚生経済学』東洋経済新報社]

Pinch, S. (1997) *Worlds of Welfare : Understanding the Changing Geographies of Social Welfare Provision*. London : Routledge. [ピンチ著, 神谷浩夫監訳 (2001)『福祉の世界』古今書院]

Piore M. J. and Sabel, C. F. (1984) *The Second Industrial Divide*. New York : Basic Books Inc. [ピオリ・セーブル著, 山之内 靖・永易浩一・石田あつみ訳 (1993)『第二の産業分水嶺』筑摩書房]

Plummer, P. and Sheppard, E. (2001) Must Emancipatory Economic Geography be Qualitative?, *Antipode* 33 : 194-199.

Porter, M. E. (1985) *Competitive Advantage*. New York : The Free Press. [ポーター著, 土岐 坤ほか訳 (1985)『競争優位の戦略』ダイヤモンド社]

Porter, M. E. (1990) *The Competitive Advantage of Nations*. New York : The Free Press. [ポーター著, 土岐 坤ほか訳 (1992)『国の競争優位 (上・下)』ダイヤモンド社]

Porter, M. E. (1998) *On Competition*. Boston: Harvard Business School Publishing. [ポーター著, 竹内弘高訳 (1999)『競争戦略論 (Ⅰ・Ⅱ)』ダイヤモンド社]
Porter, M. and Rivkin, J. W. (2012) Choosing the United States, *Harvard Business Review* 90, March: 54-61. [ポーター・リブキン (2012)「『選ばれる国』の条件」『DIAMONDハーバードビジネスレビュー』2012年6月号: 42-61]
Pred, A. R. (1967;1969) Behavior and Location : Foundations for a Geographic and Dynamic Location Theory, Part I, II, *Lund Studies in Geography* B-27: 1-128, 28: 1-152.
Pred, A. R. (1971) Large-City Interdependence and the Preelectronic Diffusion of Innovations in the U. S., *Geographical Analisis* 3: 165-181.
Pred, A. R. (1974) Major-Job-Providing Organizations and Systems of Cities, *Commission on College Geography Resource Paper* 27, Association of American Geographers.
Pred, A. R. (1977) *City-systems in Advanced Economies*. London : Hutchinson & Co. Ltd.
Putnam, R. D., Leonardi, R. and Nanetti, R. (1993) *Making Democracy Work : Civic Traditions in Modern Italy*. Princeton : Princeton Univ. Press. [パットナムほか著, 河田潤一訳 (2001)『哲学する民主主義－伝統と改革の市民的構造－』NTT出版]
Ratti, R., Bramaniti, A. and Gordon, R. eds. (1997) *The Dynamics of Innovative Regions : The GREMI Approach*. Aldershot : Ashgate.
Ricardo, D. (1819) *On the Principles of Political Economy, and Taxation*. 2nd ed. [リカード著, 羽島卓也・吉沢芳樹訳 (1987)『経済学および課税の原理』岩波書店]
Robinson, E. A. G. (1931) *The Structure of Competitive Industry*. London : Nisbet.
Rugman, A. M. (1981) *Inside the Multinationals*. London : Croom Helm. (ラグマン著, 江夏健一ほか訳 (1983)『多国籍企業と内部化理論』ミネルヴァ書房]
Samuelson, P. (1952) The Transfer Problem and Transport Costs, *Economic Journal* 62: 278-304.
Santos, M. (1979) *The Shared Space*. London : Methuen.
Saxenian, A. (1994) *Regional Advantage*. Cambridge, Mass. : Harvard Univ. Press. [サクセニアン著, 山形浩生・柏木亮二訳 (2009)『現代の二都物語』日経BP社]
Scott, A. J. (1988a) *New Industrial Spaces*. London : Pion.
Scott, A. J. (1988b) *Metropolis : From Division of Labor to Urban Form*. Berkeley : Univ. of California Press. [スコット著, 水岡不二雄監訳 (1996)『メトロポリス』古今書院]
Scott, A. J. (2000) *Cultural Economy of Cities*. London : Sage.
Scott, A. J. ed. (2001) *Global City-Regions*. Oxford: Oxford Univ. Press. [スコット編著, 坂本秀和訳 (2004)『グローバル・シティ・リージョンズ』ダイヤモンド社]
Simon, H. A. (1955) *Models of Man, Social and Rational*. New York: Wiley. [サイモン著, 宮沢光一監訳 (1970)『人間行動のモデル』同文館]

Sjöberg, Ö. and Sjöholm, F.（2002）Common Ground? Prospects for Integrating the Economic Geography of Geographers and Economists, *Environment and Planning A* 34：467-486.

Skinner, G. W.（1964・65）Marketing and Social Structure in Rural China, Part Ⅰ, Ⅱ, *Journal of Asian Studies* 24：3-43; 363-399.［スキナー著，今井清一ほか訳（1979）『中国農村の市場・社会構造』法律文化社］

Smith, D. M.（1971）*Industrial Location：An Economic Geographical Analysis.* London：John Wiley.［スミス著，上巻：西岡久雄・山口守人・黒田彰三共訳，下巻：宮坂正治・黒田彰三共訳（1982・84）『工業立地論（上・下）』大明堂］

Smith, D. M.（1979）*Where the Grass is Greener：Living in an Unequal World.* London：Penguin Books.［スミス著，竹内啓一監訳（1985）『不平等の地理学－みどりこきはいずこ－』古今書院］

Steger, M. B.（2009）*Globalization：A Very Short Introduction*, Oxford：Oxford Univ. Press.［スティーガー著，櫻井公人ほか訳（2010）『新版 グローバリゼーション』岩波書店］

Stein, J. H.（1962）Temporal Aspects of Tertiary Production Elements in Korea, In *Urban System and Economic Development*, ed. Pitts, F. R. 68-88, Eugene：Univ. of Oregon, The School of Business Administration.

Stiglitz, J. E.（2002）*Globalization and Its Discontents.* New York：W. W. Norton.［スティグリッツ著，鈴木主税訳（2002）『世界を不幸にしたグローバリズムの正体』徳間書店］

Stolper, W. F.（1954 / 55）Spatial Order and the Economic Growth of Cities：A Comment on Eric Lampard's Paper, *Economic Development and Cultural Change* 3：137-146.

Storper, M.（1997）*The Regional World：Territorial Development in a Global Economy.* New York：The Guilford Press.

Storper, M. and Venables, A. J.（2004）Buzz：Face-to-Face Contact and the Urban Economy, *Journal of Economic Geography* 4, 351-370.

Thorngren, B.（1970）How Do Contact Systems Affect Regional Development?, *Environment and Planning* 2：409-427.

Thünen, J. H. von.（1826）*Der isolierte Staat in Beziehung auf Landwirtschaft und Nationalökonomie.*［チューネン著，近藤康男訳（1974）『農業と国民経済に関する孤立国』（近藤康男著作集第1巻所収）農山漁村文化協会］

Vance, J. E.（1970）*The Merchant's World：The Geography of Wholesaling.* Englewood Cliffs：Prentice Hall.［バンス著，国松久弥訳（1973）『商業・卸売業の立地』大明堂］

Vernon, R（1960）*Metropolis 1985.* Cambridge, Mass.：Harvard Univ. Press.［ヴァーノン

著,蝋山政道監訳(1968)『大都市の将来』東京大学出版会]

Vernon, R. (1966) International Investment and International Trade in the Product Cycle, *Quarterly Journal of Economics* May : 190-207.

Wackernagel, M. and Rees, W. E. (1996) *Our Ecological Footprint : Reducing Human Impact on the Earth*. Gabriola Island : New Society. [ワケナゲル・リース著,池田真里訳(2004)『エコロジカル・フットプリント』合同出版]

Wallerstein, I. (1979) *The Capitalist World-economy*. Cambridge : Cambridge Univ. Press. [ウォラシュティン著,藤瀬浩司・麻沼賢彦・金井雄一訳(1987)『資本主義世界経済I』名古屋大学出版会]

Watts, H. D. (1987) *Industrial Geography*. London : Longman. [ワッツ著,松原 宏・勝部雅子訳(1995)『工業立地と雇用変化』古今書院]

Weber, A. (1909) *Über den Standort der Industrien*, 1. Teil. Tübingen : Verlag von J. C. B. Mohr. [ウェーバー著,篠原泰三訳(1986)『工業立地論』大明堂]

Weber, A. (1914) *Industrielle Standortslehre. Grundriss der Sozialökonomik* 6. Abt. Tübingen: J. C. B. Mohr. [ウェーバー著,江澤譲爾訳(1938)『工業分布論』改造文庫]

Williamson, O. E. (1975) *Markets and Hierarchies*. New York : The Free Press. [ウィリアムソン著,浅沼萬里・岩崎 晃訳(1980)『市場と企業組織』日本評論社]

Wrigley, N. and Lowe, M. eds. (1996) *Retailing, Consumption and Capital : Toward the New Retail Geography*. Harlow : Longman.

索　引

事 項 索 引

【ア　行】
アメニティ問題　171
暗黙知　120,126
EMS　110
イコールフッティング　114
イノベーション　118-120,125
埋め込み　75,81,90
エコタウン　172,173
エコロジカル・フットプリント　169
f. o. b.　33,34
FTA　114
エントロピー　168,177
大型公共工事　171
オープンイノベーション　180
オフィス立地　54

【カ　行】
介護保険制度　151
階層規定財　7,42
階層的立地　111
外部経済　67
外部不経済　170
加工係数　29,36,68
過集積　171
価値連鎖　111
買廻品　50
環境クズネッツ仮説　169

環境経済学　165
環境政策　171
環境問題　165
関係性資産　77
慣性　90
企業家精神　96
企業の地理学　31
企業文化　103
企業立地促進法　188,193
技術的スピルオーバー　90
規制緩和　173
基点価格方式　33,34
規模の外部経済　69
規模の経済　28,84
逆輸入　112
行政（隔離）原理　44
競争優位　78,109
共立地　181
局地原料　25
局地的市場圏　183,192
距離の摩擦　17
均衡点　87
均質空間　182
金銭の外部性　90
空間価格理論　33
空間経済学　7,84,85,88,91,92
空間的分業　32,97,103
空間独占　7
偶然集積　27,68
クラスター　78,79,188

216　第Ⅱ部　立地論の応用

クラスター進化　193
クラスター政策　188
グリーンイノベーション　174
グループホーム　158
グローバリゼーション　106
グローバルR＆D　179
経済地域　3,8
形式知　120,126
計量革命　6
系列　112
経路依存（性）　90,99,182
現地調達率　112
原料指数　25,36
公害問題　170
工場跡地　190
工場間の経済　69,97,104,180
工場内の経済　69,97
工場閉鎖　191
工場立地法　172
構造的アプローチ　31
交通原理　43
工程間分業　112
行動論　31
鉱毒問題　170
高齢者福祉サービス　152
古典的国際分業論　115
孤立化法　23
コンタクト・システム　55
コンパクトシティ　137

【サ　行】

サードイタリー　74,75,185
最近隣中心地利用仮説　50
再生可能エネルギー　176
財の到達範囲の下限　40,39
サテライト型産業地域　189,190

サプライヤー　110,112
3R政策　172
産業集積政策　188
産業内貿易　89
産業立地政策　172,186,188,189
産地間競争　17
三位一体の改革　158
CBD（中央業務地区）　54,55
自国市場効果　89
市場端点送達価格連結線　6
施設立地格差　15
自然エネルギー　174,176
自然的生産諸力　176
自然と人間との関係　176
持続可能な発展　169
市町村合併　155
シナジー効果　180
地盤沈下　170
資本主義の多様性論　115
社会関係資本　75,81
社会経済学　182
社会的生産諸力　176
首位都市　59
収穫逓増　71,83
集積　27
集積因子　27
集積間競争　114
集積間ネットワーク　185
集積の経済　92
集積力　86
集積論　67,68,69
住宅立地　6
柔軟な専門化　73
重量減損原料　25
純粋（技術的）集積　27,68
純粋原料　25

索　引　217

純粋理論　23
消費者行動　132
消費者行動論　50
情報財　56
情報のコード化　55
人為的環境　167
進化経済学　98,99,101
進化経済地理学　98-100,103
新経済地理学　89
人口減少社会　151,191
新小売地理学　129
新ゴールドプラン　156
新古典派経済学　6
新産業地域　73
新貿易理論　89
推進力工業　186
垂直分割　76,146
スクラップアンドビルド　159,167
スプロール　170
スマイルカーブ　111
擦り合わせ（型）　114,124
擦り合わせ型　114
スループット　169
生産者サービス業　58
生産連鎖　111
成長の極　71,186,187
制度的厚み　90,122,182
制度的転回　182
製品差別化　87
成立閾（人口）　7,40
世界システム論　115
接触の利益　72
絶対空間　8
相互依存立地　31
創造性　139
創造的階級　141

創造都市　141
相対空間　8
総量規制　157
組織論的アプローチ　108
組織論的立地論　31

【タ　行】
第2の産業分水嶺　74
待機児童問題　162,164
大規模小売店舗法　51,52,130
大規模の経済　70
大都市間集積利益　54
ダイヤモンドシステム　78
ダイヤモンドモデル　188
タウンマネジメント　59
多国籍企業　107,108,110,111
脱工業化　140
団塊ジュニア世代　159
地域イノベーション　122,126
地域経済統合　106
地域構造論　8
地域主義　168,177
地域的集中の経済　70
地価高騰　22
知識のスピルオーバー　91
知識の輸送費　56
知識フロー　180
知識ベース　120-122,124
地代　14,166
地代曲線の交差　13
地代指数　16
地代付け値曲線　19
地方分権　173
中心・周辺モデル　84,88
中心地　39
中心地機能　41

中心地理論　129
中枢管理機能　59,171,184
チューネン圏　13
地理的集中モデル　84
ディープ・エコロジー　176
デジタル化　142,147
伝統的貿易理論　89
同業種集積　67
同心円構造　13
独占的競争モデル　85
都市化の経済　70,72
都市間ネットワーク　63
都市再生　141
都市システム　59-64,184,185
都市集積　73
都市内部土地利用理論　6,18,184
ドミナント戦略　50
取引費用（論）　76,77,182

【ナ　行】
内部経済　69
日本的生産システム　113
ネオダーウィニズム　101
ネットワーク外部性　63
農商工連携　193
ノックダウン　112

【ハ　行】
ハイテク汚染　171
バズ　122,126
場の空間　185
ハブ・アンド・スポーク型地域　189,190
パラダイム転換　165
バリューチェーン　78
氷塊型輸送費用　85
ファブレス企業　110

フードデザート　136,138
フェイス・トゥ・フェイス　55,56
フォーディズム　74
不完全競争　7,83
普遍原料　25
フレキシブル生産　76
フレキシブルな専門化　90
フレキシブルな蓄積　185
フローの空間　185
プロダクトサイクル論　71,107,108
文化産業　139,140,142
文化製品　140
文化戦略　141
分工場経済　189,190
分散因子　27
分散力　87
保育サービス　160
貿易論　7
補完区域　40
補給（市場）原理　42
ポリシー・ミックス　169
本社立地　55,56,63

【マ　行】
マーシャル型産業地域　189,190
マージン・ライン　6
マザー工場　101,180,190
まちづくり3法　128
満足最大化　29
ミリュー　75,11
メガソーラー　173,176,177
メガリージョン　73
網状組織　46
モータリゼーション　171
最寄品　50

【ヤ　行】

輸出加工区　112
輸送費指向　24
予防原則　169

【ラ　行】

ライフスタイル　171
ランク・サイズ・ルール　59
リードタイム　50
リサイクル　172
利潤可能性の空間的限界　30
利潤最大化　29
リストラクチャリング　111
立地因子　23,3
立地環境　114
立地慣性　97
立地原理　3,29
立地三角形　5,24,184
立地重量　26
立地条件　23,35
立地層　184
立地単位　2,31
立地調整　33,96,97,190
領域化　77
臨界等費用線　25-27
ルーティン　98,99,101
歴史的初期条件　87
レギュラシオン理論　115
連結の経済性　111
老人福祉圏域　156
労働係数　26
労働費指向　25,26
ロックイン　99,100,104
ロックイン効果　71,90

【ワ　行】

ワンストップショッピング　50

人名索引（海外の主な研究者のみ）

【ア　行】

アイザード（Isard, W.）　6,70,193
アロンゾ（Alonso, W.）　6
ヴァーノン（Vernon, R.）　71,107,108
ウィリアムソン（Williamson, O. E.）　76
ウインター（Winter, S. G.）　98
ウェーバー（Weber, A.）　5,23-26,30,33,34,
　68,69,166,182,184
ウォーラーステイン（Wallerstein, I.）　115
エストール（Estall, R. C.）　7
オリーン（Ohlin, B.）　7

【カ　行】

カステル（Castells, M.）　185
カペロ（Capello, R.）　63
カマーニ（Camagni, R.）　63,75
ギャリソン（Garrison, W. L.）　7
クラーク（Clark, G. L..）　97
グラノヴェター（Granovetter, M.）　81,104
グラブハ（Grabher, G.）　99,100,104,
グリーンハット（Greenhut, M. L.）　6,29
クリスタラー（Christaller, W.）　5,7,38,39,
　41-43,47,48,50,52,166,184
クルーグマン（Krugman, P.）　7,71,83-85,89,
　90
クルンメ（Krumme, G.）　97

【サ　行】

サイモン（Simon, H.）　30
サクセニアン（Saxenian, A.）　119
サントス（Santos, M.）　49
サンリー（Sunley, P.）　90,100

スコット（Scott, A.）　76,77
スタイン（Stein, J. H.）　49
ストーパー（Storper, M.）　77
スミス（Smith, D. M.）　7,29
セーブル（Sabel, C. F.）　73
ソスキス（Soskice, D.）　115
【タ　行】
ダニング（Dunning, J. H.）　116
ダン（Dunn, E.）　6,15-17
チェンバリン（Chamberlin, E. H.）　7
チサム（Chishom, M.）　33
チャンドラー（Chandler, A. D.）　31
チューネン（Thünen, J. H. von）　5,12-17,21,
　166,167,182,184
ディッケン（Dicken, P.）　7
デイリー（Daly, H.）　169
【ナ　行】
ナース（Nourse, H. O.）　18,70
ネルソン（Nelson, R. R.）　98
【ハ　行】
ハーヴェイ（Harvey, D.）　185
ハイマー（Hymer, S.）　115
バラッサ（Balassa, B.）　69,97,180
パランダー（Palander, T.）　7,70
バンス（Vance, J. E.）　60
ピオリ（Piore, M. J.）　73
フーヴァー（Hoover, E. M.）　6,70,72
ブキャナン（Buchanan, R. O.）　7
フリードマン（Friedmann, J.）　187
ブリンクマン（Brinkmann, Th.）　15-17
プレッド（Pred, A.）　30

フロリダ（Florida, R.）　141
ヘイグ（Haig, R. M.）　56,72
ベナブルズ（Venables, A. J.）　7
ベリー（Berry, B. J. L.）　7,129
ペルー（Perroux, F.）　71,186
ホーカンソン（Håkanson, L.）　112
ポーター（Porter, M. E.）　78,79,188
ホール（Hall, P. A.）　115
ホテリング（Hotelling, H.）　7,31,36
ポランニー（Polanyi, K.）　81
ポランニー（Polanyi, M.）　120
【マ　行】
マークセン（Markusen, A.）　189
マーシャル（Marshall, A.）　67,68,84
マーティン（Martin, R.）　90,100
マッカン（McCann, P.）　92
マッシィ（Massey, D.）　32
ミュース（Muth, R. F.）　6
メイヤー（Meyer, D. R.）　60
【ラ　行】
ラグマン（Rugman, A. M.）　116
リカード（Ricardo, D.）　115
リグリー（Wrigley, N.）　97
リピエッツ（Lipietz, A.）　115
レッシュ（Lösch, A.）　5,38,39,44-48,52,70,
　166,182-184
ロイド（Lloyd, P. E.）　7
ロビンソン（Robinson, E. A. G.）　70
【ワ　行】
ワッツ（Watts, H. D.）　96

執筆者紹介（50音順）

伊藤 健司（いとう けんじ）［第 10 章］
　名城大学経済学部教授．1970 年岐阜県生まれ．名古屋大学大学院環境学研究科博士課程（後期課程）満期退学．専門は経済地理学・都市地理学．
　主著：(分担執筆)『日本の流通と都市空間』『小商圏時代の流通システム』以上，古今書院．

近藤 章夫（こんどう あきお）［第 8 章］
　法政大学経済学部教授．1973 年三重県生まれ．東京大学大学院総合文化研究科博士課程修了．博士（学術）．専門は経済地理学・技術経営論．
　主著：『立地戦略と空間的分業－エレクトロニクス企業の地理学－』古今書院，(共編著)『都市空間と産業集積の経済地理分析』日本評論社．

杉浦 真一郎（すぎうら しんいちろう）［第 12 章］
　名城大学都市情報学部教授．1971 年愛知県生まれ．広島大学大学院文学研究科博士課程後期地理学専攻修了．博士（文学）．専門は福祉・行財政の地理学．
　主著：『地域と高齢者福祉－介護サービスの需給空間－』古今書院，『介護行財政の地理学』明石書店，(分担執筆)『地方行財政の地域的文脈』古今書院，『地域調査ことはじめ』ナカニシヤ出版．

外枦保 大介（そとへぼ だいすけ）［第 7 章］
　九州大学基幹教育院准教授．1981 年宮崎県生まれ．東京大学大学院総合文化研究科博士課程修了．博士（学術）．専門は経済地理学．
　主著：『進化する企業城下町－進化経済地理学からのアプローチ－』古今書院，(分担執筆)『立地調整の経済地理学』原書房，『地域経済論入門』古今書院，『日本のクラスター政策と地域イノベーション』東京大学出版会．

半澤 誠司（はんざわ せいじ）［第 11 章］
　明治学院大学社会学部教授．1978 年神奈川県生まれ．東京大学大学院総合文化研究科博士課程修了．博士（学術）．専門は経済地理学・文化産業．
　主著：『コンテンツ産業とイノベーション－テレビ・アニメ・ゲーム産業の集積』勁草書房，(共編著)『地域分析ハンドブック－Excel による図表づくりの道具箱』ナカニシヤ出版．

與倉 豊（よくら ゆたか）［第 6 章，第 9 章］
　九州大学大学院経済学研究院教授．1980 年鹿児島県生まれ．東京大学大学院総合文化研究科博士課程修了．博士（学術）．専門は経済地理学・産業集積論．
　主著：『産業集積のネットワークとイノベーション』古今書院，『Regional Innovation and Networks in Japan』Springer．

編著者略歴

松原　宏（まつばら　ひろし）［序章，第 1 章～第 5 章，第 13 章，終章］
福井県立大学地域経済研究所長，東京大学名誉教授．1956 年神奈川県生まれ．東京大学大学院理学系研究科地理学専門課程博士課程修了．博士（理学）．専門は経済地理学．
主著：『不動産資本と都市開発』ミネルヴァ書房,『経済地理学』東京大学出版会,（編著）『立地論入門』古今書院,『先進国経済の地域構造』東京大学出版会,『立地調整の経済地理学』原書房,『産業立地と地域経済』放送大学教育振興会,『日本のクラスター政策と地域イノベーション』東京大学出版会,『地域経済論入門』古今書院,『知識と文化の経済地理学』古今書院,『産業集積地域の構造変化と立地政策』東京大学出版会,『新経済地理学概論』原書房,（共編著）『現代経済地理学』ミネルヴァ書房,『現代日本の資源問題』古今書院,『工場の経済地理学』原書房,『日本の先進技術と地域の未来』東京大学出版会．

書　名	**現代の立地論**
コード	ISBN978-4-7722-3149-7　C3030
発行日	2013 年 2 月 4 日　初版第 1 刷発行
	2025 年 2 月 20 日　初版第 5 刷発行
編著者	**松原　宏**
	Copyright ©2013 MATSUBARA Hiroshi
発行者	株式会社古今書院　橋本寿資
印刷所	理想社
発行所	**古 今 書 院**
	〒113-0021　東京都文京区本駒込 5-16-3
電　話	03-5834-2874
FAX	03-5834-2875
URL	https://www.kokon.co.jp/
	検印省略・Printed in Japan